설교작성 이렇게 하라

설교작성 이렇게 하라

김종기 지음

도서출판 **대서**

차례

저자서문

제 1 부 설교작성법의 준비단계

　Ⅰ 설교작성을 위한 준비단계　　　　　　　　　11
　Ⅱ 역사적 인물들의 설교준비 사례비교　　　　38
　Ⅲ 예배(禮拜)와 설교(說敎)　　　　　　　　　50
　Ⅳ 설교사역(Preaching Ministry)의 역사적 고찰　58

제 2 부 설교의 주요 유형

　Ⅰ 주제 설교　　　　　　　　　　　　　　　　96
　Ⅱ 본문 설교　　　　　　　　　　　　　　　118
　Ⅲ 강해 설교　　　　　　　　　　　　　　　139

제3부 설교작성의 구조와 내용들

Ⅰ 설교의 구조	181
Ⅱ 설교 제목	188
Ⅲ 주제(일명 논세, 중심사상, 명제라고도 일컬음)	197
Ⅳ 서론	211
Ⅴ 대지와 소지	219
Ⅵ 토론	229
Ⅶ 예화	254
Ⅷ 도입	268
Ⅸ 적용	277
Ⅹ 결론	302

제4부 설교작성의 골격 세우기

Ⅰ 요약	313
Ⅱ 설교 유형별 골격 세우기	320

서문

"설교작성 이렇게 하라" 라는 제목으로 책을 발간하려는 생각은 조금도 없었다. 그 이유는 필자가 설교학을 전공한 것도 아니며, 훌륭한 선생님에게 설교작성 요령을 배운 것도 아니기 때문이다. 그런데 이와 같은 제하의 책을 발간하게 된 것은 순전히 사랑 때문이다.

  제가 신학교 교목실장을 맡고 있을 때에 경건회 시간에 청빙을 받아 설교하는 선후배 목사님들의 설교를 자세히 분석한 결과 대부분이 제목 설교(주제 설교)를 하는 것이었다. 그러나 그 제목 설교 또한 성경 말씀에 기초하지 아니하고 자기 간증과 자신의 뜻을 전하는데 급급한 모습을 보면서 목사님들과 우리 신학생들에게 설교작성에 대한 교육을 받았느냐고 물어 본 결과 설교학이란 과목은 배웠는데 이론과 한 두 학생의 설교를 듣는데서 끝나므로 설교작성의 체계적인 공부를 한 적이 없다는 사실을 알고, 신학생들에게 설교작성에 대하여 필자가 연구하고 익힌 경험이라도 가르쳐 주자는 불타는 마음에서 학교 정규시간 외에 학생들을 모아놓고 설교 작성법을 가르치게 되었다. 그런데 의외로 학생들의 반응이 점점 좋아지면서 학생들이 모이기 시작했으며, 그들의 입과 입을 통하여 이 과목이 정규 과목이 되어야 한다고 건의하게 됨으로 필자에게 이 과목을 맡아 달라는 요청을 했다.

　이렇게 책은 빛을 보게 되었으나 이 책이 필자의 독창적인 연구라고 하기보다는 천안대학교 기독교학부의 김석한 박사님의 『개혁주의 예배 신학 개론』과 정장복 교수의 『인물로 본 설교의 역사』와 리처드 알렌 보디의 『설교 해부학』과 제임스 브레가의 『설교 준비』 등의 책들을 인용하였으며, 거기에다 필자가 군 복무를 할 때에 정보판단과, 작전판단의 기본 틀을 기초로 하여 설교를 작성한 필자의 견해가 가미되어 이 책이 탄생하게 된 것이다.

　이 책의 특징은 외국 서적들의 장황한 논리전개를 피하고 한국인의 정서에 맞게 간단하면서도 핵심만을 강조한 것이며, 둘째는 누구나 읽고 이해하기 쉬우며, 교제용으로도 활용하기에 용이한 책이라는 것과, 셋째는 각 설교 유형에 따라 예문을 많이 제시하므로 실습적 효과를 증대시키고자 노력한 점이다.

　그러나 필자의 우둔함으로 잘못 판단된 부분도 많을 것이며, 착안되지 못한 부분도 많을 것으로 본다. 사랑하는 마음으로 충고해 주시고, 조언해 주시면 잘 배워서 후학들에게 바르게 가르치도록 노력할 것이다.

　이 책이 나오기까지 저를 지도해주신 백석학원 설립자되시는 장종현 박사님과 이사장 김준삼 박사님께 먼저 감사드리며, 불철주야 기도로 이 종을 지켜보면서 내조하여준 나의 사랑하는 아내 김혜옥님과 워드로 도와 준 조카 김세영, 도서출판 대서 장대윤 집사님과 출판을 도우신 모든 분들에게 감사를 드린다.

　부디 이 책을 통하여 읽고 연구하는 가운데 설교작성의 길이 열려지는 역사가 있기를 간절히 기도하는 마음으로 이 책을 당신께 권하여 드린다.

주후 2005년 8월 **김종기**

설교작성법의 준비단계

그러나 너는 배우고 확신한 일에 거하라 네가 뉘게서 배운 것을 알며, 또 네가 어려서부터 성경을 알았나니 성경은 능히 너로 하여금 그리스도 예수 안에있는 믿음으로 말미암아 구원에 이르는 지혜가 있게 하느니라(딤후3:14-15)

I
설교작성을 위한 준비단계
(성경 연구)

1. 들어가는 말

설교는 신학에 있어서 종합예술이다. 이는 설교가 모든 신학의 총 결산과 같기 때문이며, 나아가서 신학의 모든 분야 즉 조직신학, 역사신학, 신약신학, 구약신학, 성경신학 등등의 모든 신학이 총 망라하여서 만들어내는 작품이기 때문이다. 그러나 설교는 신학의 모든 분야들을 조합한 결정이 아니라 성경 본문의 바탕 위에 그 성경의 본문을 이해하고 전하는데 신학의 모든 분야가 보조 수단으로 사용되는 것으로서 성경 본문의 이해가 무엇보다 먼저 선행되어야 한다는 것이다. 아울러 웨스트민스터 소요리 문답 제2문에서 하나님께서 무슨 규칙을 우리에게 주시어 어떻게 자기를 영화롭게 하고 즐거워 할 것을 지시하셨는가? 라는 질문에 그 답은 신구약 성경에 기재된 하나님의 말씀은 어떻게 우리가 그를 영화롭게 하고 즐거워할 것을 지시하는 유일한 규칙이다. 라고 하였듯이 설교작성에 있어서 성경연구는 매우 필요하듯이 하나님의 영광과 그를 영원토록 즐거워하기 위해서도 중요하다. 그러면 설교준비와 하나님의 영광을 위하여 성경 연구는 어떤 방향에서 연구되어야 하는지 살펴보도록 하자.

2. 설교준비를 위한 성경 연구의 방침

설교준비를 위한 성경 연구의 방침을 다음과 같이 정하여 본다. 첫째 성경 연구는 성경에 관하여 진술된 서적으로부터 시작하는 것이 아니라 성경 그 자체로부터 시작하여야 한다. 둘째는 설교 유형에 따라서 본문 선택은 내가 아니라 그분이 하시도록 하여야 한다. 그러기 위하여서는 설교자는 성경을 많이 읽어야 하며 묵상하는 시간을 많이 가져야 한다. 셋째는 본문 해석은 영해도 중요하지만 본문이 간직한 사상과 내용이 사실 그대로 밝혀져야 한다. 넷째는 설교 유형에 따라 본문으로 사용할 단락을 나누는 훈련을 실시하여야 한다. 즉 주제 및 제목 설교에서는 제목에 맞는 성경 본문을, 본문 설교에서는 본문에서 대지를 축출할 수 있는 본문을, 강해 설교에서는 본문에서 대지와 소지를 뽑아내고 주제를 도출할 수 있는 본문으로서의 단락과 내용별 단락(대지가 될 수 있음)을 나눌 수 있는 훈련을 실시하여야 하며, 다섯째는 성경 연구는 관찰, 해석, 적용이라는 순서에 의하여 연구 되어야 한다. 관찰이란 저자(하나님)가 말씀하시고자 하는 의도 곧 주제를 발견하는 것이다. 즉 하나님의 선하시고 기뻐하시고 온전하신 뜻을 발견하는 것이다. 해석이란 저자가 독자들에게 말씀하시고자 하는 세부 내용을 파악하는 것으로서 즉, 전체 주제 아래 내용별 세부 단락(대지의 기초가 된다)을 정하고, 정하여서 도출된 대지를 대지되게 하기 위하여 소지에 해당하는 관련 성구(성경 전체에서 도출하여도 상관없음) 및 성경외의 관련서적과 신학의 모든 분야들 그리고 예화들, 그 시간 기도하는 심정으로 임하는 연구자에게 주시는 영감 등을 조직화하는 훈련을 말한다. 이 훈련은 하루 아침에 이루어지는 것이 아니다. 실패에 실패를 거듭하면서 반복만이 좋은 습관과 영감 있는 설교 문을 작성하게 된다. 적용이란 발견된 진리를 자신의 삶에 사용하는 것으로서 객관적 진리가 나에게만이 적용되는 주관적 진리로 다가오게 하며, 동사 작동(믿습니까? 간절히 축원 드립니다. 등등...)을 통하여 아멘이라는 신앙고백을 하게하는 것으로서 전인적(知 情 義)인 헌신과 5관을 이용한 하나님과의 만남을 유도하는 것을 말한다. 이것을 J. E. 아담스는 센스 어필(Sense Appeal) 이라고 정의하고 있다. 다섯째는 설교의 종류는 다양하며 분류하는 방법 또한 다양하다. 그러나 본서에서는 편의상 가장 간단한 방법인 주제 설교(Topical Dermon), 본문 설교(Textual Sermon), 강해 설교(Expository Dermon)로 분류하는 방법을 쓴다.

3. 설교작성을 위한 성경 연구의 순서

첫째 : 설교할 본문(단락)을 선정한다

시들로우 박스터(J. Sidlow Baxter)[1] 는 설교준비의 첫 번째 단계는 두 말 할 필요 없이 본문선택 혹은 주제선택 이라고 하였다. 그러면서 그는 본문

---

[1] 시들로우 박스터(J. Sidlow Baxter) : 오스트레일리아 시드니에서 태어나 영국에서 자람, 세인트 제임스 교회 영국학교에 다녔으며 런던에 있는 스펄전 신학대학(Spurgeon Theological College)을 졸업했다. 그는 영국의 노탬틴(Northampton), 썬더 랜드(Sunder Land) 그리고 어딘버러(Edinburgh)의 침례교회를 섬겼다. 그 후에 미국에 건너와서 활동하였다. 그는 존경받는 성경 강해자로서 전 세계 여러 나라에서 설교하고 강의하고 있으며 26권의 책을 저술하였다. 대표적인 도서로서 성경탐구(Explore the Book), 하나님의 몫과 우리의 몫(His Part and Ours), 이 사람들을 만나라(Meet These Man), 성경의 대 주제(The Master Theme of the Bible), 문제 본문 연구(Studies in Problem Texts), 장엄: 당신이 알아야할 하나님(Majesty: The God You Should Know) 그리고 하나님은 아직도 존재하시는가?(Does God Still Exist?) 등이 있다.
그는 토론토에 있는 센트럴 침례신학교(Central Baptist Seminary)에서 명예 신학박사 학위를 받았다.

선택에 있어서 **나는 네가 본문이나 주제를 선택하기 보다는 그것들이 나를 선택하기를 더 좋아한다.** 고 말하고 있다. 그러나 예외적인 경우가 있는데 그것은 내가 어떠한 특별한 필요성에 의해서 혹은 특수한 상황에 메시지를 전하고자 할 때이며, 내 자신이 본문을 선택하거나 주제를 결정지어야 할 경우라 할 수 있다. 그러나 대부분 나의 설교준비 첫 단계는 본문이 나를 지배하고 성경 본문이 나의 마음과 가슴을 사로잡게 하는 것이다.

지금까지 내가 발견했던 **가장 열매를 많이 맺을 수 있는 설교준비 방법은 성경을 끊임없이 읽는 것이라 할 수 있다.** 이 말은 성경읽기와 성경공부를 분명하게 구별하는 말이다. 성경을 철저하게 계속적으로 반복해서 읽는 다는 것은 아무리 강조해도 지나치지 않다. 그 작업은 ①역사에 나타나신 하나님의 주권을 깊이 깨닫게 하고, ②하나님의 계시의 맥을 견고하게 붙잡도록 이끌며, ③성경의 통일성과 다양성에 대한 끊임없이 변화하는 묘사를 제공한다. 그뿐 아니라 성경읽기가 계속되면 ④모든 부분을 통해서 놀라운 교리의 신선을 볼 수 있게 되며, ⑤설교준비에 많은 열매가 있게 된다. 여기에서 한 가지 주의할 것은 설교자가 설교를 위해서만 성경을 읽는 다면 안타깝게도 그 모든 것이 기억에서 사라지게 된다는 점이다. 그러므로 성경을 다독하므로 성경의 개관을 이해하게 될 뿐만 아니라 성령의 감동으로 나를 붙잡아 오는 말씀을 체험하게 될 것이다. 고로 설교할 본문을 선정하는 일은 성경이 우리에게 말씀하도록 해야만 한다는 것이다. 우리가 성경이 그렇게 하도록 시간만 허락한다면 그렇게 될 수도 있다.

둘째 : 본문을 중심으로 전후 문장을 읽고 본문의 뜻을 파악하는 것이 중요하다

앞서도 잠시 이야기 했지만 본문이 정해진 다음 그 본문이 나오게 된 배경이나 본문 자체의 주제를 발견하고 대지와 소지를 정하고, 결론을 찾는

데 있어서 본문의 전후 문맥을 살펴보는 일은 매우 필요하다. 이것은 엄밀히 말하여 어떤 사건의 전체를 이야기하기에는 너무 본문으로서는 길고, 광범위함으로서 사건 중에서 본문의 일부를 도출하여 설교 본문으로 정했을 경우에 나타나기도 한다. 본문의 전후 문맥을 안다는 것은 본문을 분해하여 설교를 작성하게 될 때에 서론 부분과 결론 부분에서 언급하므로 본문을 보다 명확하게 이해할 수 있게 된다.

또 본문의 전후 문맥을 안다는 것은 본문의 역사적 배경이나 기독교 교리를 어떤 시기나 장소에서 사용할 것인가를 결정하는데도 매우 필요하기 때문이다. 성경적인 예를 들어보면

> **욥 1:21 - 22** "가로되 내가 모태에서 적신으로 나왔사온즉 또한 적신이 그리로 돌아 가올지라 주신 자도 여호와시오 취하신 자도 여호와시오니 여호와의 이름이 찬송을 받으실지니이다. 하고 이 모든 일에 욥이 범죄하지 아니하고 하나님을 향하여 어리석게 원망하지 아니하리라."

> **욥 2:10** "그가 이르되 그대의 말이 어리석은 여자 중 하나의 말 같도다 우리가 하나님께 복을 받았은즉 재앙도 받지 아니하겠느뇨 하고 이 모든 일에 욥이 입술로 범죄치 아니하니라."

우리는 상기 본문만을 놓고 볼 때에 욥의 이와 같은 신앙고백이 어떻게 나오게 되었는지 알 수 없게 된다. 그러나 전후 문맥(욥 1:1 - 2:10)을 통하여 하나님이 사탄에게 욥의 신앙을 칭찬하자 마귀는 욥이 하나님을 경외하게 된 동기는 하나님이 물질적인 복을 많이 쏟아부어주셨기 때문이라고 말하자 하나님이 욥의 물질을 너(사탄)가 한번 쳐 보아라. 라고 허용하시게 되므로 모든 물질을 잃어버린 가운데서 욥이 본문과 같은 위대한 신앙고백을

하게 되는 배경을 알게 되며, 후의 문맥을 통하여서는 하나님이 사탄에게 그(욥)의 신체를 통하여 시험할 수 있는 권한을 허용하시므로 신체적 고통 가운데서도 신앙의 정절을 지키는 그의 놀라운 신앙 고백적 믿음의 모습을 볼 수 있기 때문이다.

이와 같이 본문의 전후 문맥을 이해한다는 것은 본문에 나타난 저자의 뜻과 의도를 깨닫는데 매우 중요하며 설교작성에 있어서도 결정적인 정보를 제공하여 주기 때문이다.

셋째 : 성경에서 그 짝을 찾는 것이 중요하다

사 34:16 "너희는 여호와의 책을 자세히 읽어보아라. 이것이 하나도 빠진 것이 없고 하나도 그 짝이 없는 것이 없으리니 이는 여호와의 입이 이를 명하셨고 여호와의 신이 이것들을 모으셨음이라." 라고 기록하였듯이 본문과 뜻을 같이하는 짝을 찾는 일도 소홀히 하여서는 안 된다. 그러므로 본문의 내용과 뜻을 같이하는 그 짝을 찾는 일은 본문을 이해하는데 중요한 일이다. 그 예로서

창15:7 - 17 "또 그에게 이르시되 나는 이 땅을 네게 주어 업을 삼게 하려고 너를 갈대아 우르에서 이끌어낸 여호와로다. 그가 가로되 주 여호와여 내가 이 땅으로 업을 삼을 줄을 무엇으로 알리이까? 여호와께서 그에게 이르시되 나를 위하여 삼 년 된 암소와 삼 년 된 암염소와 삼 년 된 수양과 산비둘기와 집비둘기 새끼를 취할찌니라, 아브람이 그 모든 것을 취하여 그 중간을 쪼개고 그 쪼갠 것을 마주 대하여 놓고 그 새끼는 쪼개지 아니 하였으며, 솔개가 그 사체 위에 내릴 때에는 아브람이 쫓았더라. 해질 때에 아브람이 깊이 잠든 중에 캄캄함이 임하므로 심히 두려워하더니, 여호와께서 아브람에게 이르시되 너는 정녕히 알라 네 자손이 이방에서 객이 되어 그

들을 섬기겠고 그들은 사백년 동안 네 자손을 괴롭게 하리니, 그 섬기는 나라를 내가 징치할찌며 그 후에 네 자손이 큰 재물을 이끌고 나오리라, 너는 장수하다가 평안히 조상에게로 돌아가 장사될 것이요, 네 자손은 사 대 만에 이 땅으로 돌아오리니 이는 아모리 족속의 죄악이 아직 관영치 아니함이니라 하시더니, 해가 져서 어둘 때에 연기 나는 풀무가 보이며 타는 횃불이 쪼갠 고기 사이로 지나더라."

이 곳에서 하나님은 아브라함에게 기업에 대한 계약을 맺고 있는 모습을 발견할 수 있다. 가나안 땅을 주겠다는 계약이었다. 그런데 아브라함은 그 생애를 다하기까지 가나안 땅을 자기의 소유로 갖지 못하고 다만 자기 아내 사라를 장사지낼 막벨라 굴 밖에는 차지하지 못하였다. 그의 아들인 이삭도, 그의 손자인 야곱도 그 땅을 차지하지는 못하였다. 그렇다면 하나님은 거짓말을 하신 것인가? 결코 그렇지 않다. 그 짝인 히브리시 11장 13 - 16절의 말씀을 보면

이 사람들은 다 믿음을 따라 죽었으며 약속을 받지 못하였으되 그것들을 멀리서 보고 환영하며 또 땅에서는 외국인과 나그네 로라 증거 하였으니 이같이 말하는 자들은 본향 찾는 것을 나타냄이라, 저희가 나온바 본향을 생각하였다면 돌아갈 기회가 있었으려니와 저희가 이제는 더 나은 본향을 사모하니 곧 하늘에 있는 것이라 그러므로 하나님이 저희 하나님이라 일컬음 받으심을 부끄러워 아니하시고 저희를 위하여 한 성을 예비 하셨느니라.

히브리 기자의 말에 의하면 아브라함에게 주리라 약속하신 기업인 가나안 땅 그 자체는 실체가 아니며 실체는 가나안이 아니라 하나님 나라이며 창세기의 가나안 땅은 천국의 모형임을 알 수 있다.

이와 같이 설교 문을 작성함에 있어서 그 짝을 찾는다는 것은 매우 중요한 것이다. 그러므로 종교 개혁자인 루터는 성경에서 구약과 신약의 관계를 "신약은 구약 속에 감추어져있고, 구약은 신약에서 만개되었다."라고 표현하였다.

넷째 : 본문을 분해한다

설교준비를 위한 본문을 분해하는 데는 본문의 이해와 분석 기술과 영감 등이 먼저 갖추어져야 하지만, 이것만으로는 안 되며 본문을 접근하는 방법 또한 중요하다. 그 방법에도 여러 가지가 있을 수 있으나 본서에서는 필자가 즐겨 사용하는 몇 가지 방법만 소개하고자 한다.

제1방법 : 본문의 말씀을 축약하는 방법(롬1:18-23절)

가. 성경본문

18) 하나님의 진노가 불의로 진리를 막는 사람들의 모든 경건치 않음과 불의에 대하여 하늘로 좇아 나타나나니

19) 이는 하나님을 알만한 것이 저희 속에 보임이라 하나님께서 이를 저희에게 보이셨느니라.

20) 창세로부터 그의 보이지 아니하는 것들 곧 그의 영원하신 능력과 신성이 그 만드신 만물에 분명히 보여 알게되나니 그러므로 저희가 핑계치 못할 찌니라.

21) 하나님을 알되 하나님으로 영화롭게도 아니하며 감사치도 아니하고 오히려 그 생각이 허망하여지며 미련한 마음이 어두워졌나니

22) 스스로 지혜 있다 하나 우준하게 되어

23) 썩어지지 아니하는 하나님의 영광을 썩어질 사람과 금수와 버러지

형상의 우상으로 바꾸었느니라.

나. 축약 - 1
하나님의 진노(유기된 자)는 어떤 자에게 나타나는가?
1) 불의로 진리를 막는 사람들에게 나타난다.
    - 하나님의 은혜로 하나님을 알만한 것이 있음에도
    - 만물을 통하여 하나님께서 계시하셨음에도 불구하고
2) 하나님을 영화롭게도 아니하고 감사치도 아니하며
    - 오히려 그 생각이 허망하여지며
    - 미련한 마음이 어두워져서
    - 스스로 지혜 있다고 하나 우준하게 되어
3) 썩어지지 아니하는 하나님의 영광을
    - 썩어질 사람과 금수와 버러지 형상의 우상으로 바꾼 자기 바로 하나님의 진노의 대상자요 유기된 자이다.

다. 축약 - 2
1. 주제 : 하나님의 진노(유기된 자)의 대상자는 누구인가?
2. 본론
    가. 대지1 : 불의로 진리를 막는 자
        - 소지1 : 하나님 은혜로 하나님을 알만한 것이 있음에도
        - 소지2 : 만물을 통하여 하나님이 계시하셨음에도
    나. 대지2 : 하나님을 영화롭게도 감사치도 아니한 자
        - 소지1 : 생각이 허망하고 미련한 마음으로 어두워진 자
        - 소지2 : 스스로 지혜 있다고 하나 우준하여진 자
    다. 대지3 : 썩어지지 아니하는 하나님의 영광을 썩어질 사람과 금수

와 버러지 형상의 우상으로 만든 자

이와 같이 본문을 축약에 축약을 거듭하는 가운데 본문의 내용을 최대한으로 핵심 진리만을 뽑아내는 동시에 설교의 틀 을 구성하는데 용이하게 된다.

제2방법 : 주제 정신에 맞게 내용 별 소 단락으로 나누는 방법(요5:2-9)

가. 성경본문

2) 예루살렘에 있는 양문 곁에 히브리말로 베데스다 하는 못이 있는데 거기 행각 다섯이 있고

3) 그 안에 많은 병자, 소경, 절뚝발이, 혈기 마른 자들이 누워 물이 동함을 기다리니

4) 이는 천사가 가끔 못에 내려와 물을 동하게 하는데 동한 후에 먼저 들어가는 자는 어떤 병에 걸렸던지 낫게 됨이러라.

5) 거기 38년 된 병자가 있더라.

6) 예수께서 그 누운 것을 보시고 병이 벌써 오랜 줄 아시고 이르시되 네가 낫고자 하느냐.

7) 병자가 대답하되 주여 물이 동할 때에 나를 못에 넣어줄 사람이 없어 내가 가는 동안에 다른 사람이 먼저 내려가나이다.

8) 예수께서 가라사대 일어나 네 자리를 들고 걸어가라 하시니

9) 그 사람이 곧 나아서 자리를 들고 걸어가니라.

우리는 위의 본문을 살펴보면 o 2절…………..9절 중반에 o 단락이 나뉘어 진 것을 볼 수 있다. 이것을 편의상 대 단락이라고 하며 2-4절까지를 하

나의 소 단락으로, 5 - 9절까지를 또 하나의 소 단락으로 나뉠 수 있다. 2 - 4절까지의 내용은 베데스다 못에 천사가 내려와 물을 동하게 할 때에 선착순으로 들어가는 자는 어떠한 병에 걸렸든지 낫게 된다는 사실을 기록하고 있으며, 5 - 9절까지는 예수님이 38년 된 병자를 찾아오셔서 절망 가운데 있는 병자를 고쳐주신다는 기적을 다루고 있다. 이와 같이 병을 고침 받는다는 목적은 동일하나 그 목적을 이루는 방법은 상이함을 볼 수 있다. 그러므로 필자는 전자의 기적을 대지1로서 거짓된 기적이라 붙이고, 후자의 기적을 대지2로 참된 기적이라고 명명한다. 그리고 주제를 기적의 허와 실이라고 정의해본다.

나. 본문을 설교 중심으로 구성하면

1. 주제 : 기적의 허와 실
2. 본론

  가. 대지1 : 거짓된 기적(2 - 4절)
- 베데스다(긍휼의 샘)란 이름은 좋으나 그곳에는 사랑도, 양보도, 휴메니즘도 없는 곳이다.
- 철저한 이기주의만 있고 이웃이 없는 곳이다.
- 기적의 방법이 물리적이지 인격과 인격이 만남을 통하여 나타나는 기적은 아니다.
- 육신의 병은 고칠 수 있는 곳이지만 영혼의 고침은 받을 수 없는 곳이다.

  나. 대지2 : 참된 기적(5 - 9절)
- 하나님의 긍휼이 병자를 찾아오심
- 인격과 인격의 만남을 통하여 관계회복
- 창조주의 권능과 능력이 그의 영육을 고치심

위의 본문은 방법에서는 2 - 4절의 단락과 5 - 9절의 단락이 한 주제를 다루는 것이 아닌 것처럼 보일 수도 있다. 그러나 그 속에는 통일된 사상이 있으니, 그것은 바로 병을 고친다라고하는 기적이다. 그러므로 제목을 참된 기적과 거짓된 기적이라고 할 수 있고, 주제를 기적의 허와 실이라고 정의할 수 있으며 나아가서 주제와 대지와의 조화된 사상을 제목으로 붙일 수 있는 것이다.

제3방법 : 문법적 접근 방법(살전1:2-10)

가. 성경 본문

2) 우리가 너희 무리를 인하여 항상 하나님께 감사하고 기도할 때에 너희를 말하며

3) 너희의 믿음의 역사와 사랑의 수고와 우리 주 예수 그리스도에 대한 소망의 인내를 우리 하나님 아버지 앞에서 쉬지 않고 기억함이니

4) 하나님의 사랑하심을 받은 형제들아 너희를 택하심을 아노라

5) 이는 우리 복음이 말로만 너희에게 이른 것이 아니라 오직 능력과 성령과 큰 확신으로 된 것이니 우리가 너희 가운데서 너희를 위하여 어떠한 사람이 된 것은 너희 아는 바와 같으니라.

6) 또 너희는 많은 환난 가운데서 성령의 기쁨으로 도를 받아 우리와 주를 본받은 자가 되었으니

7) 그러므로 너희가 마게도냐와 아가야 모든 믿는 자의 본이 되었는지라

8) 주의 말씀이 너희에게로부터 마게도냐와 아가야에만 들릴 뿐 아니라 하나님을 향하는 너희 믿음의 소문이 각처에 퍼진 고로 우리는 아무 말도 할 것이 없노라

9) 저희가 우리에 대하여 스스로 고하기를 우리가 어떻게 너희 가운데 들

어간 것과 너희가 어떻게 우상을 버리고 하나님께로 돌아와서 사시고 참되신 하나님을 섬기며

10) 또 죽은 자들 가운데서 다시 살리신 그의 아들이 하늘로 부터 강림하심을 기다린다고 말하니 이는 장래 노하심에서 우리를 건지시는 예수시니라.

우리는 본문을 자세히 살펴보면 대지 세 개를 발견할 수 있게 된다. 그것은 바로 지시 대명사이다. 2절에 **우리가** 라는 말씀과 6절에 또 **너희는**, 9절에 **저희가** 라는 단어들을 통하여 문단이 나뉘어져 있음을 발견할 수 있게 된다. 2절의 우리가 에서 우리는 바울과 실루아노와 디모데를 말한다. 6절에 너희는 라고 할 때에는 데살로니가 교회의 성도들을 말하며, 9절의 저희는 데살로니가 교인들에 의하여 전도 받은 마케도니아와 아가야 지방의 성도들을 말한다.

나. 본문을 설교 중심으로 구성하면
1. 주제 : 복음의 위대성
2. 본론
   가. 대지1 : 바울과 실라와 디모데의 데살로니가 교회를 향한 권면
     · 소지1 : 바울 일행이 항상 감사하고 기도할 때에 너희를 말함은
       - 너희의 믿음의 역사와 사랑의 수고와 우리 주 예수 그리스도에 대한 소망의 인내를 우리 하나님 아버지 앞에서 쉬지 않고 기억하기 때문이다.
       - 너희는 하나님의 사랑하심을 받은 형제들이자 하나님의 택함을 입은 백성이기 때문이다.
       - 그러므로 우리가 너희에게 전한 복음이 말로만 너희에게 이른

것이 아니라 오직 능력과 성령과 큰 확신으로 된 것이니 우리
가 너희 가운데서 너희를 위하여 어떠한 사람이 된 것은 너희
아는 바와 같이 때문이다.

나. 대지2 : 데살로니가 교회의 믿음의 역사
- 소지1 : 많은 환란 가운데서 성령의 기쁨으로 도를 받아 우리와 주를 본받은 자가 되었다.
- 소지2 : 너희가 마게도냐와 아가야 모든 믿은 자의 본이 되었다.
- 소지3 : 주의 말씀이 너희에게로부터 마게도냐와 아가야에 만 들릴 뿐 아니라 하나님을 향하는 너희 믿음의 소문이 각처에 퍼진 고로 우리는 아무 말도 할 것이 없노라.

다. 대지3 : 마게도냐와 아가야 지방의 성도들의 신앙상태
- 너희가 어떻게 우상을 버리고 하나님께로 돌아와서 사시고 참되신 하나님을 섬기는 것과
- 재림의 신앙을 가지고 있음을 칭찬한다.

제4방법 : 한 절 뿐이지만 그 안에 감추어진 대지를 찾는 방법

가. 성경 본문(마 8:2, 롬1:1)

1) 마 8:2절에 한 문둥병자가 나아와 절하고 가로되 주여 원하시면 저를 깨끗케 하실 수 있나이다.
2) 롬 1:1 예수 그리스도의 종 바울은 사도로 부르심을 받아 하나님의 복음을 위하여 택정함을 입었으니

나. 본문을 설교 중심으로 구성하면

· 마태복음 8장 2절

1. 주제 : 한 문둥병자의 믿음
2. 본론

   가. 대지1 : 예수님을 주로 시인하는 신앙
   - 소지1 : 마8:2 주여! 라고 예수님을 주로 시인하였다.
   - 소지2 : 롬10:9-10 "네가 만일 네 입으로 예수를 주로 시인하며 또 하나님께서 그를 죽은 자 가운데서 살리신 것을 네 마음에 믿으면 구원을 얻으리니 사람이 마음으로 믿어 의에 이르고 입으로 시인하여 구원에 이르느니라."

   나. 대지2 : 하나님의 능력을 긍정하는 신앙
   - 소지1 : 마8:2 원하시면 저를 깨끗케 할 수 있나이다.
   - 소지2 : 김정준 목사 간증(대지에 맞는 예화)

   다. 대지3 : 자기 자신을 아는 신앙
   - 소지1 : 마8:2 주여! 원하시면 저를 깨끗케 할 수 있나이다. 자기 자신이 더러운 자임을 알고 있었다.
   - 소지2 : 송파구의 한 교회의 권사님 간증
     (대지에 맞는 예화)

· 로마서 1장 1절

1. 주제 : 바울의 자기규정
2. 본론

   가. 대지1 : 나는 예수 그리스도의 종이다.
   - 소지1 : 종이란? 히브리어(에베드), 헬라어(둘로스)
   - 소지2 : 주인에게 종속된 자(생명도 자유도 소유도 없는 자)

나. 대지2 : 나는 사도로 부르심을 받은 자이다.
· 소지1 : 사도란 = 파견된 군함, 구별된 자, 보내심을 받은 자
· 소지2 : 보내심을 받은 자는 자기의 말을 하지 않는다.
다. 대지3 : 하나님의 복음을 위하여 택정함을 입은 자.
· 소지1 : 택정함을 입은 자란?
· 소지2 : 예레미야, 호세아 선지자 등

제5방법 : 설교할 본문 속의 난해한 단어 및 구절들을 먼저 정리한다

우리는 설교할 본문을 정해놓고 본문의 내용을 분해하다보면 한 단어, 혹은 한 절의 의미를 몰라서 전체 내용이 풀어지지 않을 때를 만나게 된다. 이런 경우에는 필자는 본문을 읽고 또 읽으며, 기도하면서 성령의 도우심을 받아 해결하려고 노력한다. 이 때에 필자는 요한복음 14:26절 "보혜사 곧 아버지께서 내 이름으로 보내실 성령 그가 너희에게 모든 것을 가르치시고 내가 너희에게 말한 모든 것을 생각나게 하시리라." 라는 말씀에 근거한 믿음으로, 그래도 해결되지 않을 때에는 원어나, 주석이나, 강해 집들을 의지하여 본문을 이해하려고 노력한다. 그것은 사도행전 8장27 - 28절에 "일어나 가서 보니 에디오피아 여왕 간다게의 모든 국고를 맡은 큰 권세가 있는 내시가 예배하려 예루살렘에 왔다가 돌아가는데 병거를 타고 선지자 이사야의 글을 읽더라." 라는 말씀과 같이 전심으로 찾는 자에게 주신다는 말씀을 의지하여 기도하면 하나님께서는 반듯이 응답 하신다는 진리를 여러 번 체험하였기 때문이다. 그 예로

요1:38 예수께서 돌이켜 그 좇는 것을 보시고 물어 가라사대 무엇을 구하느냐? 가로되 랍비여 어디 계시오니까? 하니 (랍비는 번역하면 선생이라).

우리는 이 곳에서 주님께서 무엇을 구하느냐? 라는 질문에 두 제자는 랍비여 어디 계시오니까? 라는 대답이 동문서답을 하는 것같이 보인다. 그러나 이 대답은 너무나도 메시야를 찾는 간절한 소원을 담은 대답 중의 대답이라고 말하고 싶다. 그것은 참된 스승 곧 메시야는 어디 계시옵니까? 라는 소원을 담은 대답이기 때문이다.

제6방법 : 본문의 내용 속에서 통일성을 찾아 본문의 뜻을 분별하는 방법

가. 본문 내용(마2:1 - 12)

1) 헤롯 왕 때에 예수께서 유대 베들레헴에서 나시매 동방 으로부터 박사들이 예루살렘에 이르러 말하되
2) 유대인의 왕으로 나신 이가 어디 계시뇨 우리가 동방에서 그의 별을 보고 그에게 경배하러 왔노라 하니
3) 헤롯 왕과 온 예루살렘이 듣고 소동한지라.
4) 왕이 모든 대제사장들과 백성의 서기관들을 모아 그리스도가 어디서 나겠느뇨 물으니
5) 가로되 유대 베들레헴이오니 이는 선지자로 이렇게 기록된바
6) 또 유대 땅 베들레헴아 너는 유대 고을 중에 가장 작지아니하도다. 네게서 한 다스리는 자가 나와서 내 백성 이스라엘의 목자가 되리라 하였음이니이다.
7) 이에 헤롯이 가만히 박사들을 불러 별이 나타난 때를 자세히 묻고
8) 베들레헴으로 보내며 이르되 가서 아기에 대하여 자세히 알아보고 찾거든 내게 고하여 나도 가서 그에게 경배하게 하라.
9) 박사들이 왕의 말을 듣고 갈째 동방에서 보던 그 별이 문득 앞서 인도하여 가다가 아기 있는 곳 위에 머물러 섰는지라.

10) 저희가 별을 보고 가장 크게 기뻐하고 기뻐하더라.
11) 집에 들어가 아기와 그 모친 마리아의 함께 있는 것을 보고 엎드려 아기께 경배하고 보배 합을 열어 황금과 유향과 몰약을 예물로 드리니라.
12) 꿈에 헤롯에게로 돌아가지 말라 지시하심을 받아 다른 길로 고국에 돌아가니라.

위의 본문은 대 단락 안에서 소 단락으로 나누기가 매우 어려운 본문이다. 주제에 따른 사건이 소 단락으로 묶여 있지 않고 섞여있으므로 구분하기가 매우 어렵기 때문이다. 이럴 경우에는 대 단락 곧 본문 안에서 통일성이 무엇인지 찾아야 한다.

본문의 말씀은 아기 예수 탄생에 따른 주변 사람들의 표정을 묘사한 사건이다. 그러므로 본문을 대화의 순서 속에서 통일성을 찾으려 하면 찾기가 힘들게 된다. 이런 경우에는 대화의 주체가 되는 아기 예수 주변의 사람들을 중심으로 하여 대지를 형성하면 의외로 쉽게 본문의 내용을 파악할 수 있게 된다.

나. 본문을 설교 중심으로 구성하면

1) 제목 : 아기 예수 주변의 사람들
2) 주제 : 메시야의 탄생과 주변 인물들의 표정
3) 본론
　대지 1 : 왕 헤롯
　　소지 1 : 계12:1 - 4절에 "하늘에 큰 이적이 보이니 해를 입은 한 여자가 있는데 그 발아래는 달이 있고 그 머리에는 열두 별의 면류관을 썼더라. 이 여자가 아이를 배어 해산하게 되매 아파서 애써

부르짖더라. 하늘에 또 다른 이적이 보이니 보라 한 큰 붉은 용이 있어 머리가 일곱이요 뿔이 열이라. 그 여러 머리에 일곱 면류관이 있는데 그 꼬리가 하늘 별 삼분의 일을 끌어다가 땅에 던지더라. 용이 해산하려는 그 아기를 삼키고자 하더니" 라는 말씀과 같이 사탄의 하수인으로의 인물이다.

소지 2 : 요8:44 너희는 너희 아비 마귀에게서 났으니 너희 아비의 욕심을 너희도 행하고자 하느니라. 저는 처음부터 살인한 자요. 진리가 그 속에 없으므로 진리에 서지 못하고 거짓을 말 할 때마다 제 것으로 말하나니 이는 저가 거짓말 장이요 거짓의 아비가 되었음이니라.

대지 2 : 제사장 과 레위인

소지 1 : 사1:10 - 15 너희 소돔의 관원들아 여호와의 말씀을 들을지어다. 너희 고모라의 백싱아 우리 하나님의 법에 귀를 기울일지어다. 여호와께서 말씀하시되 너희의 무수한 제물이 내게 무엇이 유익하뇨. 나는 수양의 번제와 살진 짐승의 기름에 배불렀고 나는 수송아지나 어린 양이나 수염소의 피를 기뻐하지 아니하노라. 너희가 내 앞에 보이러 오니 그것을 누가 너희에게 요구하였느뇨. 내 마당만 밟을 뿐이니라. 헛된 제물을 다시 가져오지 말라. 분향은 나의 가증히 여기는 바요 월삭과 안식일과 대회로 모이는 것도 그러하니 성화와 아울러 악을 행하는 것을 내가 견디지 못하겠노라. 내 마음이 너희의 월삭과 정한 절기를 싫어하나니 그것이 내게 무거운 짐이라 내가 지기에 곤비하였느니라. 너희가 손을 펼 때에 내가 눈을 가리우고 너희가 많이 기도할 지라도 내가 듣지 아니하리니 이는 너희의 손에 피가 가득함 이라.

소지 2 : 마7:22 - 23 그날에 많은 사람이 나더러 이르되 주여 주여 우리가 주의 이름으로 선지자 노릇하며 주의 이름으로 귀신을 쫓아내며 주의 이름으로 많은 권능을 행치 아니하였나이까. 하리니 그때에 내가 저희에게 밝히 말하되 내가 너희를 도무지 알지 못하니 불법을 행하는 자들아 내게서 떠나가라 하리라.

대지3 : 동방박사들

소지 1 : 민24:17 내가 그를 보아도 이때의 일이 아니며 내가 그를 바라보아도 가까운 일이 아니로다. 한 별이 야곱에게서 나오며 한 홀이 이스라엘에게서 일어나서 모압을 이편에서 저편까지 쳐서 파하고 또 소동하는 자식들을 다 멸하리라. 라는 메소포타미아의 선지자 발람의 예언을 기억하고 동방(메소포타미아)에서부터 온 천문학자들

소지 2 : 마2:2 유대인의 왕으로 나신이가 어디 계시뇨? 우리가 동방에서 그의 별을 보고 그에게 경배하러 왔노라.

마2:11 집에 들어가 아기와 그 모친 마리아의 함께 있는 것을 보고 엎드려 아기께 경배하고 보배합을 열어 황금과 유향과 몰약을 예물로 드리니라.

결론

다섯째 : 성경 저자의 뜻을 발견하도록 해야 한다

1. 중요성

우리는 하나님의 말씀인 성경을 인간이 저자인양 잘못 오해할 때가 있다. 그러나 성경의 영감 론에서도 배운바가 있지만 성경의 저자는 인간이

아니라 하나님께서 성령에 감동된 자로 하나님의 말씀을 전하게 하기 위하여 인간을 대필로 하여 기록한 것이다.

그러므로 성경의 저자는 하나님이시며 그분의 뜻을 안다는 것이 매우 중요한 것이다.

> 사 34:16 너희는 여호와의 책을 자세히 읽어보라 이것들이 하나도 빠진 것이 없고 하나도 그 짝이 없는 것이 없으리니 이는 여호와의 입이 이를 명하셨고 그의 신이 이것들을 모으셨음이라.

> 딤후 3:16-17 모든 성경은 하나님의 감동으로 기록된 것으로 교훈과 책망과 바르게 함과 의로 교육하기에 유익하니 이는 하나님의 사람으로 온전케 하며 모든 선한 일을 행하기에 온전케 하려 하심이라.

> 롬 12:1-2 그러므로 형제들아 내가 하나님의 모든 자비하심으로 너희를 권하노니 너희 몸을 하나님이 기뻐하시는 거룩한 산제사로 드리라 이는 너희의 드릴 영적예배니라 너희는 이 세대를 본받지 말고 오직 마음을 새롭게 하므로 변화를 받아 하나님의 선하시고 기뻐하시고 온전하신 뜻이 무엇인지 분별하도록 하라.

위에 언급된 말씀과 같이 성경의 저자는 하나님이시며 그분의 뜻을 분별하는 일에 열심을 다하여야 하는 것이 우선이 되어야 하는데 우리는 바울이 어떻다느니, 모세가 어떠하다느니, 아브라함이 이렇게 말씀하셨다느니라는 표현들을 조금도 미안하고 주저함이 없이 사용하고 있다. 이는 필자의 생각으로는 정확한 표현이라고 말할 수 없다고 본다. 그 이유는 성경은 아브라함이나 모세나, 바울의 글이 아니기 때문이다. 이들은 다만 하나님의 말씀의 씨나리오에 따라 움직이는 연기자에 불과하기 때문이며 이들은 말씀의 주체가 아니기 때문이다. 그렇다고 연기자의 모든 말이나 행위가 전혀 불필요하다는 의미는 아니다. 연기자의 말과 행위를 통하여 저자의 의도를 파악할 수도 있지만 저자의 뜻이 뚜렷이 나타나서 그분이 영광을 받으셔야지 연기자가 영광을 받는다는 것은 하나님의 은혜를 망각하게 된다는 것이다. 굳이 바울이나 모세나 아브라함을 넣어야 할 경우에는 하나님이 바울을 통하여 이렇게 말씀하셨으며, 하나님이 모세를 통하여 이렇게 당신의 뜻을 나타내셨다. 라고 표현하는 것이 바른 것 같다.

 만일 우리가 하나님이 성경의 저자이시며 그분의 뜻을 발견하지 못한 채 저자 아브라함의 심정이 어떻다느니, 모세가 어떻다느니, 바울이 어떻다느니 라고 하나님의 말씀을 해석하면 하나님 중심의, 은혜 중심의 설교를 할 수 없게 된다. 그렇게 되면 극 보수주의니 철저한 칼빈주의니 하며 입으로는 보수를 외칠 수 있을런지 모르지만 설교는 삼위 하나님이 없는 인본주의 설교로 전락해 버리고 말게 된다. 그러면 입으로는 칼빈주의를 말하나 실상 삶과 설교에서는 알미니안주의와 다를 바가 없게 되며, 이것은 엄밀히 말해서 하나님의 영광을 도적질하는 격이 되고 만다.

 성경에는 설교의 본문으로 선정된 한 단락 안에 하나님의 은혜를 먼저 말씀하시는 구절들이 많이 있지만, 어떤 단락은 하나님의 은혜를 언급함이 없는 본문들을 종종 접할 수 있게 된다. 그러면 필자의 견해로는 첫째는 본문을 읽고 또 읽어보라, 하나님의 은혜를 발견할 수 있을 때까지, 그래도 찾을 수 없을 때에는 둘째로 본문으로 정한 단락의 전후의 말씀을 더 확대하여 읽어 보아라, 그래도 아니 될 때에는 셋째 본문의 내용을 가장 신학적으로 잘 풀어주는 조직신학에서 하나님의 존재하심과 이름, 삼위일체, 속성, 신적작정, 하나님의 사역, 섭리 등등의 하나님의 은혜를 찾아서 본문이 하나님의 어떤 뜻과 우리에게 은혜를 베푸시고자 하시는 그 중심을 먼저 깨달아야 한다.

  이와 같이 하나님의 선행된 은혜를 깨닫게 될 때에 그 은혜를 언제 사용하여야 하는가? 그것은 설교자의 권한이지만 필자의 생각으로는 본론에 들어가기 전에 서론에서 말씀하시든지 그렇지 않으면 본론의 끝 부분에서 적용부분에서 적용하는 것이 설교자가 말씀을 전파하는데 효과를 더할 수 있다고 본다.

  로마서 1장 8 - 15절까지의 말씀을 보자.

  첫째는 내가 예수 그리스도로 말미암아 너희 모든 사람을 인하여 하나님께 감사함은 너희 믿음이 세상에 전파됨 이로라. 내가 그의 아들의 복음 안에서 내 심령으로 섬기는 하나님이 나의 증인이 되시거니와 항상 내 기도에 쉬지 않고 너희를 말하며 ①**어떠하든지 이제 하나님의 뜻 안에서 너희에게로 나아갈 좋은 길 얻기를 구하노라** 내가 너희 보기를 심히 원하는 것은 **무슨 신령한 은사를 너희에게 나눠주어 너희를 견고케 하려 함이니** 이는 곧 내가 너희 가운데서 **너희와 나의 믿음을 인하여 피차 안위함을 얻으려 함이니라.** 형제들아 ②**내가 여러 번 너희에게 가고자 한 것을 너희가 모르기를 원치 아니하노니** 이는 너희 중에서도 다른 이방인 중에서와 같이 **열매를 맺게 하려 함이로되** 지금까지 길이 막혔도다. 헬라인이나 야만인이나 지혜 있는 자나 어리석은 자에게 다 내가 빚진 자라. 그러므로 ③**나는 할 수 있는 대로 로마에 있는 너희에게도 복음 전하기를 원하노라.**

  우리는 위의 본문에서 중심 주제가 바울이 로마에 있는 성도들에게 나아가서 복음을 전하기를 원하는 내용임을 알 수 있는데, 그 사실을 위의 ①②③에서 반복 강조하는 점으로 보아서도 알 수 있다.

2. 본문을 설교 중심으로 구성하면

가. 보편화된 설교 구성

1) 주제 : 로마에 복음 전하기를 갈망하는 바울
2) 서론

바울 서신의 특징으로는 먼저 편지마다 수신자들의 장점을 칭찬하고 격려하는 모습을 볼 수 있다. 본문의 말씀도 8절에서 너희의 믿음이 온 세상에 전파되었다고 칭찬하고 있으며, 9절에서는 항상 내 기도에 쉬지 않고 너희를 말한다. 라고 격려하는 것을 볼 수 있다.

3) 본론

가) 대지1 : 바울이 로마에 가고자하는 첫째 이유

- 본문 11절의 "내가 너희 보기를 심히 원하는 것은 무슨 신령한 은사를 너희에게 나눠주어 너희를 견고케 하려 함이니" 라는 말씀과 같이 바울은 로마 교회가 견고하지 못하여 흔들리고 있기 때문에 그들에게 무슨 신령한 은사를 나눠주어 그들의 흔들림을 바로 잡아주기를 원하는 심령을 말하고 있다.
- 본문 12절 "이는 곧 내가 너희 가운데서 너희와 나의 믿음을 인하여 피차 안위를 얻으려 함이니라." 라는 말씀과 같이 안위함을 얻지 못한 로마 교회를 향한 바울의 애타는 마음을 잘 표현하고 있다.
- 적용(동사 작동) : 우리의 신앙도 로마 교회와 같이 흔들리는 가운데 견고함이 없는 교회의 모습이 아닌가? 그것을 바라보는 바울의 심정은 속히 그들에게 가서 무슨 신령한 은사를 나눠주고 또 그리스도 안에서 로마 교회와 바울이 서로 만나 그들에게 안위함을 주므로 로마교회가 든든히 서가는 모습을 보기를 원하

는 바울의 사랑하는 마음이 로마로 가고 싶어 하는 모습으로 나타나 있음을 볼 수 있다.

나) 대지2 : 바울이 로마에 가고자하는 둘째 이유
- 본문 13절에 너희 중에서도 다른 이방인 중에서와 같이 열매를 맺게 하려 함이로되 지금까지 길이 막혔도다. 라는 말씀과 같이 로마교회는 아직도 어려서 열매를 맺지 못함을 본 바울은 열매를 맺어 하나님께 영광을 돌리기를 원하는 마음으로 로마에 가고 싶어 한다.
- 본문 14절에 헬라인이나 야만인이나 지혜 있는 자나 어리석은 자에게 다 내가 빚진 자라. 라는 고백은 바울이 로마교회를 얼마나 사랑하고 있으며, 복음 또한 사랑하고 있음을 단적으로 보여주는 아름다운 마음을 볼 수 있다.
- 적용(동사 작동)

다) 대지3 : 바울이 로마에 가고자 하는 셋째 이유
- 본문 15절에 "그러므로 나는 할 수 있는 대로 로마에 있는 너희에게도 복음 전하기를 원하노라." 라는 말씀과 같이 바울이 로마에 가고자 하는 첫째와 둘째 이유를 다 종합하여 그러므로 라는 말로 자신이 로마에 가기를 그렇게 고대하고 있음을 나타내고 있다.
- 로마교회는 몇 명의 군인들에 의하여 세워졌다고 한다. 그러므로 참된 교리도 성경의 깊이도, 구원의 도리도 깨닫지 못한 채 흔들리며 견고하지 못한 교회이자 참된 하나님의 위로를 받지 못하여 참된 안식이 없는 교회와 아직까지 어려서 열매를 맺지 못하는 교회를 바라보면서 먼저 복음의 진리를 알고 하나님 안에서 성숙된 믿음으로 소망을 가진 바울은 하나님 앞과 사람들에게 빚

진 자 라는 깊은 애정을 가지고 고백하는 그 마음이 사명감으로 나타나서 로마로 달려가기를 고대하는 모습을 볼 수 있다.
· 적용(동사 작동)

3) 결론

· 우리는 이와 같이 본문을 분해하여 설교의 기본 틀을 만들어 보았다. 매우 만족하지는 못해도 강해 설교로서 손색이 없다고 생각할 것이다. 그러나 이 설교에는 매우 귀중한 요소가 한 가지 빠져있음을 발견할 수 있다. 위의 설교 요지를 자세히 보라. 시종일관 바울이, 바울이 라고 바울의 신앙만이 나타나고 있다. 다시 말해 이 말씀의 주인이신 하나님이 없다. 그리스도도 없으며, 성령님도 없다. 아울러 하나님의 선하시고 기뻐하시고 온전하신 뜻도 없다. 오직 바울만이 있을 뿐이다. 이런 설교는 회중들의 마음에 바울의 신앙을 통하여 도전은 받게 할런지 모르나 하나님의 복은 기대할 수 없을 것이다. 이런 설교는 바울의 이러한 신앙이 어디에서 왔는지를 모르고 우리도 바울의 신앙을 닮기를 원한다면 누구에게 구하여야 하는지도 모르게 한다. 이것이 알미니안적인 사고요 설교이다. 그러면 어떻게 작성하고 설교해야 하는가?

나. 은혜 중심의 설교 구성

1) 주제 : 로마에 복음 전하기를 갈망하는 바울
2) 서론

가) 바울 서신의 특징으로는 먼저 편지마다 수신자들의 장점을 칭찬하고 격려하는 모습을 볼 수 있다. 본문의 말씀을 보더라도 8절에서 너희의 믿음이 온 세상에 전파되었다고 칭찬하고 있으며, 9절에서는 항상 내 기도

에 쉬지 않고 너희를 말한다. 라고 격려하는 것을 볼 수 있다.

나) 바울의 이와 같이 불타는 복음에의 사랑과 타락한 인간을 사랑하는 믿음은 어디서 왔는가? 그것은 그의 성정이 우리와 달라서 인가? 아니다. 바울도 우리와 조금도 다를 바가 없는 자로서 이 소원은 빌2:13절 " 너희 안에서 행하시는 이는 하나님이시니 자기의 기쁘신 뜻을 위하여 너희로 소원을 두고 행하게 하시나니" 라는 말씀과 같이 로마에 있는 로마교회 성도들에게 그토록 가기를 원하는 바울의 이 소원마저도 하나님이 그에게 주신 은혜이다. 그 뿐만이 아니라 그것을 성취하기를 갈망하는 마음 또한 빌1:6절에 "너희 속에 착한 일을 시작하신 이가 그리스도 예수의 날까지 이루실 줄을 확신하노라," 라는 말씀과 같이 하나님이 주신 확신임을 알 수 있다. 그러므로 이 본문에 나타나는 바울의 그 심령은 하나님이 그에게 주셨으며, 하나님이 주신 그 중심을 가지고 바울은 하나님이 맡겨주신 사명을 주님의 마음을 가지고 수행하는 모습을 볼 수 있다.

3) 본론
　상기 내용 그대로

4) 결론
　본문 가운데서 하나님의 선행된 은혜가 표현되지 않았다면 조직신학적 관점에서 본문이 어느 부분에 속하는지를 찾아서 하나님의 앞서 행하시는 은혜를 서론이나 결론 전에 적용 란에 표현하여 주는 것이 바람직하다고 생각한다.

II
역사적 인물들의 설교준비 사례비교

근본 자료는 리처드 알렌 보디(Richard Allen Bodey)가 지으시고 권숙 교수가 번역한 설교 해부학(기독교 문서 선교회 발행)이라는 책을 중심으로 발췌한 내용이다. 이 자료는 설교를 준비하는 모든 설교자들에게 매우 유익을 줄 것이라는 확신에서 소개하고자 한다.

1. 시들로우 박스터(J. Sidlow Baxter)

가. 설교준비 단계
1) 첫 번째 단계 ; 본문선택
• 나는 내가 본문이나 주제를 선택하기보다는 그것들이 나를 선택하기를 더 좋아한다. 예외적인 경우가 있는데 그것은 내가 어떠한 특별한 필요성에 의하여 혹은 특수한 상황에 메시지를 전하고자 할 때이며, 내 자신이 본문을 선택하거나 주제를 결정지어야 할 경우라 할 수 있다.

2) 두 번째 단계 ; 성경공부

• 성경의 광맥 안에 있는 보배로운 금광이 성경 공부에 의해 드러나게 된다. 성경공부는 광범위한 설교의 주제들을 제공해 주는 풍부한 자료를 제공해 준다.

3) 세 번째 단계 ; 성경 주석과 가벼운 강해작업

• 주석은 자신의 취향에 맞는 주석이 좋은 것인데 시들로우 박스터는 주석 종류로는 메튜 헨리 주석이 좋은데 그 이유는 신선한 영감을 체험할 수 있기 때문이다. 라고 말했다.

• 강해 집은 설교준비에 매우 유익하다고 보는데 그 이유는 "철이 철을 날카롭게 만들기 때문이다." 다시 말하면 강해식의 책은 가끔 그것을 읽는 사람으로 하여금 잠재되어 있는 기발한 통찰력이나 아이디어가 떠오르도록 자극을 주기 때문이라고 할 수 있다.

• 주석과 강해 집은 설교작성에 있어서 좋은 영감을 얻기에 훌륭한 안내자가 될 수 있지만 지나친 의지는 하나님이 나에게 주시는 영감을 잃게 하는 단점도 가지고 있음을 유념해야 할 것이다. 그러므로 주석 및 강해 집은 설교문을 모두 작성한 다음 본문의 해석이 개혁주의 입장에서 오류가 없는가를 점검할 때에 사용되는 것이 좋다.

나. 자료 연구단계

1) 내가 하는 것은 나를 사로잡는 주된 개념(the main idea)을 메모하고, 그리고 그 핵심적 아이디어와 관련있는 보조 사상을 메모한다.
2) 내가 세우고자 하는 메시지가 담겨있는 성경 본문을 정확하게 석의하기 위하여 원문을 조사하고, 본문을 살피고 더 나아가 문맥을 조사

한다.
3) 본문을 통하여 전하고자 하는 메시지의 예비적인 개요를 대강 작성한다.

다. 자료 조직단계

1) 내가 발췌해서 메모한 것으로부터 내가 전하고자 하는 특별한 한 가지 주제와 밀접한 관련이 있는 것들만 취사선택하고 그 나머지는 그것이 아무리 매력적이고 흥미를 끄는 것이라 해도 과감히 제외시켜 버린다.
2) 에세이, 시, 드라마와 설교 사이에는 분명한 차이가 있다. 에세이는 지성을 동원해야 하고, 시는 상상력을 그리고 드라마는 감정을 동원해야 하는 것이지만 설교는(그것이 지성이나 상상력이나 감정을 동원하든지 어떻든지) 하나님의 말씀을 선포하여 듣는 자의 의지적인 응답을 요청하여 그 삶을 하나님의 뜻에 맞춰 변화시키는데 그 목적이 있기 때문이다. 설교의 설득력을 증대시키려면 한 가지의 주제가 설정되어 있을 때 그 밖의 다른 개념들은 반드시 제외시켜야 한다.
3) 설교 전달은 그 구성이 고상하고 정교해야 한다. 이는 설교를 듣는 회중이 설교를 대 할 때에 정교하면서도 논리성을 구하기 때문이다.
4) 설교의 서론부분에 호감을 주도록 상당한 노력을 기울여야 한다. 공격 선발대가 계속적인 공격에 상당한 방해가 될 수 밖에 없다. 처음부터 사람의 관심을 사로잡는 출발이야 말로 언제나 탁월한 전략이기 때문이다.
5) 예화를 사용하는데 있어서 나는 하나의 근본적인 법칙을 가지고 있다. 그것은 예화는 말 그대로 예를 들어 어떤 진리를 밝게 비춰어 들어내는 것이지 하나의 장식품이 아니라는 사실이다. 그러므로 예화

를 너무 화려하게 꾸미는 것은 참된 진리의 빛을 막을 수도 있음을 명심하여야 할 것이다.

6) 결론부분에 지대한 관심을 기우려야 한다. 우리의 설교가 마치 정확한 착륙 활주로를 찾지 못하는 비행기처럼 되어서는 안 된다. 어디가 의도된 착륙지점인지를 분명히 알고 있어야 하며 그 지점에 도달했을 때 더 이상의 군더더기 말을 붙이면 설교가 약해질 수밖에 없기 때문이다.

2. 리처드 알렌 보디(Richard Allen Bodey)

가. 설교준비를 위한 네 가지 기본적인 지침

첫째 : 이 설교가 주어진 성경 본문을 기초로 하여 그 의미에 충실한가?

• 제목설교에 있어서는 특히 그 제목이 본문에서 나타내고자 하는 것인지 혹은 본문에 의해 정직하게 의도된 것인지를 분명히 해야 한다. 제목설교라 하더라도 본문의 의미와 전체적으로 조화를 이루도록 본문의 뜻을 왜곡하지 않는 방법 내에서 이루어 져야만 한다.

둘째 : 그 설교가 예수 그리스도를 높이고 있는가?

• 신약(눅 24:25-27, 44-47)은 물론 구약을 포함한 모든 성경을 그리스도 중심의 해석을 해야 한다. 마치 성령께서 하시는 첫 번째 사역이 예수 그리스도를 증거 하시듯이(요 15:26, 16:13-15) 기독교 설교의 첫 기능은 구세주로서의 신적인 영광의 모든 충만함을 나타내 보여야 하며, 그 결과로 그 설교를 듣는 모든 사람들로 하여금 예수 그리스도와의 인격적인 만남이 이루어지도록 해야 한다.

셋째 : 설교가 청중의 오늘 그리고 지금이라는 삶과 관련이 있는가?
• 성경의 가르침과 그들의 필요가 연관이 있는가? 그들의 관심과 흥미를 불러일으키고 있는가? 설교자의 과업은 어떻게 성경이 가정주부의 일상의 삶이나 기술자, 판매 사원, 교사, 학생, 배심원이나 어린이에게 까지라도 영향을 미치고 있는지를 나타내 보여 주어야 한다.

넷째 : 설교가 흥미 있는가?
• 설교가 아무리 성경적이요, 그리스도 중심적이고, 아무리 상황에 적절하다고 해도 듣는 자가 흥미를 느끼지 못하면 그 설교는 가치 없는 것이다.

나. 설교를 조직하기 전의 준비단계

1) 일 년의 설교 계획을 미리 정하라(교회력에 따른 설교계획)
2) 자료 준비 및 정리(화일) : 늘 노트를 준비하고 다니다 가 설교의 자료가 될 만한 것이 있으면 노트하고 준비 하였다가 설교의 주제가 정하여 지면 주제 정신에 맞는 자료를 찾아서 정리하여야 한다.
3) 그 주에 설교할 본문이 결정되면 25-30회 이상 읽고 본문의 내용과 영감을 구하기 위하여 묵상과 기도의 시간을 갖는다.(여러 개의 번역 성경을 대조하며 읽는 것이 효과적임)
4) 특별히 중요한 단어들과 구와 구문론적인 구조를 메모 해 놓으며, 그리고 언제나 본문에 대한 다이어그램을 그려놓는다. 이 단계에서는 결코 어떤 순서에 구애받지 않고 생각나는 대로 적는다. 나에게 떠오르는 모든 생각들을 하나도 빠짐없이 기록하는데 그것이 비록 서로 상관이 없다고 생각이 되더라도 다 적어 놓는다. (1차 설교화한 작업)
5) 본문에 대하여 이 정도의 브레인스토밍(brainstorming: 회의에서 모두

가 차례로 아이디어를 제출하여 그 중에서 최선책을 결정하는 방법)를 마치게 되면 본문을 원어적으로, 문법적으로, 신학적으로 분해하여 정리 한다.
6) 이 후에 주석과 강해 집들을 비교하여 역사적으로 고백된 진리에서 벗어나지 않았는지를 확인한다.

다. 서론과 결론을 준비하는 단계

1) 서론에 대한 나의 주된 관심은 어떻게 하면 청중들의 관심을 끌어 모을까 하는 것이다. 그래서 주제에 초점을 맞추어서 청중과 본문의 간격을 자연스럽게 연결하도록 애를 쓴다. 그러므로 서론은 화려해야 하고 웅장하여야 한다.
2) 설교의 결론은 설교의 목적이 세워지기 조금 전에 결정된다. 이제는 어떻게 하면 설교의 목적을 생명력 있고 능력있게 잘 포장해시 모든 청중들의 개개인의 마음에 와 닿도록 할 것인지 결정한다.

라. 설교에 있어서 예화 사용은 적절한가?

예화의 중요성을 강조한다. 설교의 핵심적인 아이디어를 설명할 때는 예화를 사용하며, 각 대지 당 한 가지씩의 예화를 사용하는 것이 좋다고 생각한다.

3. 스튜어트 브리스코(Stuart Briscoe)

• 설교를 작성하는 것은 건물을 건축하는 것과 다르지 않다. 건축을 하는데도 순서가 있듯이 설교를 준비 하는데도 순서가 있다. 그러면 우리가

설교준비에서 반듯이 거쳐야 할 단계를 건축에 비유해서 살펴보도록 하자.

가. 건물을 결정하라

1) 타지마할은 인도의 아그라 도시 밖에 건축된 독특하고 인상적인 건축물이다. 샤 자안(Shah Jasan)이 해산 중에 숨진 아내를 기념하기 위해서 세운 것이다. 시카고 도심에 있는 시어즈 타워(The Sears Tower)는 바람 많기로 유명한 도시의 상업구역에 지칠줄 모르고 늘어나는 사무실 공간의 수요를 충당하기 위하여 세운 건물이다.

   이 두 건축물의 목적은 완벽하게 드러났고 그 결과 그 건물들은 시공자의 목적을 아주 이상적으로 충족시켰다. 아그라 도시 밖에 시어즈 타워가 세워졌다면 괴물처럼 보였을 것이고, 시카고의 상가 중심지에 타지마할이 세워졌다면 미적인 아름다움은 더했을지 몰라도 시카고 경제에는 오히려 손실이 되었을 것이다.

2) 마찬가지로 설교자라면 다음과 같이 물어 보아야 할 것이다. 즉 도대체 왜 내가 이 설교를 하는가? 그 설교를 통해서 무엇을 성취하고자 하는가를 자문해 보아야 한다. 설교의 목적이 청중들로 하여금 믿음에 들어서도록 도전하는 것이면 전도설교가 가장 적합할 것이다. 그 반면에 장례식을 위한 것이라면 상당히 달라질 것이다.

3) 이와 같이 설교자는 어떠한 목적을 지닌 건물을 지어야 할 것인가를 먼저 설정하여야 한다. 조직신학에서도 하나님의 신적작정이 모든 피조물들을 만들고 섭리해 나가듯이 설교에서도 목표 및 목적이 분명할 때에 회중들이 설교의 내용파악은 물론 은혜의 시간이 될 수 있기 때문이다.

나. 건축의 부지를 선택하라

설교자의 금주 설교의 목표(목적)가 분명할 때에 본문 선택이야 말고 가장 중요한 것이 된다. 그러므로 시대 및 회중들의 갈급함, 지역적 특성, 절기 등에 따라 설교의 준비가 달라야 하기 때문이다.

다. 건물의 설계도를 그리라

건축물을 결정하고 건물의 부지를 선정했으면 다음은 상세한 설계도를 그려야 한다. 그것은 하나님의 말씀의 집을 어떻게 지어야 할 것인가? 어떤 형태로, 어떤 재료를 가지고, 얼마만한 크기로, 지어야 할 것인가를 포함하여야 할 것이다. 그러나 가장 중요한 것은 설교의 목표 및 목적이 하나님께 영광을 돌려야 한다는 사실을 잊어서는 안 된다.

라. 자료를 모으라

설교의 주제와 설교본문이 선택했으면 설교의 목적도 분명해질 것이고 그리고 나서 본문에 몰두하게 된다. 이것은 곧 성경 본문을 읽고 또 읽고 읽어서 거의 그 본문을 암송할 수 있게 되는 것을 의미한다. 이와 같이 본문의 내용을 파악하게 될 때에 그 본문을 통하여 설교의 기초를 놓기 전에 자료를 모아야 한다. 이 자료모음의 단계는 평상시 계속되는 작업이지만 그 중에서 본문과 주제에 맞는 자료를 구분하여 준비하는 것을 말한다.

마. 기초를 놓아라

우리가 잘 알듯이 모래 위에 세운 집은 쉽게 무너지나, 반석위에 세운 집은 견고하게 서있다. 그러므로 기초를 어떻게 놓느냐는 설교에 있어서 매우 중요한 작업이다.

성경은 기초를 놓을 때에 첫째 되는 원칙으로 고전3:10-15절 "내게 주신 하나님의 은혜를 따라 내가 지혜로운 건축자와 같이 터를 닦아 두매 다른 이가 그 위에 세우나 그러나 각각 어떻게 그 위에 세우기를 조심하라. 이 닦아 둔 것 외에 능히 다른 터를 닦아둘 자가 없으니 이 터는 곧 예수 그리스도라. 만일 누구든지 금이나 은이나 보석이나 나무나 풀이나 짚으로 이 터 위에 세우면 각각 공력이 나타날 터인데 그날이 공력을 밝히리니 이는 불로 나타내고 그 불이 각 사람의 공력이 어떠한 것을 시험할 것임이니라. 만일 누구든지 그 위에 세운 공력이 그대로 있으면 상을 받고 누구든지 공력이 불타면 해를 받으리니 그러나 자기는 구원을 얻되 불 가운데서 얻은 것 같으리라." 라는 말씀과 같이 기초가 예수 그리스도에서 벗어나서는 안 되며, 둘째로는 설교자와 청중 사이의 지대를 같은 수준에 놓아야 한다는 원칙에서 벗어나서는 안 된다.

바. 구조를 세우라

나의 설교준비의 주된 부분은 나 자신과 청중의 필요를 위한 견고한 아웃트라인을 만들어 내는 것이다. 이제 나의 설교 개요를 마6:19-34절의 본문을 통하여 소개하고자 한다.

제목 : 물질주의란 무엇인가?
성경 : 마 6:19-34

서론 : 생략
본론
대지1 : 물질주의란 무엇인가?
  소지1 : 물질은 악하다는 옛 견해
    • 금욕주의

- 쾌락주의
- 창조와 성육신에 위배됨

소지2 : 물질은 모든 것이라는 현대의 견해
- 공산주의
- 자본주의
- 그리스도와 모순됨

소지3 : 물질은 어디엔가 사이에 있다는 일반적인 견해
- 쌓아둠의 문제
- 안목의 문제
- 섬김의 문제
- 구함의 문제

대지2 : 물질주의의 폐해는 무엇인가?

 소지1 : 잘못된 것들을 쌓음.
- 땅위에 쌓아둠
- 하늘에 쌓아둠

소지2 : 잘못된 렌즈를 통해서 세상을 봄
소지3 : 잘못된 주인을 섬김
- 물질이 하나님이 됨
- 하나님이 물질의 하나님이 됨.

소지4 : 잘못된 행복을 추구함
- 먹고, 마시고, 입고
- 그 나라와 의에 관계되는 문제

대지3 : 물질주의에 대한 어떤 자세를 가져야 할 것인가?

소지1 : 바로 직시하라 - 밝은 눈으로
소지2 : 거부하라 - 하나님과 재물을 겸하여 섬기지 못한다.
소지3 : 저항하라 - 계속되는 싸움

결론

사. 건물을 완성하라

이와 같이 설교의 골격을 먼저 세운다음 완전한 설교를 작성하여야 한다. 이 때에 중요한 것은 시127:1절에서 "여호와께서 집을 세우지 아니하시면 세우는 자의 수고가 헛되며, 여호와께서 성을 지키지 아니하시면 파수꾼의 경성함이 허사로다." 라는 말씀과 같이 하나님의 도우심이 가장 필요할 때라고 생각한다. 깊이 묵상하고 기도하는 가운데 렘20:7 - 9절 "여호와여 주께서 나를 권유하시므로 내가 그 권유를 받았사오며 주께서 나보다 강 하사 이기셨음으로 내가 조롱거리가 되니 사람마다 종일토록 나를 조롱하나이다. 대저 내가 말할 때마다 외치며 강포와 멸망을 부르짖으오니 여호와의 말씀으로 하여 내가 종일토록 치욕과 모욕거리가 됨이니이다. 내가 다시는 여호와를 선포하지 아니하며 그 이름으로 말하지 아니하리라 하면 나의 중심이 불붙는 것 같아서 골수에 사무치니 답답하여 견딜 수 없나이다." 라는 말씀과 같이 본문의 말씀을 전하려는 자의 중심이 예레미야의 심령이 되기까지 준비되어야 한다.

위의 세 분의 설교준비 내용을 살펴보았지만 각각 나름대로의 특색을 가지고 있는 것을 볼 수 있다. 그러나 조직적인 설교작성법에 대하여는 언급을 회피하고 있는 인상을 주고 있다. 이와 같은 현상들은 아직도 연구할 영역이 많이 있음을 알 수 있으며, 설교작성에 고정된 틀이 없음을 스스로 노출하고 있는 것이다. 이와 같이 설교란 다양성 속에 통일성을 가져 보려고 노력하고 있지만 고정된 원칙을 고집할 수 없으며 융통성 있는 자기만의 설교구성을 가질 수 있음도 알 수 있다.

III
예배(禮拜)와 설교(說敎)

1. 예배의 정의

가. 예배란 신실한 신앙인이 하나님의 영화로우심 존엄성을 인식하고 살아 계신 하나님 앞에 자신을 굽혀 엎드리는 것으로서 인간은 하나님께 경외와 찬양과 감사와 존귀를 드리는 것이다. 라고 한다.[2] 우리는 이 정의를 통하여 볼 때에 예배란 인간이 하나님께 드리는 하나의 행위라고 볼 수 있다.

그러므로 예배라는 표현을 영어로는 worship 이라고 하는데 이는 worth(…의 가치가 있는) 이라는 단어와 ship(신분)이라는 단어가 합성된 것으로 예배의 대상자(기독교 = 하나님)에게 최상의 가치를 돌리는 것(to ascribe him supreme worth) 이라고 정의하는 점과 잘 맞는 것 같다.

나. 그러나 필자의 견해는 조금 다르다고 생각한다. 예배란 드림이라는 정신이 지배적이라는 데는 동의 하지만, 드림만은 아니고 나눔 또는 선포

---

[2] 김석한 저, "개혁주의 예배신학 개론" 서울. 도서출판 총신. 1994년 3월. 48면

(베푸심, 은혜)라고 생각한다. 그러므로 예배란 인간이 하나님께 최상의 가치를 돌리는 것, 즉 하나님의 영화로우신 존엄성을 인식하고 살아 계신 하나님 앞에 자신을 굽혀 엎드리는 것으로서 인간은 하나님께 경외와 찬양과 감사와 존귀를 드리는 것이며, 아울러 하나님께서는 당신이 세우신 주의 종의 입술을 통하여 말씀을 선포하시는 가운데서 나타나는 교제(나눔 = Communication)를 예배라고 정의한다. 그러므로 참된 예배는 하나님과의 만남을 통한 나눔으로 환희요, 기쁨이요, 안식이요, 축제가 되어야 한다.

2. 예배의 한 요소로서의 설교

가. 대한 예수교 장로회 헌법에 명시된 예배의 요소에는 ① 기도 ② 찬송 ③ 성경 낭독 및 성경 해석과 설교 ④ 헌금 ⑤ 축복기도이고 그 외에도 성례(세례와 성찬)와 금식, 그리고 성경문답과 권징 등을 말하고 있다.[3] 우리는 이 예배의 요소 중에서 기도와 찬양과 헌금은 드림이지만 설교와 축도는 선포임을 알 수 있으며, 그러므로 예배를 교제요 나눔이라는 정의가 타당함을 볼 수 있다. 또한 예배의 최종 목적인 하나님의 영광(כבוד = $\delta o\xi a$)이라는 단어의 어원적 의미를 살펴보면 ① 자신을 들어내다 ② 임재하다 ③ 드리다, 헌신하다, 순종하다. 라는 뜻이 있는데 ①, ②는 하나님이 자신을 나타내는 것이요,[4] ③은 드림을 나타내는 것임을 또한 알 수 있다.[5]

---

[3] 위의 책. 186면
[4] 하나님이 자신을 나타내심 과 임재를 영광이라고 표현한 성경적 근거는 다음과 같다.
 눅2:14 지극히 높은 곳에서는 하나님께 영광이요, 땅에서는 기뻐하심을 입은 사람들 중에 평화로다 (계시).
 출40:34 그 후에 구름이 회막에 덮이고 여호와의 영광이 성막에 충만하매(임재).
 왕상8:10-11 제사장이 성소에서 나올 때에 구름이 여호와의 전에 가득하매, 제사장이 그 구름으로 인하여 능히 서서 섬기지 못하였으니 이는 여호와의 영광이 여호와의 전에 가득함이었더라(임재).

나. 그러므로 우리는 설교를 준비할 때나 설교를 할 때에 내가 나의 말과 뜻을 하나님께 드리는 것이 아니라 하나님께서 당신의 말씀과 뜻을 설교자를 통하여 회중들에게 선포하는 것이 설교이므로 우리가 성경 말씀을 통하여 말씀하시기를 원하시는 하나님의 마음과 뜻을 분별하지 못하고는 참된 설교준비와 말씀의 선포는 불가능하게 된다는 것을 명심해야 할 것이다.

3. 개혁주의 설교의 특징

가. 필자는 얼마 전에 다른 분의 설교를 들으면서 아주 귀중한 진리를 깨닫게 되었다. 그것은 설교를 한 편의 드라마로 생각하고 이 드라마가 하나의 작품이 되기 위하여서는 작가(각본, 대본, 시나리오를 만든 자)와 연출가(감독, 촬영, 연기자, 모든 준비물을 다루는 분들, 기타)가 필요하다. 이와 같이 성경에서도 작가는 하나님이시며, 연출가는 사건 속에 나타나는 여러 인물들과 그 배경들이라 할 수 있다. 그러나 설교에는 작가와 연출가 외에도 해설가(설교자)가 있게 된다. 그런데 아이러니(irony)하게도 오늘 날 해설가는 정직하게 해설만 하는 이가 아니라 작품의 고유한 사상과 작가의 뜻과도 상관없는 자기의 작품을 만들며, 연출자인 주연도 자신이 되어서 자기의 뜻과 생각으로 작품을 도적질하는 모습을 보았다.

---

5) 영광이라는 단어는 피조물이 창조자에게 드리고, 헌신하고, 순종할 때에 하나님께서 열납하시고, 받으시는 영광을 말한다.
   요12:23 예수께서 대답하여 가라사대 인자의 영광을 얻을 때가 왔도다(성자께서 성부 하나님의 명령에 순종하므로 영광을 돌려드리는 모습).
   요13:31-32 저가 나간 후에 예수께서 가라사대 지금 인자가 영광을 얻었고, 하나님도 인자를 인하여 영광을 얻으셨도다. 만일 하나님이 저로 인하여 영광을 얻으셨으면 하나님도 자기로 인하여 저에게 영광을 주시리니 곧 주시라(예수님의 제자 중 가룟 유다가 주님을 팔 자로 지목을 받고 나갔을 때에 예수님께서 하신 말씀).

또 한 부류는 작가의 사상과 뜻은 아예 무시한 채 작품 속의 연기자에게 집착되어(연기자의 연기를 통하여 작가의 사상과 뜻을 알 수 있지만) 그의 인간적인 몸짓을 강조하면서 자기복음을 전하는 해설자도 볼 수 있었다.

개혁주의는 드라마의 연출가들의 몸짓에 지나친 비중을 두지 않고 작가의 사상과 뜻을 찾기에 몰두하며, 연기자들의 몸짓 몸짓을 보면서 작가 되시는 하나님의 메시지(뜻)를 찾기에 열중하여 하나님을 영화롭게 하는 일에 전력을 다하는 자가 개혁주의 해설자임을 늘 명심해야 한다.

나. 개혁주의 설교의 특징 중 두 번째는 성경에 기록된 것 외에는 다른 말을 하지 않는다는 것이다. "성경이 가라 하는 곳까지 가고 머물라는 자리에 머물러라." 라는 말씀에 기초하여 주제 설교이든지, 본문 설교이든지, 강해 설교이든지 반듯이 성경을 떠나서는 안 된다는 것이다.

다. 오늘날에는 많은 사람들이 하나님의 최고의 계시인 성경을 무시하고 하나님의 직접계시와 은사 중심의 신앙을 통하여 많은 사람들을 미혹하는 모습을 볼 수 있다. 이와 같은 직접계시와 은사는 기독교에만 있는 것이 아니라, 모든 종교가 다 가지고 있다. 그러므로 직접계시나 은사 중심의 신앙은 잘못될 수 있는 확률이 높은 것이다. 고로 성경의 계시를 중심한 신앙생활… 이 속에서 삼위하나님을 만나며 그분과의 교제를 통하여 각종 능력을 힘입어서 말씀을 증거하고 말씀대로 살아가는 가운데서 주님이 필요하실 때에 그분이 나를 도구로 당신의 역사를 나타내실 수 있는 것이다. 고로 우리는 그분이 쓰시기에 합당한 깨끗한 그릇으로 준비된 삶을 살아가는 것이 중요하다. 그러므로 개혁주의 설교의 방향은 직접계시 및 은사 중심의 메시지가 되어서는 안 되며, 성경중심의 믿음과 삶을 강조하는 것이 개혁주의 설교의 특징이 되어야 한다.

라. 또 다른 특징으로는 우리나라의 많은 목회자들은 영성(靈性)이라는 용어를 잘못 이해하고 있는 것 같다. 영성은 기도로만 오는데 하나님의 신이 내게 임하여 표적과 기적이 나타나고 나의 몸이 뜨끈뜨끈하며, 무엇이 보이고, 나의 지성과 감성과 의지는 무시된 채 어떤 절대적 의지의 포로가 되어서 몽롱한 상태에 있는 것을 영성이 강하다. 라고 표현하는 것을 종종 볼 수 있다. 이와 같은 신앙을 우리는 마르다의 신앙, 곧 내가 주님을 기쁘시게 하며, 인간의 노력으로 깊은 경지에 오르려는 율법주의적인 신앙이요, 감성위주의 신앙이라고 한다. 이러한 신앙은 통제력을 상실하므로 광신적인 신앙으로 발전할 수 있으며 매일 같이 산에 올라가서 소리소리 지르지 아니하고는 충만을 느낄 수가 없어서 껄껄거리는 신앙, 이러한 신앙은 지속적인 기쁨이 없으며, 감사가 없으며, 만족함이 없는 신앙이 되고 만다. 항상 곤핍하여 충만한 것 같으나 비었고, 모든 것을 가진 것 같으나 아무 것도 없으며, 강한 것 같으나 약한 자신의 모습을 보게 되는 신앙을 말한다. 그러므로 Arminian적 신앙이 위험하며, 이방 종교들의 한결같은 신앙의 형태가 이러하기 때문에 인본주의적인 신앙은 결코 영성이 있다. 라고 말 할 수 없게 된다. 그러면 진정한 영성은 무엇인가? 말씀 가운데 계시는 여호와를 만나고, 그분의 인격과 나의 인격이 하나가 되어 그분이 내 안에, 내가 그분 안에 있는 신비적인 결합을 통하여 나의 삶이 곧 그분의 삶이요, 그분의 삶이 곧 나의 삶이 되어, 내면 깊은 곳으로부터 주님 안에 있는 지혜와, 능력과, 거룩과, 공의와, 인자와, 진실 됨이 나타나며, 나아가서 위로부터 거저 주시는 은혜와 평강으로 넘칠 때의 상태를 영성이라고 하며, 이의 충만을 영성 충만 이라고 한다. 고로 개혁주의 설교는 바른 영성을 일깨우는데 집중된 설교이어야 하며, 은혜를 깨닫고 감사가 넘치도록 안내하는 설교가 되어야 하는 것이 특징이다.

마. 개혁주의 설교의 특징은 에베소서 2장 20-22절에 "너희는 사도들과 선지자들의 터 위에 세우심을 입은 자라 그리스도 예수께서 친히 모퉁이돌이 되셨느니라. 그의 안에서 건물마다 서로 연결하여 주안에서 성전이 되어 가고 너희도 성령 안에서 하나님의 거하실 처소가 되기 위하여 예수 안에서 함께 지어져 가느니라."라는 말씀과 같이 개혁주의 설교는 그리스도를 중심 한 통일성을 잃어버려서는 안 된다.는 것이다. 어떤 이단이 아닌 교파나, 심지어 이웃 교회와의 불 일치성을 주장하는 일이나 교회 내에서도 모든 성도가 목사를 닮고, 목사 안에서 일체가 되려고 시도하는 방법론 등은 옳은 일이 아니다. 오직 교회는 고린도전서 1:2절에 "고린도에 있는 하나님의 교회 곧 그리스도 예수 안에서 거룩하여지고 성도라 부르심을 입은 자들과 또 각처에서 우리의 주 곧 저희와 우리의 주 되신 예수 그리스도의 이름을 부르는 모든 자들에게" 라는 말씀과, 고린도전서 3:16절에 "너희가 하나님의 성전인 것과 하나님의 성령이 너희 안에 거하시는 것을 알지 못하느뇨." 라는 말씀과 고린도전서 6:19절에 "너희 몸은 너희가 하나님께로부터 받은바 너희 가운데 계신 성령의 전인 줄을 알지 못하느냐 너희는 너희의 것이 아니라." 라는 말씀과 같이 삼위 하나님의 주권이 지배하는 곳이어야 하며, 나아가 내, 외적으로 그리스도의 형상이 뚜렷이 나타나야 한다. 그러므로 교회는 믿는 자가 보던지, 믿지 않는 자들이 보던지 나타나야 할 것은 목사나 그 건물의 모습이 아니라 성도 개인이든지 교회 공동체이든지 그리스도의 형상만이 나타나야 한다. 이와 같은 목표를 이루기 위한 설교가 개혁주의 설교의 특징이 되어야 한다.

바. 개혁주의 설교의 또 하나의 특징은 요1:12절에 "영접하는 자 곧 그 이름을 믿는 자들에게는 하나님의 자녀가 되는 권세를 주셨으니," 라는 말씀과 같이 예수 그리스도 자신을 영접하는 것이며, 그분 자체를 믿는 것을

말씀하고 있다. 그런데 오늘 날 많은 설교자들은 병든 자들에게는 하나님의 신유의 은사를, 배고픈 자들에게는 보리떡 다섯 개와 물고기 두 마리를 가지고 오천 명이 먹고도 열두 바구니가 남은 기적을, 또 하나님의 능력과 권능을 구하며, 찾으라는 설교를 많이 한다. 이는 표적을 구하는 것이지 모든 것에 Key가 되시는 주님을 모시고 그분이 나를 위하여 일하시는 기회를 드리지 아니하고 그분의 능력과 권능을 받아 내가 주체가 되어 역사하고자 하는 인본주의 설교로 전락하고 만다. 그러므로 개혁주의 설교는 갈 2:20절 "내가 그리스도와 함께 십자가에 못 박혔나니 그런즉 이제는 내가 산 것이 아니요 오직 내 안에 그리스도께서 사신 것이라 이제 내가 육체 가운데 사는 것은 나를 사랑하사 나를 위하여 자기 몸을 버리신 하나님의 아들을 믿는 믿음 안에서 사는 것이라." 라는 말씀과 빌 2:13절 "너희 안에서 행하시는 이는 하나님이시니 자기의 기쁘신 뜻을 위하여 너희로 소원을 두고 행하게 하시나니," 라는 말씀과 같이 내 안에 주님이 주인이 되시고 나는 그분이 십자가상에서 나를 대신하여 죽으셨을 때에 나도 죽어져서 이제는 내가 아니요 오직 주님만이 살아계셔서 그분의 생애를 살아가시도록 나를 비워주어야 한다. 고로 개혁주의 설교는 성도들로 표적을 구하지 말고 인격을 구하는 설교가 되어야 한다.

사. 마지막으로 개혁주의 설교의 특징은 주 예수 그리스도 안에서의 이김 곧 승리가 선포되어야 한다는 것이다. 요16:33절에 "이것을 너희에게 이름은 너희로 내 안에서 평안을 누리게 하려 함이라. 세상에서 너희가 환란을 당하나 담대 하라. **내가 세상을 이기었노라** 하시니라." 고 선언하고 계시며, 롬8:1-2절에 "그러므로 이제 그리스도 예수 안에 있는 자에게는 결코 정죄함이 없나니 이는 **그리스도 예수 안에 있는 생명의 성령의 법이 죄와 사망의 법에서 너를 해방하였음이라.**" 라는 말씀과 요19:30절에 "예수께서

신 포도주를 받으신 후 가라사대 **다 이루었다.** 하시고 머리를 숙이시니 영혼이 돌아가시니라." 라는 말씀들은 예수 그리스도께서 사망의 아비인 죄를, 죄의 아비인 욕심을, 욕심의 아비인 마귀와 싸워 승리하셨음을 선언하신 말씀들이며, 이 승리는 당신 한 분만의 이김이 아니라 이를 믿는 모든 사람들의 승리임을 성경은 이야기 한다. 이를 뒷받침하여 주신 성경의 증거가 요일 3:8절에 "죄를 짓는 자는 마귀에게 속하나니 마귀는 처음부터 범죄 함이니라. **하나님의 아들이 나타나신 것은 마귀의 일을 멸하려 하심이라.**" 라는 약속과 롬 6:23절에 "죄의 삯은 사망이요 **하나님의 은사는 그리스도 예수 우리 주 안에 있는 영생이니라.**" 라는 말씀과 약 1:15절에 "**욕심이 잉태한 즉 죄를 낳고 죄가 장성한 즉 사망을 낳느니라.**" 라는 말씀을 이루셨음을 만방에 선언하시는 말씀이다. 이와 같이 예수 그리스도께서 모든 것을 이기시므로 믿는 성도들은 사망으로부터, 죄로부터, 욕심으로부터, 마귀로부터 승리하였음을 선언하는 설교가 개혁주의 설교의 특징이라 하겠다.

IV
설교사역(Preaching Ministry)의 역사적 고찰

설교사역의 역사적 고찰이라는 본 내용은 장로회 신학대학교 출판부가 출간한 정장복 교수의 "인물로 본 설교의 역사(상권)"에서 참조한 내용임을 미리 밝힌다.

1. 예언자들의 설교

가. 유대의 요단강변에서 세례요한의 출현과 그의 설교가 있었을 때 많은 무리들이 운집하였었다. 그리고 예수의 등장과 그 지속적인 설교사역 앞에 유대민족이 구름 떼처럼 지속적으로 모여들어 경청을 거듭했었다. 이러한 현상을 두고 유대민족 가운데서 발생한 새롭고 기이한 사건으로 쉽게 이해할 가능성이 있다. 그러나 이러한 현상은 유대민족에게 전혀 새로운 것이 아니었다. 그 이유는 그들의 역사에 수많은 예언자들이 지속적으로 나타나 하나님으로부터 위탁받은 메시지를 외쳐 왔기 때문이다.

나. 구약에 나타난 예언자들은 현대 설교자들의 역사적인 뿌리로서 그들이 감당했던 사역은 이스라엘 역사 가운데 가장 소중한 부분이었다. 그들은 오늘 우리가 흔히들 이해하는 대로 단순한 대변자(spokesman)나 해석가(interpreter)로서의 예언자(foreteller)들이 아니었다. 히브리 언어의 나바(נבא)란 단어의 본래 뜻은 "샘물처럼 솟아오르다(bubble up like a spring)의 의미를 가지고 있었다. 즉, 하나님으로 채워진 인간으로서 하나님에 대한 선포가 견딜 수 없도록 차고 넘친다는 의미를 가지고 있었다.[6] 이러한 어의적 발전은 후에 이르러 신의 영감(a divine afflatus)에 의하여 노래하고 말하는 사람으로서 보편적 이해를 하기에 이르렀다.

다. 예언자를 가리키는 헬라어에서는 이러한 의미들이 좀더 구체화되어 발전되고 있음을 본다. 예언자를 프로($προ$)라는 접두어를 사용한 프로페테스($προφητης$)라고 부르면서 다음의 세 가지의 의미를 부여하고 있다.[7]

첫째는 예지적(叡智的) 존재로서 무엇을 미리 말하는 사람을 가리켰고,

둘째는 사사(私事)로운 존재로서 사담을 즐기는 사람이 아니라 공적인 존재로서 백성을 향한 메시지의 선포자였다.

셋째는 자신의 생각을 발표하고 이익을 거두는 존재가 아니라 누군가를 대신하여 말하는 사람을 가리키고 있었다.[8]

라. 이상과 같은 예언자라는 어휘가 내포하고 있는 의미는 그들이 구체적으로 외쳤던 설교의 현장을 보면 더욱 분명하게 이해를 할 수 있다. 그들

---

6) James M. Hoppin, Homileties(New York; Funk & Wagnalls Com. 1883년 22-23면
7) 여기에 대한 좀더 자세한 연구를 위하여서는 George A. Buttrick, ed. The Interpreter's Dictionary of the Bible(New York ; Abingdon Press, 1962) Vol 3, 896-912면
8) T. Harwood Pattison, The History of Christian Preaching(Philadelphia; American Baptist Publication Society, 1903) 5면

의 사역은 크게 다음과 같이 분류할 수 있다.

첫째, 예언자들은 주로 하나님의 원하시는 뜻 가운데서 이스라엘 백성들이 살아 갈 것을 가르치는데 주안점을 두고 있다. 그러나 그것은 예언자 자신들의 생각이나 지식을 근거하지 아니하고 하나님이 주셨던 율법과 지시하신 명확한 명령에 근거하였다.

둘째로, 그들은 역사적인 사건들을 분별하면서 하나님이 주신 메시지에 의하여 미래의 방향과 결과를 전달하는데 그 기능적 사명을 다하였다. 이때도 예언자들은 그들 자신의 판단이나 허탄한 환상에 의하지 아니하고 순수하게 하나님의 메시지에 의하여 통치자나 백성들로 하여금 미래를 직시하도록 하였다.

셋째로, 그들은 불의와 죄악으로 어두워진 현장들을 찾아 나서면서 그 시간 그 장소에 하나님의 관심과 경고를 전달하는 사명을 다하였다.

넷째로, 이들은 계시나 소명을 받은 순간부터 예언자로 활동했다기보다는 선지 학교라는 교육기관을 거쳐서 본격적인 활동을 전개하였다고 본다. 그들은 여기서 하나님이 주신 율법과 그 해석의 방법들을 공부하였다. 특별히 미래의 예언자들로서 갖추어야 할 도덕적 훈련과 자신을 부정하는 삶의 훈련을 쌓았으며, 하나님이 주신 영감의 바른 소화와 전달에 대한 교육을 철저히 받은 것으로 추정할 수 있다.9)

여기에 대한 가장 뚜렷한 기록으로서는 사무엘이 언급한 라마의 선지 생도들과 벧엘에서 활발하게 활동했던 엘리사와 그의 선지 생도들을 들 수 있다.

마. 이상과 같은 예언자들의 활동은 노아나 모세의 시대까지 연결시킬

---

9) 선지학교에 대한 기록은 성경의 여러 곳에서 찾아 볼 수 있다. 그 대표적인 것으로서 삼상10:5-6, 19:18-24, 왕하2:1-14, 4:38-44, 6:1-7, 대상25:1-6, 13:8을 들 수 있다.

수 있으나 여기서는 사무엘부터 시작하여 수세기 동안 이스라엘을 지켜온 나단, 엘리야, 엘리사, 요엘, 미가, 이사야, 예레미야와 포로기간의 에스겔, 다니엘, 그리고 포로귀환 이후의 학개, 스가랴와 같은 수많은 소선지자들을 오늘의 설교사역의 뿌리로 본다. 특별히 이들이 "주 여호와의 말씀이 이러하시다" 또는 "여호와께서 내게 이르시기를"이라는 표현과 함께 하나님의 메시지를 명확히 선포하면서 경고와 변호와 책망과 위로와 격려를 이스라엘 백성에게 쉬임없이 주고 있었다는 역사의 기록은 오늘의 설교자들에게 주는 위대한 교훈의 유산이라고 아니할 수 없다.[10]

2. 회당설교

가. 이스라엘의 역사 가운데서 하나님을 예배하는 전성기에는 제사장들의 활동이 그 사회의 주축을 이루고 있었다. 그러나 그 제단이 형식화되고 부패해질 때 하나님은 수많은 예언자들을 통하여 말씀으로 무질서의 세계를 바로잡아 가면서 하나님의 섭리를 이 땅에서 계속하시었다. 그렇다고 해서 성전예배의 중단이 있었거나 제사장들의 고유 업무가 중단된 것은 아니었다. 그들의 역사는, 하나님을 향한 제사(예배)와 예언자들을 통한 하나님의 말씀과 율법의 강조는 두 바퀴처럼 유대민족을 언제나 이끌고 나아갔다. 그러나 북 왕국이 앗수르의 포로로, 남 왕국이 바벨론의 포로로 끌려가자 하나님을 섬기는 제사행위와 예언자들을 통한 말씀의 사역에 새로운 변혁을 가져오게 되었다. 북 왕국은 그 출발부터 철저한 야웨 종교로부터의 분리 정책을 시도한 결과로서 포로 이후에는 혼혈족으로 전락되어버리는 결과를 가져왔다. 그러나 남 왕국은 포로 기간 중에도 에스겔과 같은 예언

---

10) Dewitte T. Holland, The Preaching Tradition(Nashville : Abingdon Press, 1980) 14면

자를 통하여 장소의 예배와 영적 정화를 병행하는 개혁을 시도할 정도로 하나님의 선민으로서의 위치를 지키려는 노력을 계속하였다.[11]

나. 여기서 좀더 깊은 관심을 가지고 보아야 할 것은 포로기간 중에 성전예배가 금지를 당하자 회당예배(synagogue worship)가 새롭게 등장한 사실이다. 유대인들은 예루살렘 성전으로 돌아가지 못하는 현재적 상황에서 회당에 모여 나라 잃은 슬픔을 함께 하면서 성전예배를 대체한 "회당예배"를 갖게 되었다. 여기서 그들은 지금껏 가져 온 제사 형태의 예배를 잠정적으로 벗어나서 말씀 중심의 예배로 전환을 하고 있었다. 이 예배의 강조점은 성경을 읽고 해석하며 기도하는 일이었다. 이 예배에서는 동물을 제단에 바치는 의식이 점차 사라졌고, 하나님의 말씀은 집전자의 전유물이 아니라 모든 예배 자들의 참여 속에 경청되어 이해를 가져오는 새로운 차원으로 발전되었다.[12] 느헤미야의 인솔 하에 바벨론으로부터 마지막 귀환을 하고 에스라와 더불어 예언의 전승과 제사 예식을 새롭게 다듬고 거룩한 공동체의 출발이 주도되었으나 회당예배는 여전히 존속되면서 제사의식을 중심한 성전예배와 말씀이 중심 되는 회당예배가 공존을 하게 되었다.[13]

다. 여기서의 말씀의 사역은 율법과 예언자들의 글을 읽고 그 말씀을 해석하고 생활의 현장에 적용함으로써 하나님의 살아있는 말씀으로 새로운 인식을 가져오게 하였다. 그리고 그 말씀 속에서 하나님과의 만남을 가져오게 되는 생동력있는 신앙을 소유하게 되었다. 이러한 면에서 회당예배가 오늘의 기독교 예배의 요람적(搖籃的) 성격을 갖게 되었으며 오늘의 개혁교회가 갖는 말씀 중심의 예배의 전승근원(傳承根源)이 되고 있다. 그리고

---

11) 정장복 저, 『예배학 개론』서울. 종로서적. 1985년. 제3장 "예배의 역사적 발전"을 참고.
12) 위의 책, 39면
13) James M. Hoppin, op. cit, 23면.

이런 회당예배는 신약시대에 와서 더욱 활발히 진행되었으며, 랍비들에 의하여 주도되었던 이 예언사역(prophetic office)은 예수님에게도 자유롭게 기회가 부여되었다. 그리고 백성들은 이미 거룩한 설교를 들을 수 있는 훈련과 관습이 이미 익숙해져 있었다. 더욱이 회당은 거의 모든 도시에서 사도들에게 설교 장소로 제공되었고 여기에서부터 말씀사역(preaching ministry)이 시작되는 새로운 기원을 가져온다.

3. 예수님의 설교

가. 기독교 설교의 실질적 초석이며 출발이 되는 뿌리는 예수님이 시작하고 사도들이 계승한 설교의 형태와 내용에서 더욱 자세하게 찾아 볼 수 있다. 앞에서 본 대로 예수님의 설교는 갑직스러운 형태나 등장이 아니라 회당에서 있어 온 설교의 연속이었다. 성경에 나타난 예수님의 첫 설교의 현장을 보면 이러한 사실이 너무나 뚜렷하다.

"예수께서 자기가 자라난 나사렛에 가셔서 안식일이 되자 늘 하시던 대로 회당에 들어 가셨다. 그리고 성서를 읽으시려고 일어서서 이사야 예언서의 두루마리를 받아 들고 이러한 말씀이 적혀 있는 대목을 펴서 읽으셨다."

"주님의 성령이 나에게 내리셨다.
주께서 나에게 기름을 부으시어 가난한 이들에게
복음을 전하게 하셨다.
주께서 나를 보내시어

묶인 사람들에게는 해방을 알려주고

눈먼 사람들은 보게 하고,

억눌린 사람들에게는 자유를 주며

주님의 은총의 해를 선포하게 하셨다.

예수께서는 두루마리를 말아서 시중들던 사람에게 되돌려 주고 자리에 앉으시자 회당에 모였던 사람들의 눈이 모두 예수님에게 쏠렸다. 예수께서는 "이 성서의 말씀이 오늘 너희가 들은 이 자리에서 이루어졌다" 하고 말씀하셨다. 사람들은 모두 예수를 칭찬하였고 그가 하시는 은총의 말씀에 탄복하며 "저 사람은 요셉의 아들이 아닌가?" 하고 수군거렸다 (눅 4:16-22).

나. 이상과 같이 출발한 예수의 설교는 수많은 군중들에게 새롭고 복된 선포로서 깊은 관심의 대상이 되었으며 새로운 세계의 도래를 가져왔다. 과거의 이스라엘 역사의 예언자들과는 메시지의 내용과 민중의 접촉을 달리한 예수의 사역은 그 시대의 초점이 되기에 충분하였다. 그의 설교사역을 좀더 구체적으로 분석해 보면 우리는 다음과 같은 몇 가지의 특성을 볼 수 있다.

첫째로, 예수의 설교는 이스라엘의 역사를 단절시키는 것이 아니라 구약부터 있어 온 예언자들과 회당의 랍비들이 계속하여 온 하나님의 말씀의 선포와 해석이라는 맥락을 지켰다. 그는 한번도 구약의 수많은 예언자들을 부정하거나 비판하는 자세를 취하신 적이 없었다. 누가의 기록대로 그의 초기 설교사역은 처음부터 회당을 찾았고 거기서 예언자들의 글을 펴시고 그 말씀의 의미를 새롭게 해석하는 현장을 우리는 쉽게 읽을 수 있다.

둘째로, 그의 메시지의 출발과 그 초점은 하나님 나라의 도래(到來)였다.14) 구약에서부터 예언해 온 메시야의 강림이 자신을 통해 이룩되어진 사실의 선포로 그의 설교는 가득차 있었다. 그리고 예수님은 하나님 나라의 속성과 내용을 설명하고 이해시키기 위하여 직선적으로 말씀하시기도 하셨고 때로는 비유로 풀어서 쉽게 가르치시기도 하셨다. 그리고 거기에 들어갈 수 있는 여건을 가르치는데 말씀의 절대부분을 할애하셨다는데 깊은 관심을 두지 않을 수 없다. 특별히 여기서 유의해야 할 것은 하나님 나라의 주인이 바로 예수 자신이심을 가르치면서 자신을 길이요, 진리요, 생명이라고 밝힌 점이다. 그러기에 그는 구약의 예언자들처럼 "주께서 내게 이르시기를" 또는 "여호와의 말씀이 내게 임하여 가라사대"와 같은 표현을 사용하지 않았다.

셋째로, 예수의 설교를 경청한 무리들은 민중이었고 종교나 정치의 지도자들이 아니었다는 점이 또 하나의 관심을 끌고 있다. 가난한 사람들, 병든 사람들, 억압받는 사람들, 그리고 무관심과 증오의 대상들을 찾고 만지면서 복음을 외치고, 그들의 곁에 함께 하기를 즐겨하였다는 기록은 오늘의 설교자들이 다시 한번 음미해 볼 문제라고 하겠다. 즉 복음의 선포가 인간을 사랑하는 마음과 행동(humanism)이 없이는 그 복음이 이 땅에 정착될 수 없다는 교훈을 몸소 보인 것이다.

넷째로, 예수가 보여 준 설교의 시간과 장소에 대한 문제이다. 그는 설교의 장소를 성전이나 회당, 또는 들이나 산을 자연스럽게 사용하였고, 지정된 시간에 한하여 복음을 전파한 것이 아니라 언제 어디서나 자유롭게 복음의 선포에 열중하였음을 우리는 쉽게 볼 수 있다. 여기서 그는 언제 어디

---

14) 마가복음 1:15 가라사대 때가 찼고 하나님 나라가 가까왔으니 회개하고 복음을 믿으라 하시더라

서나 복음은 선포되어질 수 있고 또 선포되어야 한다는 교훈을 보여 준 것이다. 환언하면 복음이란 시간과 장소의 제약을 받을 수 없다는 사실을 오늘의 설교자들에게 말해 주는 것이다.

끝으로, 예수님은 설교의 사역을 이 지상에서 끝맺으면서 그대로 승천의 단계를 밟지 아니하고 그의 복음을 받아들인 교회는 설교의 사역을 세상 끝 날까지 계속해야 함을 명령하였다.15) 특별히 누가가 기록한대로 성령이 임하면 권능을 받고 그리스도의 증인이 되라는 명령을 그대로 실현한 사도들의 사명적 삶은 오늘의 설교가 살아 있도록 한 견고한 줄기임에 틀림없다.

4. 사도들의 설교

가. 구약에서 하나님의 말씀을 전달했던 사람들은 선지자 또는 예언자라 불렀고 회당을 중심하여 율법과 예언자들의 글을 가르치고 해석했던 사람들을 랍비라고 불렀다는 사실은 이미 잘 알려진 사실이다. 그러나 예수님의 제자들로서 사명을 감수해야 할 열두 무리들에게는 사도($\alpha\pi\sigma\tau o\lambda o s$)라는 독특한 이름을 주었다. 그 이름의 뜻은 "보냄을 받은 자"(sent men)라는 뜻으로서 자신들의 사상이나 경험, 또는 의지를 펼치기 위하여 나서는

---

15) 마태복음 10:18-20 또 너희가 나를 인하여 총독들과 임금들 앞에 끌려 가리니 이는 저희와 이방인들에게 증거가 되게 하려 하심이라 너희를 넘겨줄 때에 어떻게 또는 무엇을 말할까 염려치 말라 그 때에 무슨 말할 것을 주시리니 말하는 이는 너희가 아니라 너희 속에서 말씀하시는 자 곧 너희 아버지의 성령이시니라.
마태복음 10:28 몸은 죽여도 영혼은 능히 죽이지 못하는 자들을 두려워하지 말고 오직 몸과 영혼을 능히 지옥에 멸하시는 자를 두려워하라.
마가복음 16:15 또 가라사대 너희는 온 천하에 다니며 만민에게 복음을 전파하라.

존재들이 아니었다. 사도란 일정한 사명을 받아 보내는 자의 뜻을 펴 나가기 위하여 전 생애를 바쳐 나가는 존재들이었다. 사도들은 그 이름이 뜻한 대로 복음 그 자체이신 예수 그리스도를 전파하는데 전 생애를 바치면서 복음의 역군으로 아름다운 기록을 우리 앞에 남겨 놓고 있다. 여기서 그들이 남긴 소명에의 확신과 설교의 특성을 보면서 우리 설교의 줄기를 다시 다짐해 보고자 한다.

첫째로, 사도들은 스승의 명령대로 한 마음으로 모여 성령의 임재를 기도 속에 기다렸고 약속대로 보내주신 성령의 권능으로 새로운 차원의 세계를 경험하게 되었다.[16] 그때부터 그들은 자신들의 삶이 더 이상 자신들의 것이 아님을 알게 되었다. 그리고 그 소명(calling)의 참뜻을 깨닫자 다음과 같은 고백을 하게 되었다.

롬14:7-8절에 "우리 중에 누구든지 자기를 위하여 사는 자가 없고 자기를 위하여 죽는 자도 없도다. 우리가 살아도 주를 위하여 살고 죽어도 주를 위하여 죽나니 그러므로 사나 죽으나 우리가 주의 것이로다."

이러한 소명의식의 다짐과 함께 외쳐진 복음은 예루살렘에 이변적인 현상을 불러일으키는 결과를 가져왔다.[17] 이런 현상은 사도들의 자체 능력보다는 그 자리에 성령으로 현존하셨던 예수의 능력의 발현으로 보는 것이

---

16) 사도행전 2:1-4 오순절날이 이미 이르매 저희가 다 같이 한 곳에 모였더니 홀연히 하늘로부터 급하고 강한 바람 같은 소리가 있어 저희 앉은 온 집에 가득하며 불의 혀같이 갈라지는 것이 저희에게 보여 각 사람 위에 임하여 있더니 저희가 다 성령의 충만함을 받고 성령이 말하게 하심을 따라 다른 방언으로 말하기를 시작하니라
17) 사도행전 2:41 그 말을 받는 사람들은 세례를 받으매 이 날에 제자의 수가 삼천이나 더하더라
18) Thomas G. Long, "Therapeutic Preaching ; Three Views" The Views "The Princeton Seminary Bulletin (Winter, 1976) 89면

타당하다.[18] 그러나 사도들을 통하여 이런 능력이 발생된 것은 그들이 경험하고 소유했던 깊은 경지의 소명이 주님의 도구로 쓰여 졌기 때문이라 아니할 수 없다.

둘째로, 사도들의 설교에서 나타난 메시지의 내용과 그 특성은 예수 그리스도의 오심과, 생애와, 교훈과 십자가의 수난과 죽음으로부터의 부활과 승천 그리고 그가 심판주로 다시 오실 것을 선포하는 것이었다. 바로 이 예수가 지금껏 기다린 메시야이시며 그의 오심과 더불어 하나님의 나라가 이 땅에 도래되었다(the Kingdom had come)는 것을 알리고 그 예수를 구세주로 영접하는 자만이 하나님 나라의 백성이 될 수 있다는 지극히 단순한 복음을 외쳤다. 여기에 대하여 찰스 다드(Charles H. Dodd)는 사도들의 선포한 메시지를 다음과 같이 분류하고 있다.

1. 예언의 성취로서 하나님의 나라가 임하였다.
2. 하나님의 나라는 예수의 사역과 죽음과 부활을 통하여 발생되었다.
3. 예수는 부활하심으로 새 이스라엘의 왕되신 메시야로서 하나님의 손에 의하여 승천하시었다.
4. 교회에서의 성령의 역사는 그리스도의 임재의 권능이며 영광이다.
5. 메시야 왕국은 예수의 재림과 함께 곧 성취될 것이다.
6. 회개가 있는 곳에 용서와 성령과 구원이 임한다.[19]

다드는 이어서 사도들의 설교를 그 내용에 따라서 이상과 같은 선포적 설교(kerygmatic preaching)외에 바울과 야고보가 신앙생활의 정도(正道)

---

19) Charles H. Dodd, The Apostolic Preaching and Its Development ; Three Lectures with an Appendis on Eschatology ind History(New York: Harper & Row, 1964) 27면

를 가르쳤던 설교를 교훈적 설교(Didactic Preaching)라고 분류하면서 "초대교회에서는 복음을 선포한다는 것과 도덕적인 교훈이나 훈계를 준다는 것은 별다른 구별 없이 행하여졌다."[20]고 말한 바 있다.

셋째로, 사도들의 설교가 진행되었던 영역에 대한 면모를 살펴보면 그들은 "너희는 온 천하에 다니며 만민에게 복음을 전파하라(막16:15)."는 예수의 명령을 성실히 이행하고 있었다. 예루살렘을 기점으로 하여 사마리아와 다메섹, 그리고 소아시의 여러 도시로 복음의 선포는 확산을 거듭하였다. 때로는 개인 가정집을 사용하기도 했고 회당이나 건물을 빌리면서 복음의 선포 사역은 쉬임없이 계속되었다.[21] 바로 이때부터 복음은 예루살렘에 국한된 지역적 복음이 아니라 세계를 향한 인류의 복음으로서의 성격을 분명히 나타내었다.

넷째로, 설교자로서의 사도들의 자세 속에서 오늘까지 이어져야 할 교훈을 발견하게 된다. 그리스도의 증인($\mu\alpha\rho\tau\upsilon$s)이라는 어휘가 뜻하는 대로 이들은 순교적 자세로 복음의 선포에 임하였다. 최초의 순교의 기록을 남긴 스데반의 경우를 비롯하여 갖은 박해와 죽음의 위험 속을 헤쳐 나아가야 했던 사도들의 설교 행진 속에서 위대한 결단의 발자국들을 찾아 볼 수 있다. 그들은 복음의 선포는 "부득불 할 일임이라"는 말과 함께 이 일을 성실히 준행하지 못할 때 "내게 화가 있을 것"이라는 표현을 하면서 소명을 받은 사도로서의 확고한 신념과 순교적 자세를 밝히고 있다.

끝으로, 사도들은 순간적 환상이나 계시로 메시지의 근거를 삼지 아니하

---
20) 위의 책, 7면
21) Dewitte T. Holland op. cit, 19면

고 복음 그 자체이신 예수 그리스도를 증거 하면서 하나님의 은총을 수용할 것을 끊임없이 강조하였다. 그들은 믿음과 설교의 연관성을 굳게 맺으면서 예수 그리스도로부터 보내심을 받았기에 복음을 전파하고, 선포된 복음을 들었기에 예수 그리스도를 영접하는 믿음이 발생된 것을 강조하였다. 그리고 이 믿음을 소유한 무리마다 복음의 확산 작업에 동참할 것을 강조하였다.22) 그러므로 호핀(James M. Hoppin)의 말대로 사도들의 설교는 오늘의 교회가 믿음을 갖게 하는 초석이 되었다.23)

5. 설교의 암흑기

사도시대 이후에 전개된 속사도 시대(the post-apostolic age)에 이르러 우리는 새로운 시대를 이끌고 가는 유명한 설교가들의 이름을 들을 수가 없다. 오직 처절한 박해의 칼날 밑에 쓰러져 간 순교의 현장과 동굴을 헤매이면서 부르짖는 성도들의 기도와 찬송만을 들을 뿐이다. 그러나 복음을 받은 무리들은 침묵을 지킬 수 없었다. 그래서 복음은 이웃과 이웃 사이에서 또는 노예와 노예 사이에서 쉬임없이 전달되면서 어느 때보다 빠른 기독교의 발전이 거듭되었다.24)

313년 콘스탄틴 대제에 의하여 기독교의 자유령이 선포된 밀란칙령은 무려 300여 년간 불같은 기독교 박해의 종말을 예고하고 있었고, 지금까지 이름 없는 카타콤의 그늘 밑에서 속삭여 오던 설교는 지상에서 마음껏 외쳐

---

22) 로마서 10:14-15 그런즉 저희가 믿지 아니하는 이를 어찌 부르리요 듣지도 못한 이를 어찌 믿으리요 전파하는 자가 없이 어찌 들으리요 보내심을 받지 아니하였으면 어찌 전파하리요 기록된바 아름답도다 좋은 소식을 전하는 자들의 발이여 함과 같으니라
23) James M. Hoppin, op. cit, 40면
24) Kenneth E. Kirk, ed, The Apostolic Ministry(London: Hodder &Stonghton 1947) 266면

지면서 설교의 부흥과 확산은 제 5세기의 문을 열게 되었다. 이 시대의 역사적 설교가들로서 동방 교회에서는 오리겐(Origen), 클레멘트(Clement of Alexandria), 크리소스톰(Chrysostom), 그레고리(Gregory), 바질(Basil)이 등장하였고 서방교회에서는 이레니우스(Irenius), 터툴리안(Tertulian), 암부로시우스(Ambrose), 어거스틴(Augustine)과 같은 인물들이 등장하였다. 이들의 등장과 함께 기독교의 역사는 지금까지의 무질서에서 질서의 세계로 바뀌기 시작하였고 바른 신앙의 정립과 정착을 이 땅에 심었다. 그리고 하나님을 예배하는데 바른 의식을 회복하면서 말씀과 예전의 두 바퀴를 소유하는 기독교의 참된 모습을 나타내기 시작하였다. 이때의 설교와 그 발전은 다음의 글에서 잘 표현되고 있다.

"A.D.300년부터 430년 사이에는 설교의 힘이 놀랄 만큼 신장되었다. 이 시기는 기독교 선교역사에 있어서 다섯 설성기 중의 하니이다. 정부의 지원과 승인, 사회적 명성, 기도원과 교육에 대한 대중의 애착, 훌륭한 학교 등이 설교를 새로운 차원으로 발전시키는 데 크게 공헌하였다. 기독교 안에서는 보다 많은 설교 형식, 폐쇄적인 교회 법규, 보다 성서적인 설교, 보다 규칙적인 예배의식, 확고한 교리, 설교자의 교양과 훈련 등이 성직자에게 영광을 더해 주었다." [25]

그러나 기독교의 모습은 우리의 희망대로 전진의 발길을 옮기지 못하였다. 430년 어거스틴의 죽음과 함께 설교의 세계에는 어두운 황혼이 찾아오기 시작하였고, 살아 있어야 할 설교는 깊은 동면(冬眠)을 취하기 시작하였다. 설교가 동면을 취하자 세계의 역사는 방향을 잡지 못하고 어두운 밤을 헤매이면서 무질서와 퇴락의 길을 걷기 시작하였다. 그 결과 종교, 도덕, 교

---

[25] Henrcy C. Brown 의 공저 "설교의 구성론" 정장복 역(서울 양서각, 1984) 47면

육, 정치, 경제, 사회의 구석마다 어두움의 세력은 확장되고 역사는 암흑의 늪 속으로 계속 달리고 있었다. 환언하면, 하나님의 살아있는 말씀이 강단에서 사라질 때 그 세계는 혼돈과 무질서가 주관하게 된다는 산 교훈을 보여 주었던 한 시대로 기록되었다.

얼마만큼 그때의 설교가 궤도의 탈선을 했기에 그 시기를 가리켜 설교의 암흑기(dark age of preaching)라고 부르지 않으면 안되었던지에 대해 관심을 돌려본다.

첫째는 교회가 하나님의 말씀을 사모하는 열을 상실해 버리고 눈에 보이는 화려한 의식이나 마리아와 같은 성인(聖人)숭배에 도취되어버린 점을 중시해야 한다. 예를 들어 미사의 절정을 이루는 성만찬의 순서에 성물(聖物)26)이 그리스도의 피와 살이 된다는 교리에 그들은 신비한 극적 장면의 연출을 기다리거나 호기심 속에 구경을 하기도 하였다. 그리고 회중들은 눈에 보이는 성상(聖像)들의 숭배에 설교를 경청하는 것보다 더 많은 관심과 흥미를 갖게 되었다.

둘째로, 미사의 집전 언어가 라틴어로 공통되어 있었기에 극히 제한된 지역을 제외하고는 미사는 자연히 하나의 구경의 대상으로 전락되었고, 그들의 맹목적인 헌신과 신비의 강조는 예배자들을 지극히 피동적이고 방관자적 존재들로 만드는 결과를 가져오고 말았던 것이다.

셋째로, 성직자들의 탈선을 이 암흑기의 주된 원인으로 삼지 않을 수 없었다. 그들의 도덕적 탈선을 위시하여 그 자신들에게 맡겨진 말씀의 사명을 망각해 버린 행위는 실로 중요한 오점이었다. 그들은 설교자들로서는 너무나 무지하였기에 자신들의 수도원이나 금욕생활에서 있었던 신비한 체험이나 기사이적을 설교로 대신하면서 회중들의 귀를 즐겁게 해 주는 무

---

26) 성물(Elements)은 성만찬에서 사용되어지는 빵과 포도주를 일컫는다.
27) Thomas McCrie, The Works of Thomas McCrie(Edinburg : Blackwood, 1856), Vol. I. p II,

72 설교작성 이렇게 하라

리들로 전락했었다.27) 이토록 참 설교의 사명을 저버린 설교자들은 자연적으로 값싼 직위의 소유자들로 평가되면서 성직을 매매의 대상으로 여기고 실현했던 부끄러운 기록을 남기게 되었다.

넷째로는 또 하나의 어두운 요소는 설교자들이 스스로 하나님의 말씀을 받아 전달할 생각이나 노력을 기울이지 않은 채 당시의 교회의 스승으로 인정받는 인물들의 설교를 미사에서 낭독하는 관습이었다.28) 이러한 관습은 설교를 하나의 기도문으로 후에 정착시키는 결과를 가져왔다. 그리고 설교는 점차적으로 예배의 중심으로부터 사라져 갔고 화려한 미사의 예전에서 질식의 비극을 당해야 했었다. 이상과 같은 설교의 암흑기를 맥스웰은 다음과 같이 오늘의 설교자들에게 들려주고 있다.

> "미사는 순수치 못한 미신적 경배 속에 행하여졌다.
> 미사는 알지 못하는 언어 속에서 칭쉬를 불능케 했고….
> 설교는 무덤 속으로 퇴락 되었으며 대부분의 교구 신부들은
> 설교를 하기에는 너무 무식하였었다. 성경말씀이 봉독되어져야 할 부분은 성직자들의 생활담과 전설로 채워졌고, 성경은 예배 자들의 모국어로 전달되지 않았다. 그리고 미사의 헌금과 면죄부의 구입은 성직 매매와 착취의 근원이 되었다. 그러기에 종교개혁은 시급하고도 필연적인 것이었다." 29)

그러나 여기서 쉽게 넘길 수 없는 문제는 이 어두운 역사의 기간 중에도 설교만은 살아서 교회의 등불이 되어야 한다는 주장을 편 교회가 있었다. 그것이 바로 프랑스를 8세기와 9세기에 걸쳐 지배해 왔던 카롤링왕조의 문

Quoted in James Hastings, ed, Encyclopaedia of Religion and Ethics(New Yock : Charles Scribner's Sons ,1919). Vol, X, 216면
28) Yngve Brilioth, A Brief History of Religion (Philadelphia: Fortress Press 1965) 60면
29) William Maxwell, A History of Christian Worship(Grand Rapids; Baker Book House, 1982) 72면

예부흥(The Carolingian Renaissance)기에 있었던 일이다. 물론 그들의 기본목적은 설교를 통하여 백성들에게 기독교적 교훈을 지키겠다는 정책적 목적이 있었으나 허물어져 가는 설교의 사양길에 솟아난 하나의 오아시스였다. 그 나라의 국법은 성직자의 의무는 주일과 성일에 설교하는 것이라고 명시하면서 강조했고, 797년 오르레앙의 데오돌프(Theodulf of Orleans) 감독은 "성경을 아는 사람은 성경을 선포하지 않으면 안된다."30)고 강조한 바 있다.

그러나 이러한 법과 제도에 의한 강조는 설교에 대한 관심을 불러 일으켰으나 성직자들의 독창성이 보이지를 아니하였고 오직 몇 편의 설교 집을 편집하여 미사에서 텍스트처럼 사용하는 것으로 끝을 맺었다.31) 그리고 주변 나라의 교회들과 함께 설교는 여전히 깊고 오랜 겨울잠을 취하기에 이르렀다.

6. 종교개혁기의 설교

설교가 동면을 취한지 650여 년을 지나서야 드디어 잠자리에서 굼틀거리면서 기지개를 펴기 시작하였다. 이 새로운 세계의 문을 두드렸던 주역은 다음의 세 역사적 사건들이었다.

첫째는, 스콜라주의(scholasticism)였다. 이 운동은 너무나 오랜 어두움의 세월에 시달린 교회나 학자들에 의하여 삶의 명분을 소중히 여기고 스스로 나서서 학문에의 동참을 목표로 하면서 살아야 한다는 운동이었다. 이 운동은 신학의 발전을 추구하는 데서 발생되었기에 설교의 재기(再起)에 많

---

30) Yngve Brilioth, op, cit, 70면
31) 위의 책, 71면

은 영향을 끼쳤고 설교자들에게 신학적 바탕과 새로운 학문에의 관심을 불러 일으켰다. 그리고 설교는 지성의 전당인 대학에서 불길을 일으키고 있었다.

둘째는, 1095년 은자(隱者) 베드로와 교황 어반 2세(Urban II)때에 발생한 십자군 모집이었다. 하나님의 영광을 위하여 십자군으로서의 헌신을 부르짖었던 설교가 버나드(Bernard of Calirvaux)에 의해서는 성지의 회복이 목적이 아니라 믿음의 본질로서 예수 그리스도를 사랑해야 한다는 설교의 기본적인 메시지를 회복하기에 이르렀다.

셋째로, 설교의 재기에 큰 몫을 담당한 무리들은 설교를 강조했던 도미니칸 수도원과 청빈의 생활화를 외쳤던 프랜시스 수도원을 들지 않을 수 없다. 이들의 출발지는 서로 달랐으나 설교를 통하여 하나님의 뜻을 전달하려는 의도와 방법은 동일하였다. 이들은 설교의 위력을 성공적으로 보여주었을 뿐만 아니라 설교사역의 중요성을 보여주는 교훈을 남겼었다. 불행히도 이들이 교구의 성직자들이 아니었기에 교회의 강단에 그 뜨거웠던 설교의 불길을 계속 지키지 못했었다는 아쉬움을 남기게 되었다.[32]

스콜라주의시대라고 통칭한 이 시기에 있었던 설교에 대하여 우리는 부정적 측면도 생각할 수 있다. ①말씀의 순수성의 전달보다는 지나친 이성과 사변에 의존을 했다던가 ②지나친 신비의 강조로 성경의 본질을 탈선한 점 등은 하나의 지적으로 남을 수 있다. 그러나 이 시대가 배출한 위대한 말씀의 종들은 이 역사에 지울 수 없는 중요한 인물들이 되었다.

그 대표적인 인물들로서는 아프리카와 이탈리아의 선교사였던 안토니(Anthony of Padua 1195~1231), 뛰어난 신학자였을 뿐만 아니라 말씀을 합리적이고 생생하게 풀어 주던 토마스 아퀴나스(Thomas Aquinas, 1225?~1274), 그리고 신비적 설교의 대가였던 엑카르트(Meister Eckhart

---

32) Willam T. Hollan, op. cit, 38면

1260~1327), 그리고 신학자요 신비주의자로서 시대적 설교가였던 타울러(Johannes Tauler 1266~1367) 등을 들 수 있다. 이들을 통하여 설교의 긴 동면은 끝이 나고 다음의 새 역사는 다가오고 있었다. 특별히 1361년 개혁의 샛별로 불리우는 위클리프(John Wyclif)의 설교가 등장하면서 개혁을 알리는 서곡은 이 땅에 들려지기 시작하였다.33)

이러한 바탕 위에서 일어서기 시작한 설교의 불길은 설교와 교회론의 집필로 개혁을 불러 일으켰던 보헤미아의 후스(John Huss)와 같은 인물을 나오게 하였고, 시민생활과 지배계급의 부패와 탈선을 예언자적 설교로 파헤쳤던 사보나롤라(Savonarola)와 같은 설교가들을 등장하게 하였다. 설교는 이처럼 개혁전야의 기수들을 통하여 지속적으로 타오르기 시작하였고 드디어 종교개혁이라는 역사적 사건(event)의 가장 소중한 도구로 설교는 행하여지게 되었다.

개혁의 주역들 중에 그 대표적인 인물들로서 루터(Martin Luther), 쯔빙글리(Huldrych Zwingli), 칼빈(John Calvin), 그리고 낙스(John Knox)와 같은 설교가들을 들 수 있다. 이들은 오늘의 개신교가 있도록 하는데 그들의 생명을 다한 설교가들이었으며 동시에 개혁가들이었다. 이들은 일차적으로 설교를 통하여 회중들과의 만남을 가져왔으며 그 설교를 지속하다가 이 땅을 떠난 사람들이었다. 이 개혁가들의 설교는 아직도 잠에 취하여 있던 성직자들을 일깨웠고 제도와 형식에 짓눌려 생기를 잃은 교회에 새로운 활력의 기운을 불어넣어 준 각성제가 되었다. 그리고 이들은 입을 모아 허황한 미사의 진풍경을 배격하면서 믿음의 핵심을 찾아 지속하는 길은 말씀의 회복에서만 가능함을 강조하였다. 이제 좀 더 구체적으로 이 개혁가들의 설

---

33) Edwin Charles Dargan, A History of Preaching(Grand Rapid's, mi; Baker Book House 1974) 174면. 설교의 시대적 발전을 더욱 자세하게 구분해 놓은 것은 다음의 책에서 보여준 history chart를 참고하라. Cayde E. Fant, Jr & William M Pinson, Jr, 20Centuries of Great Preaching(Waco, Texas; Word Book's Publisher, 1971).

교의 특성을 살펴보자. 어떤 정신과 내용을 가지고 있었기에 그들의 설교 앞에는 언제나 구름 떼처럼 인파가 모여들었고 세계를 호령하던 교황청은 새로운 역사의 출현 앞에 무릎을 꿇어야했던지 그 설교의 현장을 살펴본다.

첫째, 개혁가들은 하나님의 말씀이 없는 미사를 지적하면서 초대교회처럼 말씀과 성례전이 동반된 교회가 되어야 함을 강조하였다. 그렇지 못할 경우 예전의식이란 단순한 마술적 연기에 불과함을 공격하면서 말씀이 선포되어지는 예전을 강조하였다. 여기서 설교를 예배의 중심으로 회복시키는 결과를 가져오게 되었다. 그 결과 설교는 정기적으로 행하여졌고 회중들은 예배 때마다 하나님의 말씀과 만나는 감격을 맞이하게 되었다.

둘째, 그들의 설교는 사도들의 설교 내용과 같이 하나님의 은총과 그 사랑의 복음으로 오신 예수를 외쳤다. 그리고 그 수난과 부활의 의미와 교훈을 받아들인 사람에게만이 구원이 주어진다는 지극히 단순한 복음의 전달에 전심을 다하였다.[34] 이러한 이유는 복음의 본래적 사명의 완수라는 지상명령에 그 근거를 둘 수 있으나 교회의 제도와 성직의 절대권에 의하여 감추어진 복음의 진수(眞髓)를 시급히 알려야 한다는 급박한 상황에서도 개혁가들의 설교 내용을 이해할 수 있다.

셋째로, 설교사역은 목사의 가장 일차적인 사명임을 강조하였다. 그 이유는 목사라는 직분은 무엇보다도 "하나님의 진실된 입이라"[35]는 개혁가들의 확신 때문이었다. 이때부터 설교자는 하나님 말씀의 사자로서 또는 말씀의 대언자로서 불리우게 되었다. 그리고 하나님이 보내신 말씀의 전달자로서 오늘의 회중앞에 서야한다는 사명의 확신을 재다짐하게 되었다. 여기서부터 설교의 절대권위는 확보되었고 회중들은 살아있는 하나님의 말

---

34) E. C. Dargan, op, cit, 558면
35) Joh H. Leith, An Introduction to the Reformed Tradition(Atlant; John Knox, 1978) 83면

씀으로서 받아들이는 역사가 발생하였다.

넷째로, 하나님이 인간에게 지속적으로 주시는 은총의 전달은 말씀과 성례전과 성령의 3대 방편(means)을 사용하시며 그것이 오늘의 역사 가운데서도 계속 사용하신다는 사실을 강조하였다.36) 여기서 설교가 단순히 인간의 사상이나 감정의 발로가 아님을 가르치면서 설교자의 소명의 필연성을 재 다짐하였고 설교자의 사역은 철저히 하나님의 주권 속에서 이행되어야 함을 가르쳤다.

다섯째로, 개혁기의 설교 가들은 설교를 결코 사변적이거나 수사학적인 능변(能辯)에 의존하지 않고 지극히 평범하고 직선적인 형태를 취하면서 현장의 인간들이 이해하는 말씀의 전달에 노력하였다. 그러한 정신은 지금까지 라틴어의 그늘 속에 가려온 성경말씀을 회중들의 모국어로 옮겨놓는 열심에서 나타났을 뿐만 아니라 그 말씀을 그들의 언어로 해석해 주고 그 말씀이 삶의 현장에서 실현되도록 하려는 뜨거운 열정에서 충분히 찾아볼 수 있었나. 그 결과 하나님의 말씀은 살아있는 말씀으로서 이 땅에 정착되었으며 그 결실은 신속하게 맺어질 수 있었다.

끝으로 설교의 역사에 개혁가들이 남긴 유산은 설교의 바른 정신과 그 방향을 정립하였다는 사실이다. 개혁가들이 남긴 설교의 형태와 내용과 전개는 후대 설교 가들의 살아있는 귀감(龜鑑)으로서 설교의 본질을 지키게 하였음에 틀림이 없다. 그러므로 오늘의 설교는 언제나 개혁가들의 설교에 그 뿌리를 두고 있으며 계속되는 역사 속에서도 어떠한 변질도 허용하지 않게 될 것이다. 다간(E. C. Dargan)의 말대로 분명히 개혁가들이 복구한 설교의 방법과 내용과 이해는 오늘의 설교가 현대를 직면하는데 있어서 흔들리지 않는 초석으로서 작용할 것이며 보호의 벽이 되어 줄 것이다.37)

---

36) Calvin's Institutes of Christian Religion IV. 8:9

이상과 같은 새로운 혼과 내용으로 확산된 설교의 사역은 교회에 새로운 바람을 불러일으키는 화산이 되었다. 이 불길은 삽시간에 유럽의 온 누리로 번졌으며 신앙의 새로운 활력소를 공급하기에 이르렀다. 그 결과 복음의 선교라는 새로운 차원의 사명을 깨닫게 되었다. 그리고 하나님 나라의 확장이라는 의미를 실감 있게 인식하면서 교회의 본래적 모습을 갖추어 나아가게 되었다. 그리고 다시 한번 하나님의 말씀이 살아 움직이는 곳에 인간의 역사도 함께 살아 움직인다는 산 교훈을 재음미하게 되었다.

7. 설교의 황금기

종교개혁기는 설교의 위력을 새롭게 인식하게 한 시기였다. 하나님의 말씀이 자신들의 언어로 읽혀지고 들려질 때 느껴지는 감동은 어느 시대에서도 경험할 수 없던 새로운 세계였음이 틀림없었다. 십 수세기 동안 망각의 그늘 아래 묻혀진 설교가 등장하면서 지상의 하나님으로 군림하던 교황청이 흔들리고 그들의 견고한 성으로 영원을 자랑하던 도처의 교회들이 개혁의 홍수에 휘말릴 때 카톨릭 교회마저 설교의 소중성을 더욱 깊이 인식하게 되었다. 그 실례로서 자체개혁(Counter Reformation)의 필요성을 느끼면서 모였던 트랜트 회의(The Council of Trent, 1545~1563)에서 보였던 설교의 관심을 들 수 있다. 그들은 지난 세기들 동안 전혀 언급마저 없던 설교의 문제를 거론하면서 하나님의 말씀을 어느 때보다 자주 그리고 열심히 설교해야 함을 강조하였다.[38] 그 결과 교회마다 매 주일 미사를 비롯하여 성일과 금식 일에 설교를 하였고 그 결과는 매주 3회에 걸쳐 설교를 하

---

37) E. C. Dargan, op, cit, 558면
38) Colman J. Barry, ed, Readings in Church History(Westminster, Maryland; The Newman Press, 1965) 105면

는 결과를 가져 왔었다.39)

그러나 개혁교회가 설교에 대한 지속적인 발전을 가져오는데는 만족할 만한 결과를 이룩하지 못하였다. 1572년 존 낙스의 죽음을 끝으로 개혁의 주역들이 떠난 다음 순수한 설교의 향상은 또 한번의 정체현상을 보이고 있었다. 그 이유는 당시의 설교 가들이 종교개혁이라는 거대한 산을 새롭게 쌓으면서 15세기를 넘도록 뿌리깊이 뻗어온 험준한 산맥에 도전을 해야 하는 3중적 사명을 감수해야 했기 때문이다. 지속적인 카톨릭에 대한 대항, 정교(政敎)의 분리, 이단의 경계 그리고 개신교의 정비와 정착 등에 관한 비 설교 영역의 시급한 활동 등은 설교자들로서 말씀의 선포와 해석에만 집착할 수 없도록 하였다.

이러한 설교의 정체현상은 또 다시 수세기의 긴 여정의 길을 걸으리라는 염려를 낳기도 하였다. 그러나 설교사역(preaching ministry)은 반세기가 채가기 전에 쉬었던 발길을 다시 내딛으면서 인류의 역사에 다시 볼 수 없을지도 모르는 설교의 대역사(大役事)의 장(章)을 이 땅에 펼쳤다. 이 대역사의 장은 크게 셋으로 분류할 수 있다. 먼저, 영국 개신교(protestant)의 청교도 운동, 둘째 웨슬리를 중심한 복음주의 운동, 그리고 미국의 대 각성 부흥운동 등이 바로 설교에 의하여 새로운 역사를 발생시키던 시기였다. 이때에 세계를 향하여 외쳐졌던 설교는 설교의 역사에 황금기로 불리우게 되었고 세계의 역사를 바꾸어 놓는 위대한 힘을 발휘하였다.

먼저 퓨리탄 운동과 설교의 관계를 본다. 엘리자베스 1세(1558~1603)의 치세 기간에 옥스퍼드 대학을 중심하여 일어나기 시작한 철저한 개혁의 추구는 칼빈의 신학에 의한 경건과 말씀의 추구를 신앙운동으로 연결시켰다. 이들은 로마 카톨릭 교회의 어떠한 흔적도 허용하지 않은 채 오직

---

39) Yngve Brilioth, op, cit, 143면

개인의 철저한 믿음의 향상을 고집하면서 하나님의 은총과의 계속적인 연접(link)만을 추구하였다. 그 결과 자연적으로 하나님의 말씀을 사모하고 그 말씀의 증거에 열정을 쏟게 되었다. 이러한 경건과 말씀 중심의 신앙은 바로 영국의 퓨리탄 문학과 복음주의 운동의 길을 터놓은 공헌의 초석을 파놓았었다.[40]

설교의 사역에 불길을 던졌던 또 하나의 사건(event)은 1611년 영국의 제임스(James)왕의 후원 아래 펴낸 흠정역(King James Version)성경의 출판이었다. 이 성경이 나오자 영어권의 모든 교회는 그 말씀을 뜨거운 감격 속에 읽지 않을 수 없었으며 목사는 회중들에게 그 말씀의 심오한 뜻을 밝혀주어야 했다. 그리고 하나님의 말씀이 오늘이라는 사람의 현장 속으로 찾아오는 결과를 가져오게 하였다. 여기에 많은 설교자들은 더욱 깊은 연구를 계속하게 되었고 말씀 속에서 새롭게 발견되어진 진리를 설교단(pulpit)을 통하여 전달하기에 바빴다. 이때부터 성경을 읽은 무리들이 급증하게 되었고 거기서 생의 새로운 개념을 발견하게 되었다. 그리고 도덕과 신앙의 보다 나은 향상을 위하여 깊은 관심을 두는 교회의 형성을 촉진하게 되었다.[41] 이러한 결과는 영국사회의 제 분야에 절대적인 영향을 끼치게 되었고 그 중에서도 밀톤(John Milton 1609~1674)과 번연(John Bunyan 1628~1688) 같은 위대한 퓨리탄 문학의 기수들을 낳아 말씀의 생활화를 강조하기에 이르렀다.

이러한 개혁의 바람이 영국의 땅에서 거세게 일던 17세기의 후반까지 영향을 끼쳤던 퓨리탄 설교가들로서 설교의 역사에 기록해 두어야 할 인물들로서는 다음의 두 설교자들을 들 수 있다. 먼저는 당시의 정치적 분열과 교

---

40) Kenneth Scort Latourette, Three Centuries of Advance(New York; Harpar & Brother Publisher, 1939)1-54면
41) T. Harwood Pattison, The History of Christian Preaching(Philadelphia; American Baptist publication Society, 1903), 164-165면

회의 갈등에서 빚어진 혼돈의 현장에서 하나님의 사랑을 외쳤던 리처드 박스터(Richard Baxter 1615~1691)42)를 들 수 있다. 그리고 천로역정의 저자로서 청교도들의 신앙의 첩경을 제시했을 뿐만 아니라 권력의 지배층을 향한 예언자적 설교 때문에 설교의 금지령을 받기도 하고 감옥생활도 감수해야 했던 존 번연(John Bunyan)이 17세기의 끝 부분을 장식한 설교자이다.

종교개혁 이후 설교의 역사에 황금기를 결정적으로 장식한 주역은 1730년대 초반에 옥스퍼드 대학생들이 주축이 되어 발생한 영국의 복음주의운동(evangelicalism)이었다. 이들은 웨슬리 형제43)를 중심하여 하나님의 말씀의 순수한 도구가 되기 위하여 스스로를 성결해야 함을 목적으로 하는 순수한 신앙 단체로 출발을 하였다. 이들은 안일한 생활에 젖은 성직자들에게 금식과 절제를 권하고 중산층의 아성으로 변해 가는 교회는 가난한 이웃의 친구가 되어야 한다고 강력히 주장하면서 신앙생활의 성결을 강조했었다.44) 이러한 신앙의 터전 위에 존 웨슬리는 미국의 죠지아주로 선교 여행을 떠났으나 결국 성공을 거두지 못하고 돌아오는 길에 모라비안 경건주의 단체의 설교 가였던 피터 불러(Peter Bohler)의 설교와 그들의 구원의 확신 신앙에 감동이 되었다. 그때부터 복음주의 운동은 구령사업(救靈事業)이 1차적 목표가 되었고 이미 새 바람을 일으키고 있던 죠지 휫필드(George Whitefield)의 설교사역에 합류함으로서 영국의 복음운동은 본격적인 불이 붙기 시작하였다.45) 이 불은 설교를 통하여 곳곳에서 붙기 시작하였고 그 불길은 대중 집회를 곳곳에서 갖게 하였다. 이 집회들은 지금까지 가져 온 전통적인 예배예전을 위한 것이 아니라 기도와 찬

---

42) Clyde E. Fant, Jr. ed, 20 Centuries of Great Preaching(Waco Books, 1971), 230-276면
43) 여기서 말하는 Wesley형제는 Methodism의 창설자이며 Evangelical Revival 의 지도자였던 John Wesley(1703-1791)와 그 아우로서 감리교 창설에 주도적인 역할을 감당했으며 6,500여곡의 찬송가를 작사 또는 작곡을 했던 Charles Wesley(1707-1788)를 말한다.
44) Dewitte Holand, ed, Preaching in American History(New York: Abingdon Press, 1969), 24면
45) Cayde E. Fant, ed, cit, Vol, III, 6면

송 속에서 설교자를 통하여 선포된 하나님의 말씀을 듣기 위함이었다. 이 말씀의 집회가 열기를 더하여 감에 따라 뭇 영혼의 구원에 대한 절박한 사명들을 깨닫게 되었다. 여기서부터 교회의 선교는 사명적 차원에서 실현이 되어 해외선교의 행렬이 유럽전역에 확산되었었다. 그리고 이 설교의 불길은 미 대륙으로 건너가 또 하나의 설교의 신기원을 교회의 역사에 남기게 되었다.46)

미국에서의 설교의 절정은 두 번에 걸친 대 각성 부흥운동(The Great Awakening Movement)을 통하여 펼쳐진다. 청교도들은 그들의 오염되지 않은 신앙을 길이 지켜보겠다는 꿈을 안고 미 대륙에 정착하였고 그들이 세운 교회에서만은 어두운 그늘이 발생되지 않기를 기원하였다. 그러나 그 꿈은 다가온 세대(generation)의 뇌리(腦裡) 속에서는 시들기 시작하였다. 1720년대의 미국은 영국의 식민지로서 초기 퓨리탄들의 개척정신은 쇠퇴하여 가고 세속주의와 무신론주의가 점증되어가고 있었다. 그토록 심혈을 기울였던 교회는 교파간의 분열이 심화되기 시작하였으며 영적인 고갈은 스스로의 희생이 어렵도록 침체되었었다. 그리고 인구의 절대수가 교회를 떠나버린 상태였다.47)

이러한 어두운 밤길이 미 대륙에서 계속되는 동안 유럽 대륙에서는 경건주의와 신비주의운동이 독일을 중심하여 확산되어 갔고, 말씀에 기초를 둔 복음주의 부흥운동은 영국을 중심하여 세계 교회에 새로운 생기를 불어넣고 있었다. 이러한 시대적 신앙의 새로운 물결은 미국의 교회를 외면하지 않고 그 땅에도 말씀을 통한 새로운 시대의 도래(到來)를 맞게 하였다.

1720년 뉴저지 주의 화란 개혁교회의 목사로 부임하기 위하여 왔던 독일의 경건주의 목사 프래링허센(Theodore Jacob Frelinghuyseen 1691~1748)

---

46) 위의 책, IV, 3-18면
47) Jerand C. Brauer, op, cit, 370면

의 설교에서부터 새로운 부흥의 역사는 시작되었다. 그는 신앙의 내적 경험(inner experience)을 통한 중생에 중점을 둔 설교를 계속하여 젊은이들과 가난한 회중들의 열광적인 호응을 받았었다. 이러한 이색적 설교는 현실에 안주하는 중산층과 지배계급으로부터 거부반응을 일으켰으나 교회는 급진적으로 부흥을 하면서 새로운 신앙의 궤도에 진입하게 되었다. 결국 이 궤도는 미국을 새롭게 변모시킨 제 1차 대 각성 운동(The First Great Awakening) 의 기점(起點)이 되었다.48) 이 운동은 먼저 미국의 중부지방에 있는 많은 개신교의 절대적인 호응을 얻게 되어 설교를 통한 생수의 강물이 교회마다 흐르게 되었었다. 1730년대 초기에는 미국의 복음적 개혁주의(evangelical protestantism)의 아버지라고 불리었던 죠나단 에드워드(Jonathan Edwards, 1703~1758)가 뉴잉글랜드(New England)에 등장하여 이 부흥운동의 불길을 더욱 가속화시켰다. 전형적인 칼빈주의의 신봉자였으나 설교를 듣는 개개인의 인격체 속에 말씀과 교리의 효율적인 적용(application)의 능력은 놀라운 결실을 가져왔었다.

바로 이 무렵 영국의 복음주의 운동의 주역이었던 휫필드(George Whitefield, 1714~1770)가 미국에 도착하여 에드워드와 함께 이 대 각성 운동의 주도적인 역할을 감당하면서 이 대각성의 설교사역은 남부에까지 번져 나갔다. 그가 미 대륙에 10여 년간 머물면서 매주 40시간씩을 설교했다는 기록은 당시의 설교가 얼마나 뜨겁게 외쳐졌고 경청되었는지를 말해 주는 좋은 기록이라고 아니할 수 없다.49) 이때의 설교 내용은 죄악과 나태의 삶을 벗어나서 하나님의 은총에만 의지하는 삶의 추구를 가져오는 놀라운 결실들을 낳았다. 그리고 이 운동의 결과로 개혁교회의 세력이 확장되어 가톨릭과 성공회(Anglican Church)의 세력을 물리칠 수 있었고 신본주의에

---

48) Dewitte T. Holland, op, cit, 55면
49) Dewitte T. Holland, op, cit, 57면

입각한 자본주의와 민주주의 사상을 심어주게 되었고 미국 독립에 정신적 활력소까지 불어 넣어주는 공헌을 미국의 역사에 남기었다.

미국의 대륙에서 마지막 설교의 황금기로 불리우는 시기는 제 2차 대 각성 운동이었다. 미국의 독립전쟁(1775~1789)에 승리하여 자유 평등 민권의 민주주의 공화국을 확립하자 영토의 확장과 인구의 증가는 급증하였다. 이러한 급속한 발전은 새로운 도전을 위한 세계의 개척보다는 현실의 안주와 만족이라는 세속주의를 가져오면서 도덕적 타락이 먼저 나타났다. 여기에 교회는 또 다시 긴장하지 않을 수 없어 말씀과 기도로 신앙의 새로운 바람을 일으키면서 미국의 역사를 바로잡는 제 2의 대 각성 운동을 일으켰다.

제 2차 대 각성 운동은 1801년 켄터키 주의 케인 리지(Cane Ridge)에서 있었던 대규모의 캠프 모임에서부터 출발하였다. 이들은 영적으로 어두워져간 교회와 민족을 위해 기도를 시작하였고 이 불길은 각 교회로 삽시간에 번져 나갔다.[50] 이 운동은 성령운동과 함께 회심을 강조한 설교를 통하여 또 한번의 대각성의 장을 펼치게 되었다. 이 운동의 주역들은 다음의 몇 그룹으로 분류하여 생각할 수 있다. 먼저, 초기의 설교자들로서는 1802년 예일 대학의 총장으로서 채플에서 연속 설교를 하여 3분의 1에 해당하는 학생들이 회심을 하게 했던 드와이트(Timothy Dwight, 1752~1817)를 비롯하여 19세기의 가장 성공적인 전도자였으며 능력의 설교자라고 불리 우는 피니(Charles Grandison Finney, 1792~1875)를 들 수 있다. 둘째로, 이 대 각성의 운동이 단순한 영혼의 각성 운동으로 끝날 수 없으며 사회와 정치의 구석까지 파고들어야 함을 강조하면서 그 세계 속에 위력 있는 말씀을 선포했던 심손(Matthew Simpson, 1811~1884)과 그 동료들을 들 수 있다. 셋째로, 프린스톤 신학교를 중심한 장로교 설교자들의 등장과 활동을 볼 수

---

50) Sydney E. Ahlstrom, A Religious History of the American People(Garden City, N. Y; A Division & Company, Inc), vol Ⅰ. 469면

있다. 이들은 설교의 사역이 단순히 흥분과 자극을 주는 값싼 도구가 되어서는 안 된다는 주장과 함께 설교자는 목사이면서 학자여야 한다는 입장으로 신학적 바탕과 깊이가 있는 설교를 계속하여 중산층과 지성인들의 호응을 받았던 선교 자들의 그룹이었다. 여기에 속한 설교자는 프린스톤 신학교의 하지(Charles Hodge, 1797~1878), 계약신학(covenant theology)에 발판을 두고 영향력 있는 설교를 계속했던 캠블(Alexander Campbell, 1788~1866), 심오한 말씀과 신학의 메시지를 알기 쉽게 전달하여 메스컴의 열렬한 호응을 받았던 탈미지(Thomas Dewitt Talmage, 1832~1902), 그리고 설교학의 노작을 남기면서 강단에서 말씀을 외쳤던 테일러(William Mackergo Taylor, 1829~1895), 홀(John Hall, 1829~1898), 브로더스(John Albert Broadus, 1827~1895)를 이 그룹의 주역들로 꼽을 수 있다. 넷째의 그룹은 진리 앞에선 설교자와 회중의 인격체를 강조하면서 비중 있는 설교사역을 계속했던 부룩스(Phillips Brooks, 1835~1893)와 그 계열로서 선교에 뜨거운 열정을 보이고 강조했던 고든(Adoniram Judson Gordon, 1836~1895), 그리고 흑인의 세계에서까지 존경을 받으면서 사랑의 설교자로 등장했던 죤스(Samuel Porter Jones, 1847~1900)였다. 다섯 번째의 주역들은 미국의 남북전쟁(1861~65)을 비롯한 사회적 혼돈 속에서 부흥의 불길을 미국의 전역에 다시 확산시켰던 평신도 설교가 무디(Dwight Lyman Moody, 1837~1899)와 그 동역자들이었다.51)

이상과 같은 설교의 불길이 휩쓸었던 미 대륙에서는 교회와 사회가 모두 개혁의 기치를 들게 되어 교회의 갱신운동을 비롯하여 사회의 개혁운동이 일기 시작하였다. 그 결과 노예제도의 폐지운동까지 나왔었다. 그뿐만 아

---

51) 이상의 인물들에 대한 자세한 기록은 다음의 책을 참고하라.
    Ralph G. Turnbull, A History of Preaching(Baker Book House, 1974), vol. Ⅲ. Chapter Ⅲ, Ⅳ. Ⅴ.

니라 행동하는 설교가 라우센부쉬(Walter Rauschenbusch, 1861~1918)를 중심한 사회복음화 운동으로 그 맥락을 이어 설교의 사역은 미국의 역사에 대공헌의 자국을 남겼다. 그리고 교회는 교파의 분열이라는 부정적 측면도 있었으나 교회의 급진적 부흥을 가져왔던 역사의 기록은 교회의 역사에 새로운 장으로 기록되어져야 할 것이다.

그러나 여기서 대 각성 운동이 남긴 가장 획기적인 결실은 선교의 관심과 그 실현이었다. 설교를 통하여 "땅 끝까지 이르러 내 증인이 되라"는 메시지는 미국의 교회가 가지고 있는 기독교의 유산과 풍요한 문화와 물질의 자원을 선교의 대역에 내어놓지 않을 수 없었다. 1810년 초교파적인 선교단체의 출발을 기점으로 수많은 선교기관이 조직되었고[52] 각 교파마다 선교국을 가지고 복음의 빛을 미지의 세계에 갖기 시작하였다. 바로 이때 세계에 그 모습을 감추어 온 은둔의 나라 한반도가 한미수호조약(1882)을 체결하자 1884년 선교의 물결은 조심스럽게 이 땅에 출렁대기 시작하였고 복음은 설교되기 시작하였다. 그리고 그 설교는 단순한 인간의 의사전달이 아닌 하나님 말씀의 선포요 해석이요 현장화로서 이 땅에 불길을 붙이기 시작하였다. 그리고 꺼질 줄 모르는 화산으로서 오늘도 이 땅에서 타오르고 있다.

8. 설교의 위대성

가. 덴마크를 구원한 그룬드비 목사의 설교

1864년 덴마크는 독일과 오스트리아 연합군의 공격을 받고 그들이 자랑

---

[52] 이 때의 대표적인 설교단체로서는 American Board of Commissioners (1810) General Missionary Convention(1814), 그리고 American Home Missionary Society(1826)를 들 수 있다.

하던 황금의 땅 홀수타인과 그데스비를 잃어버리고 대서양의 찬 바람이 몰아치는 불모의 땅 척박한 땅으로 쫓겨나고 말았다. 덴마크의 국민들은 용기를 잃어버린 채 날마다 자학과 낙심으로 방종에 가까운 삶을 살았으며 한 마디로 소망을 잃어가고 있었다. 그 때에 백설이 성성한 노 목사인 그룬드비가 백성들 앞에 서서 백성들을 일으키기 시작하였다.

오- 내 사랑하는 덴마크의 국민들이여! 하나님께로 돌아가자. 하나님은 어제나 오늘이나 동일하신 분으로서 우리의 연약함을 도우시며 우리와 함께 하십니다 우리 열조의 하나님이 우리 하나님이시며, 열조에게 복을 내리신 하나님이 지금도 동일하게 우리에게 복을 주시기를 원합니다.
덴마크의 국민 여러분! 하나님께로 돌아가자. 당신의 용기 있는 결단과 민족을 사랑하는 그 중심을 하나님은 아실 것입니다. 우리는 낙심하지 맙시다. 좌절하지도 맙시다. 방종에서 떠납시다 하나님은 내편이십니다. 당신편이십니다. 그분을 믿으세요. 그분을 신뢰해 보세요. 우리 하나님은 나를 대신하여 싸우시고 모든 일을 합력하여 선을 이루어 주실 줄 믿습니다.

이와 같은 그룬드비 목사님의 설교를 듣고 덴마크의 국민들이 그리스도 안에서 하나 되어 그 최악의 조건을 최선의 조건으로 바꾸어 놓음으로 오늘 날의 세계적인 낙농국가로 발전하지 않았습니까?

나. 미국의 독립전쟁과 설교(1775 - 1789 A.D)

미국이라는 나라는 세계의 각색 종족들이 모여서 이룩한 혼합 국가이다. 지역별로 종족과 언어와 풍습이 다르며 그들이 믿는 신이 다른 한 마디로 하나로 뭉치기에는 거의 불가능한 처지의 국가 형태의 나라였다. 이런 형태의 구조를 가진 나라인지라 세계의 이목은 여러 개의 독립된 나라 형태를 이루고 끊임없는 종족 전쟁이 끊이지 않는 나라로 발전해 갈 것으로 생각하였다. 그러나 미국의 제1차 대 각성 운동(1720-1770)은 이름 그대로 종족과 언어와 종교와 색깔과 문화적 풍습과 모든 삶의 조건들을 초월하여 하나로 만들어 갔다. 이와 같은 일에 결정적인 공헌을 한 사람은 1720년부터 뉴저지 주 개혁교회 목사로 취임한 독일의 프레링 허셴 목사로부터 시작되었다. 그는 매너리즘(mannerism)에 빠져있는 미국교회 앞에 내적 개혁을 통한 심령의 대 각성을 추구하였다. 이 불길은 점점 미국 전역으로 퍼져 나갔으며 피부 색깔이 문화 및 사상이 삶의 방식이 각기 다른 한계를 초월하여 그리스도 안에서 하나가 되는 역사를 가져왔다. 이와 같은 내적인 각성을 바라보지 못한 자들은 미국이 독립을 한다고 할 때에 많은 사람들은 미국의 독립은 불가능하다는 진단을 내렸다. 그 이유인 즉 미국이라는 나라는 세계의 각색 종족들이 모인 집단이요. 형형색색의 피부와 각기 섬기는 종교가 다르며, 언어와 송족산의 문화적차이도 판이하게 다르다 보니, 이런 자들에게서 통일된 사상으로 하나가 되어서 뭉친다는 것은 하늘에 별 따기와 같은 상황이었기 때문이다. 그러나 미국의 제1차 각성운동은 미국의 다민족주의로 볼 때에 휫 필드나 조나단 에드워드의 설교는 미국민의 마음을 사로잡기에 충분하였기 때문이다.

휫 필드와 조나단 에드워드는 매일 6시간 이상씩 일주일에 40시간 이상을 설교하는 일에 바쳤으며 그리스도 안에서 우리는 하나라는 정신을 불어 넣었다. 서서히 미국이라는 나라는 종족과 문화와 사상을 초월한 그리스도의 정신으로 하나 되게 한 것은 바로 설교였음을 알 수 있다.

다. 미국의 남북전쟁과 설교(1861 - 1865 A.D)

또 하나의 설교의 위대성은 미국의 제2차 대 각성 운동의 결과에서 나타났다. 이 운동은 1801년 켄터키 주의 케인 리지(Cane Ridge)에서 있었던 대규모의 캠프 모임에서부터 출발하였다. 이들은 영적으로 어두워져간 교회와 민족을 위해 기도를 시작하였고 이 불길은 각 교회로 삽시간에 번져 나갔다.53)

이 운동은 성령운동과 함께 회심을 강조한 설교를 통하여 또 한번의 대각성의 장을 펼치게 되었다. 이 운동은 제 16대 대통령인 링컨에게 깊은 감명과 사명을 깨닫게 해 주었다. 그 결과 노예 해방이라는 명분을 가지고 남부와 북부로 나뉘어서 전쟁을 시작한 것이 미국의 남북전쟁이다.

배우지 못한 링컨에게는 남북전쟁은 부하 장군들에게까지 조롱과 멸시로 그의 자존심은 여지없이 짓밟혔지만 인내하며 겸손하고 섬기려는 그의 신앙의 깊은 용기는 하나님이 함께하셔서 모든 것을 합력하여 선을 이루어 주었다. 북군이 이길 수 없는 모든 조건이었지만 하나님이 그들을 대신하여 싸우셨고 승리할 수 있도록 해주셨다. 이는 첫째, 하나님이 함께 하심이었으며 둘째는 제2차 대 각성운동을 통한 설교자들의 감동스러운 설교를 듣고 하나님 사랑과 이웃 사랑에 대한 미국 국민들의 심령의 각성이 주원인으로 역사한 것이라고 생각한다.

이상과 같은 설교의 불길이 휩쓸었던 미대륙에서는 교회와 사회가 모두 개혁의 기치를 들게 되어 교회의 갱신운동을 비롯하여 사회의 개혁운동이 일기 시작하였다. 그 결과 노예제도의 폐지운동까지 나왔었다. 그뿐만 아니라 행동하는 설교가 라우센부쉬(Walter Rauschenbusch, 1861~1918)를 중심한 사회복음화 운동으로 그 맥락을 이어 설교의 사역은 미국의 역사에 대공헌의 자국을 남겼다. 그리고 교회는 교파의 분열이라는 부정적 측면도 있었으나 교회의 급진적 부흥을 가져왔던 역사의 기록은 교회의 역사에 새

---

53) Sydney E. Ahlstrom, A Religious History of the American People(Garden City, N. Y; A Division & Company, Inc), vol Ⅰ. 469면

로운 장으로 기록되어져야 할 것이다.

그러나 여기서 제2차 대 각성 운동이 남긴 가장 획기적인 결실은 대내적으로는 남북 전쟁을 통한 노예제도의 철폐요, 대외적으로는 선교의 관심과 그 실현이었다. 설교를 통하여 "땅 끝까지 이르러 내 증인이 되라"는 메시지는 미국의 교회가 가지고 있는 기독교의 유산과 풍요한 문화와 물질의 자원을 선교의 대역에 내어놓지 않을 수 없었다. 1810년 초교파적인 선교 단체의 출발을 기점으로 수많은 선교기관이 조직되었고[54] 각 교파마다 선교국을 가지고 복음의 빛을 미지의 세계에 깊기 시작하였다.

---

54) 이 때의 대표적인 설교단체로서는 American Board of Commissioners (1810) General Missionary Convention(1814), 그리고 American Home Missionary Society(1826)를 들 수 있다.

제2부

설교의 주요 유형

> 우리는 기도하는 것과 말씀 전하는 것을 전무(專務)하리라 하니
> (사도행전6장4절)

본서의 제2부(설교의 주요 유형)과 제3부(설교작성의 구조와 내용들)에서는 제임스 브레가(James Braga)가 지으시고, 총신대 구약학 교수인 김지찬 목사가 번역하여 생명의 말씀사에서 출간한 설교준비라는 책에서 많이 인용하였다.

그것은 필자의 생각과 제임스 브레가의 생각에 공통점이 많기 때문이며 설교작성에 있어 용어적 설명과 구조적 면에서 필자의 생각과 비교하기에 용이 하기 때문이다.

1. 설교 유형의 분류

설교 유형(sermon styles)에는 다양한 분류 방법이 있는데 이는 설교 학 저자들이 서로 다른 정의를 사용하기 때문이다. 그러므로 이런 정의들을 사용해서 분류하게 되면 중복되는 경우가 상당히 많다. 어떤 이들은 성경 메시지를 전달할 때 사용된 심리학적 방법으로 분류하고, 어떤 이들은 설교를 내용이나 주제로 분류하는데 본교의 성종현 교수는 내리주석식 설교 (Consecutive Commentary Sermon), 제목 설교(Topical Sermon), 주제 설교 (Thematic Sermon), 본문 설교(Textual Sermon), 강해 설교(Expository Sermon)로 분류하며, 주제 설교에서는 다시 교리적 설교(Doctrinal Sermon), 전기적 설교(Biographical Sermon), 윤리적 설교(Ethical Sermon) 로 나눈다. 이외에 또 다른 설교 분류법도 있다. 그러나 아마도 설교를 분류하는 가장 간단한 방법은 제임스 브레가(James Braga)는 주제 설교 (Topical Sermon), 본문 설교(Textual Sermon), 강해 설교(Expository Sermon)로 분류하는 방법일 것이다. 이제 이 세 가지 주요 설교 유형을 살펴보도록 하자.

I
주제 설교

1. 정의

먼저 주제 설교의 정의를 살펴보는 것이 좋겠다. 이 정의를 잘 이해하기만 하면 학생들이 주제 설교의 기본 요소들을 익히는데 도움이 될 것이다. 이 주제 설교란 우리나라에서 흔히 말하는 제목 설교를 말한다.

주제 설교란 본문과는 상관없이 주제로부터 대지를 뽑아내는 설교이다.

이 주제 설교의 정의를 보다 이해하기 쉽게 나무에 비유하여 본다면 주제는 원줄기요, 대지는 가지이다. 가지는 반드시 원 줄기로부터 나와야 하며 원 줄기로부터 분리될 때에는 그 생명력을 잃어버리게 된다는 말이다.

2. 주제 설교의 특징

주제 설교의 특징은 첫째는 주제 자체에서 대지(大旨)가 나와야 한다는 것이다. 즉, 주제 설교는 주제로 시작한다는 뜻이며 설교의 주요 부분들이 그 주제로부터 나온 사상(Ideas)들로 구성되어 있음을 의미한다. 둘째로 주제 설교는 성경 본문이 메시지의 기초가 아니라는 것이다. 이것은 설교 메시지가 성경적이 아니라는 의미가 아니라, 단지 성경의 본문이 주제 설교의 원천이 아님을 가리키는 것이다. 그러나 설교의 메시지가 철저히 성경적이기 위하여서는 반드시 성경적 주제로 시작해야 한다. 셋째는 주제의 사상을 살리기 위하여서는 작성자가 자신의 논리적 사고를 가지고 주제에 따른 대지를 설정할 수 있다는 것이다. 그러나 그 대지 설정 기준이 성경 66권에 없는 발상이어서는 안 되며 반드시 성경에 나타나는 사상이나 성경 구절들이 뒷받침되어야 한다는 것이다.

3. 주제 설교의 예

예문 #1
제목 : 하나님으로부터 인정함을 받는 성도의 신앙
주제 : 상동
성경 : 창22:12

서론
본론
대지1 : 자기에게 맡겨진 일을 성실히 수행하는 자를 하나님은 인정한다.
    가. 마25:1-13 = 미련한 다섯 처녀와 슬기로운 다섯 처녀의 비유.
    나. 마25:14-30 = 달란트 비유

    대지2 : 하나님께 인색하지 아니하고 즐겨 내는 자를 하나님은 인정한다.

가. **고후 9:7** 각각 그 마음에 정한대로 할 것이요 인색함으로나 억지로 하지 말지니 하나님은 즐겨 내는 자를 사랑 하시느니라.

나. **마 6:20** 오직 너희를 위하여 보물을 하늘에 쌓아 두라. 거기는 좀이나 동록이 해하지 못하며 도적이 구멍을 뚫지도 못하고 도적질도 못하느니라.

대지3 : 예수님과 같이 남을 섬김에 있어서 자기 목숨도 아까워 하지 않는 자를 하나님은 인정한다.

가. **요15:13** 사람이 친구를 위하여 자기 목숨을 버리면 이에서 더 큰 사랑이 없나니

나. **삼상18장** 다윗과 사울 임금의 아들 요나단의 사랑.

결론

주제 설교 때에는 주제와 제목이 같을 수가 종종 있게 된다. 그러나 꼭 그와 같지는 않을 때도 있으니 너무 고정관념에 빠져 진리를 선포하는 일에 자신의 편견이 설교를 그르치게 하지 말기를 바란다.

예문 #2
제목 : 하나님의 교회란?
주제 : 신학적 측면에서 본 교회론
성경 : 고전 1:1-3 하나님의 뜻을 따라 그리스도 예수의 사도로 부르심을 입은 바울과 및 형제 소스데네는, 고린도에 있는 하나님의 교회 곧 그리스도 예수 안에서 거룩하여지고 성도라 부르심을 입은 자들과 또 각 처에서 우리의 주 곧 저희와 저희의 주되신 예수 그리스도의 이름을 부르는 모든 자들에게, 하나님 우리 아버지와 주 예수 그리

스도를 좇아 은혜와 평강이 있기를 원하노라.

서론 : 생략

본론

대지1 : 어원적 의미로서의 교회란?

1. 구   약

구약에서는 교회를 지시하는 말로 כָּהָל(카알)과 אֵדָה(에다)가 있다. כָּהָל은 불러 모으다(to call)를 뜻하는 말로 כָל(칼)에서 유래했으며, אֵדָה(에다)는 지정하다(to appoint)를 뜻하는 말로 עָדָה(야다)에서 유래했다.

이 두 단어가 이스라엘 백성에게 적용될 때는 일정한 장소에 함께 모이는 모임 자체나 회중을 의미하는 것으로 교회를 지칭했다.

출 12:6 이달 십사일까지 간직하였다가 해질 때에 이스라엘 회중이 그 양을 잡고

민 14:5 모세와 아론이 이스라엘 자손의 온 회중 앞에서 엎드린지라

2. 신   약

신약에서 συναγωγη(쉬나고게)가 위의 구약의 용어들에 해당되는 유대인의 종교적 집회나 회당(會堂)을 가리켜 사용되었고, εκκλησια(에클레시아)는 일반적인 신약 교회에 적용되었는데 마태복음 16:18에서 주님이 최초로 사용 하셨다.

교회를 영어로 church라고 하는데 이 말은 헬라어 κιριακων(키리아콘)에서 온 말로서 '주의 소유' 라는 뜻으로 해석된다.

3. 교회는 하나님의 소유물이며 부르심을 받은 하나님의 백성들이 모인 단체임을 이 명칭들이 잘 나타내고 있다. 교회(εκκλησια)라는 말을 최초로 사용한 분은 그리스도 자신이었다. 베드로가 "주는 그리스도시

요 살아 계신 하나님의아들 이시니이다(마16:16).고 고백했을 때 예수께서 심히 만족해하시고 이 신앙 고백을 토대로 하여 교회를 세우겠다고 말씀하셨다(마 16:18).

신약 교회는 바로 이 신앙고백 위에 세워진 것이다. 오순절의 성령강림을 계기로 하여 지상에 교회가 많이 세워짐에 따라서 여러 가지 형태의 교회가 출현하였으니 일정한지역에 있는 신자들이 모여서 신앙을 고백하고 하나님께 예배를 드리는 곳을 지교회라 하며(행 5:11, 11:26, 고전 11:18, 14:19, 28, 35), 개인의 가정에 소수의 무리가 모여서 예배드리는 곳을 가정교회라 하며(롬 16:5, 23, 고전 16:19, 골 4:15), 구주 예수 그리스도와 영적으로 연합하여한 지체가 된 신자의 전체를 보편교회라 한다.(엡 1:22, 3:10, 21, 5:23-30, 골 1:18, 24)

대지2 : 교회의 본질로서의 하나님의 교회란?

1. 교회의 본질

1) 로마 가톨릭

로마 가톨릭 교회는 교회의 본질을 외형적 조직체로서의 전체 교회에서 찾는다. 이 조직체는 신자 전체에 의하여 구성된 단일체가 아니며 법왕(교황)을 정점으로 하여 "교훈하는 교회"와 "교훈을 받는 교회로 구분된다. 전자(교훈하는 교회)는 교황을 중심한 성직자 계급으로서 교회의 영광스러운 속성들을 직접 소유하지만, 후자(교훈을 받는교회)는 신자들을 중심으로 교회의 영광스러운 속성들을 간접적으로 소유한 자들을 말한다. 저들도 무형교회를 인정하기는 하지만 "유형교회(有形敎會)"가 교회의 본질이고 "무형교회(無形敎會)"는 유형교회에서 나왔다고 가르친다.

2) 개신교

개신교는 로마 교회의 이러한 교회 본질관에 반항(protest)하고 부르심을 받은 택자들의 모임과 사귐을 교회의 본질이라고 주장하며 가르친다. 루터와 칼빈은 다같이 교회를 그리스도를 주로 믿고 그 안에서 성화되고 그를 머리로 하여 그에게 연합된 자들의 집단으로 보았다. 동시에 유형교회의 조직을 인정하고 거기에 속한 성도들의 모임을 교회로 시인했다. 그러나 외형적 조직이 교회의 본질이 될 수 없고 필요에 의하여 발생한 부수적 제도라는 것을 강조한다.

이렇게 볼 때에 유형교회에 속한 자 중에는 그리스도와 연합되지 않은 자가 있을 수 있지만 무형교회에 속한 자는 한 사람도 예외 없이 전부 그리스도와 연합한 자들임을 알 수 있다. 유형교회를 떠나서는 상황에 따라서 구원받을 수 있지만 무형교회를 떠나서는 구원을 받을 수 없다. 그 이유는 그리스도와 영적으로 연합되지 못하면 구원을 받을 수 없기 때문이다.

대지3 : 성령의 내주하심이 있는 성도 자체가 교회이다.
1. **고전 3:16** 너희가 하나님의 성전인 것과 하나님의 성령이 너희 안에 계시는 것을 알지 못하느냐?
2. **고전 6:19** 너희 몸은 너희가 하나님께로부터 받은바 너희 가운데 계신 성령의 전인 줄을 알지 못하느냐 너희는 너희의 것이 아니라.
3. **고후 6:16** 하나님의 성전과 우상이 어찌 일치가 되리요 우리는 살아계신 하나님의 성전이라.

결론

4. 사고의 통일성

위의 예에서 볼 수 있듯이 주제 설교는 하나의 중심 사상을 갖고 있다. 단지 한 주제를 즉, 하나님으로부터 인정함을 받는 성도의 신앙이나, 하나님의 교회란 무엇인가? 라는 면만을 다루고 있는 것이다. 그러므로 주제 설교에서의 위치는 나무로 비교할 때에 주제는 줄기이고, 대지들은 그 가지인 것이다. 가지가 줄기에서 떨어져서도 안 될 뿐만 아니라 가지가 줄기를 무시하거나 가지 자체를 지나치게 화려하게 하므로 어느 것이 원 줄기인지 알 수 없게 되면 회중들로 하여금 혼돈을 가져오게 된다.

이와 같이 주제 설교에서 사고의 통일성을 상실하게 되면 회중들은 더 큰 혼돈과 공허와 흑암에 쌓여 영적 침체의 늪에서 헤어나지 못한 채 쓸어지고 말게 되는 경우도 발생할 수 있다. 고로 주제 설교에 있어서 항상 중심이 되어야 하는 것은 주제정신이다. 고로 가지(내지)는 원줄기에서 벗어나서도 안되며 특히 떨어져서는 더더욱 안 된다. 고로 대지는 주제를 설명하는 데에 초점을 맞추므로 사고의 통일성을 유지해 나가야 한다.

5. 주제의 보고(寶庫)로서의 성경

성경은 인간의 삶과 행위의 모든 면을 다루고 있다. 성경은 또한 시간 세계와 영원 세계에서의 인간을 향한 하나님의 목적을 은혜 안에서 계시해 준다.

이와 같은 성경은, 인간이 당하는 모든 상황과 조건에 부응하는 수많은 설교 자료를 갖추고 있는 무한한 설교 주제의 보고이다. 또 하나님의 말씀을 쉬지 않고 진지하게 연구해 나가는 하나님의 사람은, 자신의 영혼을 하나님 진리의 귀금속으로 풍요롭게 할 수 있을 뿐 아니라, 영적인 재산을 다른 이들과 함께 나눔으로써 그들의 삶도 시간 세계와 영원 세계에서 모두 가치 있는 일들로 풍성하게 해줄 수 있을 것이다.

주제 설교에서의 성경은 많은 주제의 보고라고 했다. 그러므로 이사야 34:16절 "너희는 여호와의 책을 자세히 읽어보라 이것들이 하나도 빠진 것이 없고 하나도 그 짝이 없는 것이 없으리니 이는 여호와의 입이 이를 명하셨고 그의 신이 이것들을 모으셨음이라." 라는 말씀과 같이 본문 성경에서 도출된 주제와 그 짝을 찾는 일이 무엇보다도 중요하다. 이곳에서 꼭 집고 넘어가야 할 사항 중 하나는 본문의 주제를 놓고 그 대지를 성경에서 찾지 않고 설교자의 삶이나 다른 일반 서적에서 찾는다면 이는 참된 주제 설교를 인식하지 못한 처사가 될 것이다.

고로 주제 설교도 성경을 떠나서는 절대로 안된다는 원칙을 설교자는 기억해야 한다.

6. 주제 설교의 장점 과 단점

가. 장점

1) 설교자의 의도하는 대로 설교할 수 있다.
2) 시리즈(series ; 연속) 설교가 용이하다.
3) 동기(動機)나 목적(目的)에 따라 자유롭게 설교할 수 있다.
4) 설교 내용의 단순성 및 회중 이해에 용이하다.
5) 교리 설교에 유리하다.

나. 단점

1) 설교자가 자신의 의도대로 동기나 목적에 따라 자유롭게 설교자의 뜻을 펼 수 있으므로 하나님의 선포가 아니라 인간 중심의 설교

로 전락할 수 있다.
2) 회중들이 성경을 읽고 이해하므로 보다 깊은 진리에로 인도함을 받아야 하는데 주제 설교는 회중의 성경이해에 전혀 도움을 주지 못하므로 성경 읽는 일을 포기하게 한다.
3) 설교의 중심이 하나님이 아니라 회중과 설교자에게 focus(초점, 집중)가 맞춰지므로 참된 하나님의 진리의 선포로서의 설교는 기대할 수 없으며 성경의 저자이신 하나님을 우롱(愚弄)하는 처사라고 극단적으로 표현하는 경우도 본바가 있다

7. 주제 선택

주제 설교를 하려고 마음먹은 사람은, 성경에는 다양한 주제가 너무 많기 때문에 자기가 전하려는 메시지에 맞는 주제를 선택하는 데 잠시 망설이게 될 것이다.

어떤 주제를 선택해야 좋을지 알아보기를 원한다면 먼저 주님의 인도하심을 구해야 한다. 하나님의 말씀을 묵상하고 기도하는데 시간을 할애한다면 설교자는 주님의 인도하심을 받게 될 것이다.

시들로우 박스터(J. Sidlow Baxter)는 본문이나 주제선택에 있어서 가장 중요한 것은 『내가 본문이나 주제를 선택하기보다는 그들이 나를 선택하기를 더 좋아한다』이 말은 내가 본문이나 주제를 선택하므로 나의 필요에 따라 성경이 나를 따라오는 것이 아니라, 내가 성경을 끊임없이 읽다보면 성경이 나를 지배하고 나의 가슴을 사로잡아 오므로 내가 성경에 이끌리어 본문이나 주제가 결정되는 것을 말한다. 그러므로 설교를 준비하거나 설교를 하는 사람들은 성경을 계속적으로 반복해서 읽는 것이 매우 중요하다는 사실을 말한다.

주제를 선택하는 데는 이 외에 다른 요소가 개입될 수도 있다. 어떤 주제로 설교를 해 달라고 부탁을 받았는가에 따라 설교의 주제 선택이 달라질 수도 있고, 설교를 행하는 특별한 동기나 목적에 따라 주제 선택이 달라질 수도 있는 것이다. 또한 청중들의 특별한 상황에 따라 그 상황에 맞는 주제를 선택하는 것이 꼭 필요하며 바람직할 수도 있다.

주제 설교가 성경 본문에 직접 바탕을 둔 것이 아니라는 것은 사실이지만, 성경 본문이 우리가 작성하려 하는 주제 설교 개요에 개념을 제공해 주는 시발점이 될 수는 있다. 가령 갈라디아서 6:17을 보자. "이 후로는 누구든지 나를 괴롭게 말라 내가 내 몸에 예수의 흔적을 가졌노라." 여기서 "내가 내 몸에 예수의 흔적을 가졌노라"라는 구절이 우리의 시선을 사로잡는다. 이 구절을 새 미국 표준 성경(NASB)에서는 "내가 내 몸에 예수의 '인두 흔적'(brand-marks)을 가졌노라"라고 번역했다. 바울은 여기서 틀림없이 그리스도를 위해 박해자들로부터 얻게 된 자기 몸의 상처에 대해 말하고 있다. 그 상처 때문에 바울이 영원히 그리스도께 속해 있음이 자명하게 드러나는 것이다.

성경 자료를 더 찾아보면, 바울이 이 구절을 기록할 당시 인두로 지지는 일은 동물에게만이 아니라 사람에게도 행해졌다는 것을 알 수 있다. 그 흔적은 살에 남아서 절대로 지워지거나 제거될 수 없었다. 적어도 세 부류의 사람들이 이런 흔적을 몸에 지녔다. 바로 한 주인에게 소유당하는 노예들의 경우, 또 전부 그런 것은 아니었지만 군인들이 장군에게 그의 대의에 헌신하겠다는 의미로 인두 자국을 내는 경우, 그리고 성소와 거기서 섬기는 신에게 평생을 바치기로 한 신자들의 경우가 그랬다.

이런 정보를 종합해서 아래와 같은 개요를 작성할 수 있다.

> 제목: 예수의 흔적
>
> 주제: 헌신한 그리스도인이 평생토록 지니는 흔적
>
> 성경: 갈라디아서 6장 17절
>
> 1. 마치 노예처럼, 헌신한 그리스도인은 그가 속한 주인의 소유권을 나타내는 흔적을 몸에 지닌다. (고린도전서 6:19-20 ; 로마서 1:1)
> 2. 마치 군인처럼, 헌신한 그리스도인은 자기가 섬기는 사령관에게 헌신한다는 의미의 흔적을 몸에 지닌다. (디모데후서 2:3 ; 고린도후서 5:15)
> 3. 마치 성소에 몸을 바친 신자들처럼, 헌신한 그리스도인은 자기가 섬기는 주를 예배하는 자라는 흔적을 몸에 지닌다. (빌립보서 1:20 ; 고린도후서 4:5)

8. 주제 설교준비의 기본 원리

1. 대지는 논리적 순서나 연대적 순서에 의해 배열되어야한다

이것은 논리적이든 연대적이든 일정한 연속선상에서 점차 발전되는 형태로 개요를 전개해 나가야 한다는 뜻이다. 물론 논리적인 순서를 따를 것인지 연대순을 따를 것인지는 주제의 특성에 따라 결정되어야 한다. 그러면 "예수 그리스도의 낮아지신 신분"에 관한 핵심적 진리를 제목에 따라 구분하면 다음과 같이 작성할 수 있다.

> 제목: 예수 그리스도에 관한 핵심 진리
>
> 주제: 예수 그리스도의 낮아지신 신분
>
> 1. 예수 그리스도의 자기 비하. (마가복음 10:45)

2. 예수 그리스도의 율법 하에 나심. (갈라디아서 4:4-5)

3. 예수 그리스도의 십자가의 고난. (이사야서 53:1-6)

4. 예수 그리스도의 음부에까지 낮아지심. (사도행전 13:34-35)

이 개요는 사건순으로 되어 있다. 하나님의 아들이신 예수 그리스도는 먼저 육신이 되셨고, 율법 하에서의 비참과 십자가에 달리사 자신의 생명을 우리를 위해 주심으로 우리의 구세주가 되셨으며, 음부에까지 친히 내려가셔서 인간의 소망이 되신 것을 보여주고 있다. 주제(제목) 설교의 정의에 합당하게 주제는 광의 적이라면 제목은 협의적으로 대지들이 "주제"로부터 나온 것이 아니라 제목으로부터 이끌려 나온 것임을 주목해야 한다. 이것은 본장에 나오는 모든 주제 설교의 개요에서도 마찬가지이다.

주제 설교의 개요가 발전적 형태를 띠고 있음을 보여 주는 또 다른 예가 아래에 소개되어 있는데, 이 경우는 주요 구분이 논리적 순서로 되어 있다. 주제는 믿는 자의 소망이지만 제목은 믿는 자의 소망의 특징 이라고 하여 더 세분화 하였다.

제목: 믿는 자의 소망
주제: 믿는 자의 소망의 특징

1. 신자의 소망은 산 소망이다. (베드로전서 1:3)

2. 신자의 소망은 구원의 소망이다. (데살로니가전서 5:8)

3. 신자의 소망은 견고한 소망이다. (히브리서 6:19)

4. 신자의 소망은 좋은 소망이다. (데살로니가후서 2:16)

> 5. 신자의 소망은 보이지 않는 소망이다. (로마서 8:24)
> 6. 신자의 소망은 복스러운 소망이다. (디도서 2:13)
> 7. 신자의 소망은 영생의 소망이다. (디도서 3:7)

위 개요는 마지막 구분인 영원한 소망에서 절정에 이르고 있다.

2. 대지들은 주제를 분석하는 것일 수도 있다

제목이란 사랑이니, 소망이니, 성부 하나님이니, 성자 예수님이니, 성령 하나님이니…라는 다양하면서도 광의적인 면을 보이지만 주제란 사랑이라는 주제 아래 주님의 자기 비하적인 사랑 이라든지, 율법 하에서의 인간에 대한 주님의 사랑 이라든지… 제목을 세분화한 협의적인 면을 볼 수 있다. 이와 같이 주제를 세분화한 것이 주제 설교에서는 대지가 되는 것이 대부분이다. 이 때에 주제가 가진 고유한 사상이 대지가 되어서 주제를 주제되게 할 때에 그 대지는 자기의 사명을 감당하였다고 생각할 수 있다.

> **제목: 중생이란?**
> **주제: 중생이란?**
>
> 1. 중생이란 용어의 성경에서의 다른 표현.
>   - 거듭남 (고전 3:3-8)
>   - 새로운 피조물 (고후 5:17)
>   - 첫째부활 (계 20:4-6)

2. 중생된 자의 자기규정
- 죄와 허물로부터 죽은 자 (엡 2:1,5).
- 예수 그리스도로부터 산자 (엡 2:1-8)

3. 중생된 자의 복
- 예수 그리스도의 삶을 사는 자 (고후 5:15, 갈 2:20).
- 성부 아버지의 자녀로서 기업을 무를 자가된다.
- 예수 안에서 이김과 자유와 평강을 누리며 산다.

이와 같이 제목을 분석하여서 대지를 정하게 되면 각종 교리는 물론 다양한 삶의 경험을 적용하며 다양성 속에서 통일된 진리를 발견하게 된다. 이와 같이 제목 설교는 무조건 나쁜 것이 아니라 참된 진리를 풍성하게 전할 수 있는 면과 각종 교리의 꽃으로서 모든 학문분야를 망라한 종합예술이라는 말을 실감하게 될 것이다.

3. 대지들은 주제가 제시하는 방향대로 정할 수 있다

주제(제목) 설교의 장점이면서 단점인 설교자의 의도대로 설교를 작성할 수 있다고 하였는데 이 설교자의 의도가 하나님의 영광이냐, 나의 영광을 위함이냐에 따라서 대지의 방향이 결정된다. 고로 설교자의 인격 됨의 정도에 따라서 이 설교는 인간적이냐, 신본적이냐가 결정된다.

제목: 하나님의 말씀을 아는 지식
주제: 하나님의 말씀을 아는 지식이 가져다주는 유익

1. 하나님의 말씀을 아는 지식은 구원에 이르는 지혜가 있게 한다. (디모데후서 3:15)
2. 하나님의 말씀을 아는 지식은 죄를 범하지 않게 한다.(시편 119:11)
3. 하나님의 말씀을 아는 지식은 영적 성장을 일으킨다. (베드로전서 2:2)
4. 하나님의 말씀을 아는 지식은 성공적인 삶을 살게 한다. (여호수아 1:7-8)

위 개요의 각 대지들은 제목을 확증해 주고 있는 것들임을 알 수 있다. 즉, 각 대지들은 하나님의 말씀에 대한 지식이 가져다주는 유익이 무엇인가를 하나씩 보여 준다. 그러므로 제목에 따른 대지를 성경 속에서 찾아야지 설교작성자의 인간적 경험이나 의지에서 찾으면 안 된다.

4. 대지들은 인간 삶의 현실 속에서 찾을 수 있으나 그 대지를 대지되게 하는 소지의 선택은 성경적이어야 한다

주제(제목)가 정해지고 그 대지를 현실과 적용하는데 Point를 주다보면 설교가 온통 인본주의적인 것처럼 되고 만다. 이런 경우에는 소지를 철저하게 성경적으로 접근하여 풀 때에 설교의 내용이 신본주의적인 설교를 할 수 있게 된다.

그러면 복이라는 개념을 가지고 설교 문을 작성해 보자. 히브리어에서의 복(ברך=바라크, אשׁר=아쉬르, יטב=야타브)과 헬라어적인 복($ευλογεω$ = 율로게오, $μακαριζω$ =마카리조)의 개념 과 동양적인 복의 개념을 비교해 보자.

제목: 복이란?
주제: 히브리적인 복과 동양적인 복의 개념

1. 복에 대한 개념의 차이
   가. 히브리적인 복 : 영적인 것으로 죽음을 초월한 영원한 즐거움
   나. 동양적인 복 : 육적인 것으로 오래 살고, 물질이 풍족 하며, 높은 지위를 얻고, 아들을 많이 낳는 것을 말한다.
2. 복을 받는 방법의 차이
   가. 히브리적인 복 : 하나님과의 신비적 결합을 통하여 하나님의 은혜로 거저 주시는 복이다.
   나. 동양적인 복 : 인간의 노력으로 쟁취하는 복을 말함
3. 두 가지 복을 함께 받을 수 있는 비결
   가. 먼저 그의 나라와 그의 의를 구할 때 (마 6:33)
   나. 먼저 영혼이 잘 될 때 (요삼 1:2).
   다. 例 : 솔로몬 임금의 구함과 복 (왕상 3:4-15)

5. 성경에 계속 반복되는 특정한 단어나 어구를 대지로 삼을 수도 있다

"하나님은…하실 수 있다"(God is able…) 혹은 "그는…하실 수 있다." (여기서 "그"란 대명사가 하나님을 가리키는 경우에)라는 어구는 성경에 여러 번 나타난다. 이 어구를 각 대지의 기초로 사용하면 다음과 같은 설교 개요를 얻을 수 있다.

제목 : 하나님의 능력
주제 : 하나님의 능력과 하신 일

1. 하나님은 천지와 모든 만물을 창조하셨다. (창1:1-31)
2. 하나님은 자기 형상과 모양대로 인간을 창조하셨다. (창1:26-27)
3. 하나님은 모든 피조세계를 섭리하신다. (롬8:18-25)
4. 하나님은 마지막 때에 심판하신다. (요5:27-29).

6. 성경의 특정 단어의 다양한 의미를 보여 주는 단어 연구로 대지들이 구성될 수 있다

단어의 어원적인 의미를 연구하다 보면 해석의 다양성을 함축하고 있음을 발견하게 된다. 바로 그 다양한 의미가 설교작성 시에 대지로 사용될 수도 있다는 것이다. 성경에서 "영광"(honer: 헬라어 $\delta o \xi a$)으로 번역된 단어는 "자신을 드러내다," "임재하다," "드리다," "순종하다," "헌신하다." 라는 다양한 의미를 발견할 수 있는데 이 의미가 바로 대지가 되어 설교의 골격을 이룬다는 말이다. 이를 구체적으로 살펴보면 다음과 같이 된다.

제목: 하나님의 속성으로서의 영광
주제: 영광이란 단어의 다양한 의미

1. 하나님의 베푸심으로서의 나타나는 영광
   가. 하나님이 자신을 나타내심이 영광이다.(눅 2:14)
   나. 하나님의 임재하심이 곧 영광이다. (출 40:34-35, 왕상 8:11)

> 2. 인간이 드림으로 받으시는 영광
>   가. 아들로서의 예수님의 순종 (요 12:23-28).
>   나. 피조물 된 인간의 믿음과 헌신이 영광이 된다.(롬 4:20, 롬15:6-7)

꼭 히브리어나 헬라어 지식이 있어야 단어 연구를 할 수 있는 것은 아니다. 로버트 영(Young's analytical concordance to the Bible)이나 **아우구스투스 스트롱의 성구 사전**(Strong's exhaustive concordance of the Bible), 바인(W. E. Vine)의 **신약 원어 강해 사전**(Expository Dictionary of New Testament Words), 그 밖의 문법서 등을 이용하면 성경 원어를 모르는 학도들이 의미론을 연구하는 데 많은 도움을 받을 수 있다.

이와 비슷한 단어 연구 방법으로 성경 전체를 훑어 가며 중요한 단어나 어구들을 좌우 문맥에 주의하면서 귀납적으로 연구하는 방법도 있다. 즉, 특정 단어나 어구가 나오는 모든 구절을 찾아내어 검토하고 관찰한 것들을 비교, 분석, 분류하여 타당한 결론에 이르는 것을 목적으로 하는 방법을 말한다.

예를 들어, "내가 범죄하였나이다"(I have sinned)라는 구절을 생각해 보자. 성구 사전을 이용하면 신구약성경에 이런 표현이 모두 22번 나오는 것을 알 수가 있다. 22개의 성경 구절을 하나씩 앞뒤 문맥을 살피면서 해석하고, 이것들을 서로 비교 분석하다 보면, "내가 범죄하였나이다"라는 구절이 언제나 참고백의 표현은 아니었음을 발견하게 된다. 그 후에, 관찰한 것을 분류하고 개요의 형식으로 요약하면 된다. "참된 고백과 거짓 고백"이라는 제목 아래 우리는 "내가 범죄하였나이다"라는 표현이 성경에 나올 때는 다양한 의미로 사용되었음을 보여 줄 수 있다.

1. 두려움의 표현

    바로의 경우. 출애굽기 9:27, 10:16.

    아간의 경우. 여호수아 7:20.

    시므이의 경우, 사무엘하 19:20.

2. 위선의 표현

    사울의 경우. 사무엘상 15:24, 30.

3. 후회의 표현

    사울의 경우. 사무엘상 26:21.

    유다의 경우. 마태복음 27:4.

4. 진정한 회개의 표현

    다윗의 경우. 사무엘하 12:13 ; 시편 51:4.

    느헤미야의 경우. 느헤미야 1:6.

    탕자의 경우. 누가복음 15:18, 21.

7. 문맥 속에서 억지로 끌어낸 본문을 증거 삼아 대지들을 구성해서는 안 된다

주제별 연구를 하다 보면 문맥 속에서 한 본문을 억지로 끌어다가 왜곡시켜 취하게 되는 위험이 늘 있다. 그러므로 설교자는 개요에 인용하는 각각의 성경 구절이 저자가 의도하는 바에 정확하게 부합하도록 주의를 기울이는 노력을 끊임없이 해야 한다.

"성공적인 그리스도인의 삶" 이란 중심 주제로도 주제 설교를 시리즈로 할 수 있다.

"성장하는 그리스도인이 되는 법"

"신령한 그리스도인이 되는 법"

"남에게 유익을 주는 그리스도인이 되는 법"
"평안을 주는 그리스도인이 되는 법"
"행복한 그리스도인이 되는 법"
"승리하는 그리스도인이 되는 법"

근래에 부각되는 "그리스도인의 가정"이라는 중심 주제로 아래와 같은 제목의 주제 설교를 시리즈로 할 수 있다.

"그리스도인 가정의 기초"
"아내가 남편과 맺는 관계, 아내가 그리스도와 맺는 관계"
"남편이 아내에게 갖는 책임, 남편이 그리스도께 갖는 책임"
"부모 됨의 특권"
"가정에서의 훈련"
"가정 예배"
"그리스도인 가정의 위기들"
"행복한 가정생활"

"성경 연구" 역시 다음과 같은 제목들로 이루어진 시리즈 주제 설교의 일반적인 주제가 될 수 있다.

"성경은 진실인가?"
"성경은 내부적 모순을 갖고 있는가?"
"성경은 현대에도 의미가 있는가?"
"우리말로 번역된 성경을 신뢰할 수 있는가?"

성경 각 권의 중심 주제들을 연구하거나 비슷한 성격의 성경들의 중심 주제들을 연구함으로써 주제 설교 시리즈를 해 나갈 수 있다. 예를 들어 데살로니가 전·후서를 생각해 보자. 이 서신은 여러 교리적인 주제들을 포함하고 있다. 이것으로부터 우리는 바울이 초대 그리스도인들에게 하나님, 예수 그리스도, 성령, 복음, 구원의 방법, 그리스도의 재림, 신자, 사탄에 대하여 무엇을 가르쳤는지 배울 수가 있다. 이 8가지 항목들 하나하나를, 데살로니가전서나 후서 아니면 전·후서를 훑어가면서 추적할 수도 있다.

일례로 그리스도의 재림을 택해서 생각해 보도록 하자. 데살로니가전서를 죽 살펴보면 그리스도의 재림이 각 장마다 언급된 것을 쉽게 발견하게 된다. 이것을 가지고 주제 설교 개요를 다음과 같이 작성할 수가 있다.

제목: 신자들의 복된 소망

주제: 그리스도의 재림을 바라보는 소망이 신자들에게 미치는 영향

1. 인내를 낳는다. (살전 1:10)
2. 수고에 대한 대가를 확실히 보장해 준다. (살전 2:19)
3. 거룩함에 대한 열망을 충족시켜 준다. (살전 3:13)
4. 슬픔 가운데 위로가 된다. (살전 4:13)
5. 기도를 풍요하게 한다. (살전 5:23)

데살로니가 전·후서에서 주제를 한 가지 더 살펴볼 수도 있다. "형제"라는 단어는 전·후서에서 적어도 24번 나오는데, 전서에서 17번, 후서에서 7번 나타난다. 이 단어가 쓰인 용법을 문맥 속에서 열심히 관찰하면 재미있는 주제 설교 시리즈를 만들 수 있다.

주제 설교 시리즈에 대한 논의를 마치기 전에 반드시 주제 설교 시리즈

에서 지켜야 할 두 가지 중요한 규칙을 논의해야 할 것 같다.

첫째, 시리즈는 반드시 짧아야 한다. 아무리 다양하고 흥미 있게 주제 설교 시리즈를 행한다 하더라도 한 가지 주요한 주제가 너무 오래 지속되면 회중은 흥미를 잃기 십상이다.

둘째, 시리즈는 논리적이며 진보적이어야 한다. 시리즈를 제멋대로 배열하게 되면 주의 깊게 적당한 순서로 배열해서 전하는 메시지만큼 큰 효과를 거둘 수가 없다. 시리즈를 적절하게 배열하면 회중들이 메시지 상호간의 관계를 알아차리기 쉬울 것이다. 이렇게 되면 시리즈가 클라이맥스를 향해 나아가는 동안 회중들의 흥미를 끄는 데도 많은 도움이 될 것이다.

결론

주제 설교 개요를 더 원숙하게 작성하려면 좀더 기다리면서 뒷 장에 나오는 내용을 공부해야 할 것이다. 그러나 1장을 제대로 공부한 학생이라면 1장에 나온 원리들을 주의 깊게 적용함으로써 성경적 주제 설교의 기본 개요를 작성할 수 있을 것이다.

II
본문 설교

1. 정의

본문 설교는 주제 설교와는 다르다. 주제 설교는 주제로 시작하는 반면에 본문 설교는 본문(text)으로 시작한다. 본문 설교의 정의에 주목하라.

본문 설교는 본문의 한 절 또는 두 세 절에서 주제 및 제목에 따른 통일된 대지들을 도출하여 설교 화한 방법의 설교를 본문 설교라고 한다.

이 정의를 주의 깊게 살펴보면 먼저 본문 설교에서의 대지가 주제 설교와는 달리 본문에서 나온다는 것이며, 각 대지에 따른 소지는 주제 설교와 같이 성경 전체 또는 각종 신학적 교리에서 도출하여 완성해 나갈 수 있다는 점에서 다르다. 그러나 가능하면 소지 부분도 성경의 한계를 벗어나지 않는 것이 바람직하다.

본문은 성경 한 절의 단 한 행일 수도 있고 한 절일 수도 있으며, 두 절 혹은 세 절일 수도 있다. 설교학을 다룬 책을 보면 보통 본문 설교를 할 성경 본문의 범위를 특별히 한정짓고 있지는 않다.

2. 본문 설교의 특징

첫째는 주제 설교보다는 성경의 본문에 더 가깝게 접근할 수 있다는 것이다. 이는 주제는 물론 대지까지도 성경 안에서 찾아야 하는 설교이기 때문이다.

둘째로는 본문 설교에서는 본문 해석상에 지나친 풍유적 성경해석을 하다보면 본문의 의도와는 전혀 다른 방향의 설교를 할 수 있는 취약점이 있다는 것이다.

셋째는 본문 설교는 본문 한 절 또는 두 세 절을 이용하여 설교의 대지를 설정해야 하는데 지정된 절들이 본문 설교의 주제 및 제목의 요구를 충족시키지 못할 뿐만 아니라 단락 안에서의 의미와 상당히 다른 방향에서 해석될 수 있는 취약점을 안게 된다는 것이다.

넷째는 본문 설교와 강해 설교를 병행하여 설교하면은 강해 설교만 고집하는 것보다는 더욱 구체적으로 성경의 해석을 할 수 있는 강점을 가지고 있는 것이다.

다섯째는 주제 설교 및 강해 설교의 장단점을 잘 조화하여 본문 설교를 작성한다면 주제 설교나 강해 설교만 고집하는 것보다는 때로는 성경적이며 본문의 내용이 다양하고 풍부해서 설교의 내용을 전개해 나가기에 충분한 많은 진리와 요점들을 포함하고 있을 수도 있다는 것이다.

3. 본문 설교의 장점과 단점

가. 장점
1) 성경 적이면서도 융통성이 있다.
2) 주제 설교 및 강해 설교의 장단점을 살릴 때에 좋은 설 교를 할 수 있다.
3) 성경 본문이 단순하기 때문에 설교하기 쉽고 회중들의 이해에도 용이하다.
4) 시리즈 설교가 용이하다.

나. 단점
1) 본문 설교에서는 본문 해석상에 지나친 풍유적 성경해석을 하다보면 본문의 의도와는 전혀 다른 방향의 설교를 할 수 있다.
2) 본문 설교는 본문 한 절 또는 두 세 절을 이용하여 설교의 대지를 설정해야 하는데 지정된 절들이 본문 설교 의 주제 및 제목의 요구를 충족시키지 못할 뿐만 아니라 단락 안에서의 의미와 상당히 다른 방향에서 해석될 수 있는 취약점을 안게 된다는 것이다.

4. 본문 설교의 예

가. 첫 번째 예(例)
1) 마 8:2 "한 문둥병자가 나아와 절하고 가로되 주여 원하시면 저를 깨끗케 하실 수 있나이다."
2) 본문 속에 나타난 핵심 주제와 대지를 살펴보면 다음과 같이 생각할 수 있다. 본문의 핵심 주제는 마 8:1-4절까지의 내용을 보면 예수님께

서 산상보훈을 강론하시고 허다한 무리에 쌓여서 하산하고 계실 때에 일어난 사건으로 한 문둥병자가 용기 있게 예수님 앞에 나아와서 믿음을 고백하므로 문둥병을 고침 받는 사건이 기록되어있다. 이러한 정황으로 보아서 본절의 핵심 주제는 한 문둥병자의 믿음이라고 말할 수 있다.

3) 한 문둥병자의 믿음은 어떤 믿음인가?

첫째 : 예수님을 주로 고백하는 믿음(2절에 주여....)

　가) 롬10:9-10 예수님을 주(하나님이시다. 메시야이시다)로 고백하는 신앙 대단한 신앙이다.

　나) 例話 : 한 문둥병자가 삼각산에서 고침 받은 사건

둘째 : 예수님의 능력을 긍정하는 믿음(2절에 원하시면 저를 깨끗케 하실 수 있나이다)

　가) **마 10:32-33** "누구든지 사람 앞에서 나를 시인하면 나도 하늘에 계신 내 아버지 앞에서 저를 시인할 것이요, 누구든지 사람 앞에서 나를 부인하면 나도 하늘에 계신 내 아버지 앞에서 저를 부인하리라."

　나) 例話 : 김정준 목사님의 폐결핵 고친 이야기

셋째 : 자기 자신을 분별할 줄 아는 신앙(2절 원하시면 저를 깨끗케 하실 수 있나이다)

　가) 본문의 문둥병자는 자신이 더러운 자임을 알고 있었다. 그러므로 주님의 은혜를 간절히 사모하는 모습을 볼 수 있다

　나) 오늘날에는 마7:3-4 형제의 눈 속에 티는 보면서도 자신의 눈 속의 들보를 깨닫지 못하는 자들이 많이 있다.

　다) 例話 : 기도하는 권사님 이야기

이와 같이 본문 설교는 정의에서도 말씀드렸지만 한 절 또는 두 세 절의 말씀 속에서 주제 혹은 제목에 통일된 대지를 도출해 내는 것이다. 그리고 이 대지들을 충족시키기 위하여 소지는 성경이던지, 예화이던지, 또는 시사적 요소들을 참고하였던지 자유롭게 사용할 수 있는 것이 특징이며, 이 소지들은 대지를 보다 쉽게 이해시키는데 기여해야 함을 잊어서는 아니 된다, 아울러 대지들은 주제나 제목을 충분히 이해시키데 기여해야 함을 잊어서도 아니 된다.

나. 두 번째 예(例)

1) 롬 1:1 "예수 그리스도의 종 바울은 사도로 부르심을 받아 하나님의 복음을 위하여 택정함을 입었으니" 라는 말씀에서의 핵심 주제는 무엇인가? 본문을 자세히 살펴보면 예수 그리스도의 종이 누구인가? 사도로 부르심을 받은 자가 누구인가? 복음을 위하여 택정함을 받은 자가 누구인가? 라고 본문을 분해하면 바로 핵심이 무엇인지 금방 알 수 있는 것이다. 고로 핵심 주제는 바울인데, 이 본문에서 바울은 무엇을 말하려고 하는가? 그것은 바로 자기 자신을 소개하고 있음을 깨달을 수 있다. 고로 본문의 제목은 바울이라고 하고 주제를 바울의 자기규정이라고 하는 것이 좋을 것 같다.

2) 바울은 자기 자신을 어떻게 규정하고 있는가?

첫째 : 자기 자신을 예수 그리스도의 종이라고 규정한다.= 1절 예수 그리스도의 종 바울

둘째 : 자기 자신을 사도로 부름을 받은 자라고 규정한다.= 1절 사도로 부르심을 받아

셋째 : 자기 자신을 복음을 위하여 택정함을 받은 자라고규정한다. = 1절 하나님의 복음을 위하여 택정함을입었으니

다. 세 번째 예(例)

1) 본문

   가) **창 22:12** 사자가 가라사대 그 아이에게 네 손을 대지 말라, 아무 일도 그에게 하지 말라, 네가 네 아들 네 독자라도 내게 아끼지 아니하였으니 **내가 이제야** 네 가 하나님을 경외하는 줄을 아노라.

   나) **왕상 17:24** 여인이 엘리야에게 이르되 **내가 이제야** 당신은 하나님의 사람이요, 당신의 입에 있는 여호와의 말씀이 진실한 줄 아노라 하니라.

   다) **행 12:11** 이에 베드로가 정신이 나서 가로되 **내가 이제야** 참으로 주께서 그의 천사를 보내어 나를 헤롯의 손과 유대백성의 모든 기대에서 벗어나게 하신 줄 알겠노라 하여

2) 위의 본문들을 자세히 보면 **내가 이제야** 라는 단어가 모두 나오는 것들을 볼 수 있다. 그러므로 세 본문의 주제로 "내가 이제야" 라고 선정하여도 무리는 아닐 것이다. 그러나 본문을 자세히 보면 창22:12절에서는 하나님이 아브라함의 믿음을 보고 그의 신앙을 인정하는 내용이며, 왕상17:24절은 사르밧 과부가 주의 종 엘리야를 향해 그를 신실한 하나님의 종으로 인정하는 모습이며, 행12:11절에서는 베드로가 하나님의 섭리를 인정하며 고백하는 내용임을 볼 수 있다.

3) 그러므로 본문의 주제를 **인정받는 신앙**이라고 하는 것이 좋겠다고 생각한다. 그러므로 대지를 구분한다면

   첫째 : 하나님으로부터 인정받는 신앙 = 창22:12절
   둘째 : 인간으로부터 인정받는 신앙 = 왕상17:24절
   셋째 : 인간이 하나님을 인정하는 신앙 = 행12:11절

   라) 위의 예문을 자세히 살펴보면 본문 설교는 이와 같이 한 절 혹은 두

세 절의 본문을 통하여 주제와 대지를 뽑아서 설교문을 작성하는 것으로서 성경적이면서 소지에 있어서는 설교자의 융통성을 가질 수 있는 설교임을 발견할 수 있다.

5. 본문 설교작성의 기본 원리

가. 본문 설교 개요는 본문의 한 주제를 중심으로 작성해야 하며, 대지는 그 주제를 확대하고 발전시킬 수 있도록 본문에서 끌어내야 한다

본문 설교작성에 있어서 설교자들의 첫 번째 임무는 본문 가운데서 중심 사상을 발견하고 각 대지들이 이 중심 사상의 확대 발전이 되도록 본문에서 대지를 이끌어 내는 것이다. 위의 마 8:2절이나, 롬 1:1절이나, 창 22:12, 왕상 17:24, 행 12:11절에서 본 것과 같이 한 문둥병자의 신앙이라든지, 바울의 자기규정, 인정받는 신앙이라는 주제 혹은 제목에서 확대하고 발전시킨 모습을 찾아볼 수 있다.

제임스 그레이(James M. Gray) 박사는 로마서 12:1 "그러므로 형제들아 내가 하나님의 모든 자비하심으로 너희를 권하노니 너희 몸을 하나님이 기뻐하시는 거룩한 산제사로 드리라 이는 너희의 드릴 영적 예배니라"를 가지고 강의시간에 본문 설교 개요를 작성한 적이 있었다. 그레이 박사는 신자들의 제사를 주제로 해서 다음과 같이 대지를 나누었다.

1. 제사를 드려야 할 이유. "그러므로 형제들아…권하노니"
2. 제사 드릴 제물. "너희 몸을…드리라"
3. 제사의 조건. "하나님이 기뻐하시는…산제사"
4. 제사의 의무. "너희의 드릴 영적 예배니라"

다음의 시편 23:1의 설교 개요는 주님과 신자의 관계라는 주제를 가지고 만든 것이다.

> **제목: 예수님은 나의 목자**
>
> 1. 확실한 관계. "주는 나의 **목자**시니" (shepherd)
> 2. 인격적 관계. "주는 **나의** 목자시니." (my)
> 3. 현재의 관계. "주는 나의 목자**시니**" (is)

설교 개요를 작성할 때 어떤 본문은 대지가 너무 뚜렷하기 때문에 발견하기도 쉽고 주제와의 관계도 쉽게 파악할 수 있는 경우가 있다. 그러나 일반적인 경우, 본문에서 중심 사상을 먼저 찾는 것이 좋다. 그러면 그 다음 대지를 대체로 쉽게 찾을 수 있다.

나. 대지는 본문에 드러난 진리나 원리로 구성될 수도 있다

본문 설교 대지를 꼭 본문을 분석해서 얻어야 한다는 법은 없다. 본문에 암시된 진리와 원리들을 대지로 삼을 수도 있다.

요한복음 20:19-20을 읽으라. 그리고 대지에 표현된 영적진리들이 본문에서 이끌어 낸 것이라는 사실에 주목하라.

> **제목: 부활의 기쁨**
> **중심 사상: 하나님의 백성과 제자들과의 유사성**
>
> 1. 제자들처럼, 하나님의 백성들은 때로는 그리스도가 함께하신다는 생각을 못하고 실의에 빠진다. (19절 상반절)

(1) 하나님의 백성들은 역경 때문에 큰 실의에 빠지곤 한다.

(2) 하나님의 백성들은 역경 중에 불필요한 걱정에 빠지곤 한다.

2. 제자들처럼, 하나님의 백성들은 그리스도의 위로를 체험한다. (19절 하반절-20절 상반절)

(1) 하나님의 백성들은 그리스도를 가장 필요로 하는 때에 그들 가운데 오시는 그리스도의 위로를 체험한다.

(2) 하나님의 백성들은 그리스도께서 그들에게 하시는 말씀으로 위로를 받는다.

3. 제자들처럼, 하나님의 백성들은 그리스도께서 함께 하시므로 크게 기뻐한다. (20절 하반절)

(1) 하나님의 백성들은 역경이 계속되어도 기뻐한다.

(2) 하나님의 백성들은 그리스도께서 그들 가운데 계심 으로 기뻐한다.

같은 원리를 에스라 7:10에 적용하고, 효과적인 성경 교수법이라는 주제를 택하면 본문에서 4가지의 주요 진리를 이끌어 낼 수 있다.

제목: 탁월한 성경 교수법

중심 사상: 효과적인 성경 교수법의 필수 조건

1. 확고한 결심이 필요하다. "에스라가…결심하였었더라."
2. 내용을 잘 소화해야 한다. "여호와의 율법을 연구하며."
3. 완전한 헌신을 필요로 한다. "준행하며."
4. 성실히 전해야 한다. "율례와 규례를 이스라엘에게 가르치기로."

다. 보는 관점에 따라 한 본문 안에 하나 이상의 주제나 주요 사상이 있을 수 있다. 그러나 한 가지 중심 사상 만을 택해서 발전시켜야 한다

"다양한 접근 방법"을 통해 보면 한 본문을 다양한 각도로볼 수 있고, 보는 각도마다 다른 주제를 발견할 수 있기때문에 여러 개의 설교 개요를 작성할 수도 있다. 요한복음 3:16을 예로 들어 설명해 보도록 하자. 하나님 선물의특성에 강조점을 두면 다음과 같은 설교 개요를 얻을 수가 있다.

1. 사랑의 선물이다. "하나님이 세상을 이처럼 사랑하사."
2. 희생의 선물이다. "독생자를 주셨으니."
3. 영원한 선물이다. "멸망치 않고 영생을 얻게 하려 하심이니라."
4. 보편적인 선물이다. "자마다."
5. 조건적인 선물이다. "저를 믿는."

그러나 다른 관점에서, 즉 영생에 관한 주요 사상이라는 주제로 위의 본문을 보면 아래와 같은 설교 개요를 작성할 수 있다.

1. 영생을 주시는 분. "하나님."
2. 영생을 주시는 이유. "세상을 이처럼 사랑하사."
3. 영생의 대가. "독생자를 주셨으니."
4. 영생에 참여하는 자. "이는 저를 믿는 자마다."
5. 영생의 확실성. "멸망치 않고 영생을 얻게 하려 하심이니라."

택한 본문에서 중심 사상 하나를 가지고 설교 개요를 작성하는 데 어려움을 느끼는 초보자들의 경우, 때로는 다양한 접근 방법으로 본문에 접근하는 것이 도움이 된다. 위의 예처럼 여러 다른 관점에서 본문을 살펴보고 각각 다른 주제를 가지고 설교 개요를 작성해 보도록 하자.

라. 대지는 논리적 순서나 시간적 순서에 따라 꾸며져야 한다

반드시 본문의 전개되어 있는 순서대로 대지를 배열할 필요는 없다. 대지는 사상의 점진적인 발전을 보여 주어야 한다.

요한복음 3:36 상반 절을 본문으로 삼아 보자. "아들을 믿는 자는 영생이 있고" 구원에 관계되는 주요 사실을 중심 사상으로 아래와 같이 대지를 나누어 볼 수가 있다.

1. 구원의 제공자. "아들."
2. 구원의 조건. "믿는."
3. 구원의 유효성. "믿는 자."
4. 구원의 확실성. "있고."
5. 구원을 얻는 기간. "영원."

우리는 위의 설교 개요에 "영원한 생명"이라는 설교 제목을 붙일 수 있을 것이다. 설교 제목이 중심 사상과 다르다는 점을 주목하라. 그러나 이미 설교 제목은 본문에 의해 암시되고 있는 것이 사실이다.

마. 대지가 한 주제를 중심으로 한 것이라면 본문의 단어 들이 바로 대지를 구성할 수도 있다

본문 자체가 분명한 설교 개요를 보여 주는 그런 성경 구절들이 여러 개 있다. 누가복음 19:10이 그 중의 한 예이다. "인자의 온 것은 잃어버린 자를 찾아 구원하려 함이니라."

제목: 예수님은 왜 오셨는가?

1. 하나님의 아들은 잃어버린 자를 찾으러 오셨다.

2. 하나님의 아들은 잃어버린 자를 구원하러 오셨다.

이 설교 개요에 나타난 설교 제목과 중심 사상은 분명히 똑같다. 그것은 요한복음 14:6, "예수께서 가라사대 내가 곧 길이요 진리요 생명이니 나로 말미암지 않고는 아버지께로 올 자가 없느니라."에 기초한 다음 보기에서도 마찬가지이다.

제목: 하나님께 나아가는 유일의 방법

1. 길이신 예수님을 통해
2. 신리이신 예수님을 통해
3. 생명이신 예수님을 통해

실제 목회를 하는 동안에는 위와 같이 그 구조가 명백한 본문들을 하나도 빠뜨리지 말고 충분히 사용하도록 하라. 그러나 본문 설교를 작성하는 기술을 공부하는 학생들은 위와 같은 "쉬운" 본문들은 가급적 피하고, 사고력을 자극하고 개발시키는 본문들을 집중적으로 연구하라.

바. 본문 앞뒤의 문맥을 주의 깊게 살피고 본문과의 관계 를 잘 파악하도록 하라

본문과 앞뒤 문맥의 관계는 올바른 성경 해석의 기초가 된다. 이 원리의 중요성은 아무리 강조해도 지나치지 않다. 왜냐하면 이 원리를 무시하게 될 때 진리를 심각하게 곡해 하거나 본문의 내용을 완전히 오해하기 쉽기 때문이다.

골로새서 2:21을 예로 들어보자. "곧 붙잡지도 말고 맛보지도 말고 만지지도 말라." 만일 앞뒤 문맥을 살피지 않고 이 구절만 떼어내어 본다면 바울이 엄격한 금욕주의를 강요하 고 있다고 생각하는 오류를 범하기가 매우 쉽다. 그러나 앞뒤 문맥을 살펴보면 골로새서 2:21은 거짓 교사들이 골로새 교인들에게 멍에를 메게 하려고 강요하는 제도와 규례에 대해서 한 말이라는 것을 알 수가 있다.

성경 가운데 역사적 사실이 기록된 본문이라 하더라도 앞뒤 문맥을 주의 깊게 살피지 않으면 그 의미를 상실하기 마련이다. 다니엘 6:10을 보면 이것이 분명하게 드러난다. "다니엘이 이 조서에 어인이 찍힌 것을 알고도 자기 집에 들어가서는 그 방의 예루살렘으로 향하여 열린 창에서 전에 행하던 대로 하루 세 번씩 무릎을 꿇고 기도하며 그 하나님께 감사하였더라." 이 경우에 다니엘의 감사와 기도는 6:10 이전에 기록된 다니엘에게 닥친 생명의 위협의 문맥 아래에서만 제 의미를 가지게 된다.

사. 어떤 본문들은 비교와 대조의 수사법을 사용하여 의도적으로 나타낸 유사점과 차이점을 잘 드러내고 있다

이러한 종류의 본문을 잘 다루려면 본문의 내용을 주의 깊게 관찰할 필요가 있다.

히브리서 13:5-6은 주님이 하신 말씀과 우리의 가능한 대답을 의도적으로 잘 비교하고 있다. 본문을 한 번만 훑어보아도 이런 대조를 금방 찾아낼 수가 있다. "그가 친히 말씀 하시기를 내가 과연 너희를 버리지 아니하고 과연 너희를 떠나지 아니하리라 하셨느니라. 그러므로 우리가 담대히 가로되 주는 나를 돕는 자시니 내가 무서워 아니하겠노라 사람이 내게 어찌 하리요 하노라."

잠언 14:11의 삼중 대조를 주목하라. "악한 자의 집은 망하겠고 정직한 자의 장막은 흥하리라." 악한 자와 정직한 자, 집과 장막, 그리고 악한 자의 강해 보이는 집의 멸망과, 정직한 자의 약해 보이는 장막의 흥함의 차이를 강조하기 위해 성경 기자가 단어를 유심히 골라 쓴 흔적이 역력히 보인다.

고린도후서 4:17의 대조도 주목할 필요가 있다. "우리의 잠시 받는 환난의 경한 것이 지극히 크고 영원한 영광의 중한 것을 우리에게 이루게 함이니." 이 본문에서 우리는 현재의 환난과 미래의 보상, 금세의 고통과 내세의 축복 사이의 강한 대조를 표현하려고 한 성경 기자의 의도를 알 수가 있다.

시편 1:1-2을 보자. "복있는 사람은 악인의 꾀를 쫓지 아니하며 죄인의 길에 서지 아니하며 오만한 자의 자리에 앉지 아니하고 오식 여호와의 율법을 즐거워하며 그 율법을 주야로 묵상하는 자로다." 이런 대조법을 사용한 본문을 어떻게 다루면 좋은지에 대해 아래 설교 개요는 많은 시사점을 던져 줄 것이다.

제목: 복 있는 사람

중심 사상: 의인의 두 측면

1. 소극적 측면: 악인과 구별됨. 1절.
2. 적극적 측면: 하나님의 율법에 전심전력. 2절.

아. 성경의 여러 다른 부분에서 발췌한 두세 구절을 하나로 모아서 마치 본문인 것처럼 취급할 수도 있다

첫째 대지에 한 성경 구절을 사용하고 둘째 대지에 다른 성경 구절을 사용하는 식의 방법이 아니라, 두 구절을 한 본문인 양 한데 모아서 그 두 구절 속에서 차별을 두지 않고 대지를 이끌어 내는 것을 말한다.

이렇게 두 구절을 한 본문인 양 합치는 것은 두 구절 사이에 명백한 관계가 있을 때만 가능하다. 적절하게만 하면 이런 종류의 본문 설교는 영적 진리를 강화해 주는 더할 나위 없는 좋은 수단이 된다. 사도행전 20:19-20과 고린도전서 15:10을 예로 들어 보자. 이 두 성경 구절은 모두 사도 바울의 사역을 다루고 있음을 주목하라.

행 20:19-20 "곧 모든 겸손과 눈물이며 유대인의 간계를 인하여 당한 시험을 참고 주를 섬긴 것과 유익한 것은 무엇이든지 공중 앞에서나 각 집에서나 꺼림이 없이 너희에게 전하여 가르치고"

고전 15:10 "그러나 나의 나 된 것은 하나님의 은혜로 된것이니 내게 주신 그의 은혜가 헛되지 아니하여 내가 모든 사도보다 더 많이 수고하였으나 내가 아니요 오직 나와 함께하신 하나님의 은혜로다."

우리가 이 두 구절을 연구하면 이 구절들의 중심 사상은 참된 사역의 특색이라는 결론에 도달하게 된다. 이제 이 두 성경 구절이 마치 한 본문인 것처럼 생각하고 대지를 나누어 보도록 하자.

1. 참된 사역은 겸손한 사역이어야 한다. "겸손으로…주를 섬김."
2. 참된 사역은 진지한 사역이어야 한다. "눈물이며."
3. 참된 사역은 가르치는 사역이어야 한다. "공중 앞에서…가르치고."
4. 참된 사역은 하나님의 능력으로 하는 사역이어야 한다. "수고하였으나…하나님의 은혜로다."
5. 참된 사역은 신실한 사역이어야 한다. "유익한 것은 무엇이든지…꺼

림이 없이 너희에게 전하여."

6. 참된 사역은 풍성한 사역이다. "내가 모든 사도보다 많이 수고하였으나."

위 개요의 제목으로는 "가치 있는 사역"이 좋겠다.

6. 본문 설교 시리즈

조금만 연구해도 본문 설교를 시리즈로 쉽게 배열할 수가 있다. 우선 일반 주제를 정하고 난 다음에 그런 주제를 담고 있는 여러 본문을 선택하는 것이 순서일 것이다. 그 후에 각 본문을 중심으로 본문 설교를 작성하면 된다. 예를 들어 보자. "하나님의 가장 위대한 비밀"이라는 설교 시리즈를 작성하기 위해 "오라"(come)는 단어를 기초 단어로 택해 보자. 설교 시리즈 각 본문이 "오라"는 단어를 모두 가지고 있음을 주목하라.

"제자도의 비밀." 마태복음 19:21. "예수께서 가라사대 네가 온전하고자 할진대 가서 네 소유를 팔아 가난한 자들을 주라 그리하면 하늘에서 보화가 네게 있으리라 그리고 와서 나를 좇으라 하시니."

"안식의 비밀." 마태복음 11:28, "수고하고 무거운 짐진 자들아 다 내게로 오라 내가 너희를 쉬게 하리라."

"확신의 비밀." 마태복음 14:28-29, "베드로가 대답하여 가로되 주여 만일 주시어든 나를 명하사 물 위로 오라 하소서 한 대 오라 하시니 베드로가 배에서 내려 물 위로 걸어서 예수께로 가되."

"만족의 비밀." 요한복음 7:37, "명절 끝날 곧 큰 날에 예수께서 서서 외쳐 가라사대 누구든지 목마르거든 내게로 와서 마시라."

"그리스도를 대적하는 자들의 찬양"이라는 제목으로 본문 설교 시리즈를 만들 수 있다. 그리스도를 대적하는 자들의 말들을 복음서 기록을 토대로 연구해 보면 그리스도에 대한 매우 중요한 진리들이 그 속에 포함되어 있음을 보고 놀라게 된다. 그러한 네 가지 진술들을 "그리스도를 대적하는 자들의 찬양"이라는 제목 하에 본문 설교 시리즈로 작성해 보았다.

눅 15:2 "이 사람이 죄인을 영접하고 음식을 같이 먹는다."
제목: "죄인의 친구"

요 11:47 "이 사람이 많은 표적을 행하니"
제목: "표적을 행하시는 자"

마 27:42 "저가 남은 구원하였으되 자기는 구원할 수 없도다"
제목: "자기는 구원할 수 없었던 구세주"

눅 23:4 "이 사람에게 죄가 없도다."
제목: "완전한 인간"

성경에는 주님께서 한 개인의 이름을 반복해서 두 번 부른 경우가 적어도 7번 나타난다. 성경에서 반복은 강조의 용법으로 쓰인다. 따라서 설교자는 이런 본문을 재미있는 일련의 설교 시리즈로 사용할 수 있다. 여기에 그 중 4개의 본문이 있다.

창 22:11-12 "여호와의 사자가 하늘에서부터 그를 불러 가라사대 아브라함아 아브라함아 하시는지라 아브라함이 가로되 내가 여기 있나이다 사자가 가라사대 그 아이에게 네 손을 대지 말라 아무 일도 그에게 하지 말라 네가 네 아들 독자라도 내게 아끼지 아니하였으니 내가 이제야 네가 하나님 경외하는 줄을 아노라."
제목: "신뢰하도록 부르심"

출 3:4-5 "여호와께서 그가 보려고 돌이켜 오는 것을 보신지라 하나님이 떨기나무 가운데서 그를 불러 가라사대 모세야 모세야 하시매 그가 가로되 내가 여기 있나이다 하나님이 가라사대 이리로 가까이 하지 말라 너의 선 곳은 거룩한 땅이니 네 발에서 신을 벗으라."
제목: "봉사하도록 부르심"

눅 10:41-42 "주께서 대답하여 가라사대 마르다야 마르다야 네가 많은 일로 염려하고 근심하나 그러나 몇 가지만 하든지 혹 한 가지만이라도 족하니라 마리아는 이 좋은 편을 택하였으니 빼앗기지 아니하리라 하시니라."
제목: "교제하도록 부르심"

행 9:4 "땅에 엎드려져 들으매 소리 있어 가라사대 사울아 사울아 네가 어찌하여 나를 핍박하느냐 하시거늘"
제목: "복종하도록 부르심"

목회자는 누구나 그리스도께서 십자가에 달리셔서 남긴 마지막 말씀, 즉 "가상 칠언"(架上七言)에 정통해야만 한다. 설교자들은 이 "가상 칠언"에 근거한 설교 메시지를 적어도 두세 편 이상은 가지고 있어야 하며, 시간이 허락한다면 이 "가상 칠언"을 가지고 부활절 전에 시리즈로 설교하는 것이 좋다.

전체 시리즈의 제목을 "십자가에서 하신 말씀"으로 잡고, 아래와 같이 각 설교 제목을 정해도 좋을 것이다.

눅 23:33-34, "해골이라 하는 곳에 이르러 거기서 예수를 십자가에 못 박고 두 행악자도 그렇게 하니 하나는 우편에, 하나는 좌편에 있더라. 이에 예수께서 가라사대 아버지여 저희를 사하여 주옵소서. 자기의 하는 것을 알지 못함이니이다. 하시더라. 저희가 그의 옷을 나눠 제비 뽑을 새."
제목 : "십자가 위에서의 중보."

눅 23:42-43, "가로되 예수여 당신의 나라에 임하실 때에 나를 생각하소서. 하니 예수께서 이르시되 내가 진실로 네게 이르노니 오늘 네가 나와 함께 낙원에 있으리라 하시니라."
제목 : "십자가 위에서의 구원."

요 19:25-27, "예수의 십자가 곁에는 그 모친과 이모와 글로바의 아내 마리아와 막달라 마리아가 섰는지라 예수께서 그 모친과 사랑하는 제자 곁에 섰는 것을 보시고 그 모친께 말씀하시되 여자여 보소서 아들 이니 이다, 하시고 또 그 제자에게 이르시되 보라 네 어머니라 하신대 그때부터 그 제자가 자기 집에 모시니라."

마 27:46, "제 구시 즈음에 예수께서 크게 소리 질러 가라사대 엘리 엘리 라마 사박다니 하시니 이는 곧 나의 하나님, 나의 하나님, 어찌하여 나를 버리셨나이까? 하는 뜻이라."
제목 : "십자가 위에서의 버려짐."

요 19:28-30, "이 후에 예수께서 모든 일이 이미 이룬줄 아시고 성경으로 응하게 하려 하사 가라사대 내가 목마르다 하시니 거기 신 포도주가 가득히 담긴 그릇이 있는지라 사람들이 신 포도주를 머금은 해융을 우슬초에 매어 예수의 입에 대니 예수께서 신 포도주를 받으신 후…."
제목 : "십자가 위에서의 목마름."

요 19:30, "예수께서 신 포도주를 받으신 후 가라사대 다 이루었다 하시고 머리를 숙이시고 영혼이 돌아가시니라."
제목 : "십자가 위에서의 승리."

눅 23:46, "예수께서 큰 소리로 불러 가라사대 아버지여 내 영혼을 아버지 손에 부탁하나이다. 하고 이 말씀을 하신 후 운명하시다."
제목 : "십자가 위에서의 위탁."

시편 가운데는 "인간의 공통된 질병"이라는 제목의 설교 시리즈를 할 수 있는 본문이 있다. 불안에 대한 설교로는 시편 42:11이 좋고, 두려움에 대한 설교로는 시편 56:3이, 죄책감에 대한 본문으로는 시편 51:2-3이, 환난에 대해서는 시편 25:16-17이, 낙심에 대해서는 시편 41:9-10이 좋다.

시편에는 또 "시편에 있는 축복들"에 관한 일련의 메시지들을 전할 수 있는 자료들이 풍성하다. 각각의 메시지들은 "복 있는 사람은…", "…자는 복이 있도다" 등의 구절을 기초 삼아 전한다. 시편 1:1에는 "경건한 자가 받는 축복", 시편 32:1-2에는 "용서받는 자가 받는 축복"이라는 제목을 붙일 수 있을 것이다. 성구 사전을 이용하여 그 외에 시편에서 나타난 축복들에 관한 자료를 얻으라.

요한복음에는 "나는 생명의 떡이라", "나는 선한 목자라", 그리고 "나는 길이요 진리요 생명이니라."와 같이 "나는…이다"(I am)라는 그리스도의 말씀이 여러 번 나오는데, 이것들을 본문으로 "그리스도의 주장"이라는 설교 시리즈를 작성해 볼 수도 있다.

위에서 든 예들은 성경말씀을 가지고 본문 설교 시리즈를 어떻게 작성해 나갈 수 있는지를 충분히 보여 주었으리라 생각한다. 시리즈로 설교를 하면 설교자의 메시지에 사상의 연속성이 드러나게 되고 논리적인 순서로 잘 만 하면 청중들의 흥미를 많이 유발시킬 수 있다.

7. 결론

초심자는 대개 본문 개요를 준비하는 데 상당한 어려움을 겪는다. 이것은 본문 개요를 작성할 때 종종 본문이 자연스럽게 나뉘어지는 곳을 세심하게 살펴야 한다는 사실 때문이다. 그러나 이런 어려움이 성경 학도에게 장애물이 되어서는 안되며 오히려 본문 설교를 개발하는 능력을 습득하는 데 하나의 자극이 되어야 한다. 그러한 과업에 열중하게 될 때 본문에 숨어 있는 개요를 찾아내는 기술을 자기도 모르게 습득하게 될 것이며, 또한 하나님의 말씀의 소중한 부분에 점차 친숙하게 될 것이다.

그러나 본문 설교를 열심히 준비하는 사람은 또 다른 대가를 얻게 되는데 그것은 메시지를 전하는 시간에 오는 보상이다. 젊은 설교자가 본문 속에 담겨진 귀중한 것을 드러내 보일 때, 하나님의 백성 가운데 영적인 마음을 가진 사람들이 성경의 오직 한 절이 제공하는 영의 양식을 받아먹고 기뻐하는 것을 보게 되는 것이다.

III. 강해 설교

1. 정의

강해 설교(Expository Sermon)는 가장 효과적인 설교 형태이다. 그것은 강해 설교가 다른 형태의 설교보다 월등하게 성경으로 회중을 가르친다는 점 때문이다. 성경의 말씀을 강해함으로써 목회자는 성경의 진리를 사람들에게 해석해 주는 주된 임무를 완수하게 된다.(다른 형태의 설교는 항상 성경의 진리만을 해석한다고 주장할 수는 없다)

강해 설교란 정해진 본문의 단락(다소 넓은 범위의 성경 본문을 가질 수도 있음) 안에서 성경의 저자 되시는 하나님의 선하시고, 인자하시고, 온전하신 뜻을 그대로 전하고자 하는 설교를 말한다. 그러므로 모든 설교 자료는 직접 성경 본문에서 나오고, 설교 개요는 하나의 주요 사상을 중심으로 하는 일련의 점진적인 사상들로 구성된다.

이 정의와 같이 강해 설교는 주제 혹은 중심사상이나, 대지 소지는 물론 결론까지도 성경 본문에서 찾아야 하는 설교로서 가장 성경적이고 가장 말씀 중심의 설교라고 말할 수 있다.

2. 강해 설교의 특징

첫째로 강해 설교는 성경이 말하는 바를 그대로 전하고자 하는데 그 생명력이 있다. 이는 성경이 가라 하는 곳까지 가고, 머물라는 자리에 머물려고 하는 정신에 바탕을 둔 설교라 하겠다.

두 번째로 우리의 관심을 끄는 것은 한 주제나 중심 사상을 먼저 선정하고 말씀을 그 주제나 중심사상에 맞추는 것이 아니라 말씀을 분해하는 가운데서 주제나 중심사상을 발견한다는 것이 특징이다. 그러므로 바른 성경 해석은 강해 설교의 가장 중요한 요소라 하겠다.

세 번째로 강해 설교는 성경의 구절 하나하나를 그대로 내리 해석하여 전하는 설교(내리주석식 설교)가 아니라, 정해진 본문(제임스 그레이 박사는 "강해 단위"(Expository Unit)라고 명명했다.)을 재료로 하여 하나의 작품을 만들어서 먹이는 것이다.

네 번째로 강해 설교는 모든 설교 자료가 직접 성경 본문에서 나온다는 것이다. 주요 사상들만 강해하는 것이 아니라 세세한 것들도 문맥에 맞게 해석되어 설교 전체의 흐름에 도움이 되도록 해야 한다. 대지는 물론 모든 소지를 한 성경 본문에서 이끌어 내고, 이 모든 대지나 소지를 문맥에 맞게 적절히 해석하고 설명한다면 모든 설교는 성경 본문에 직접 의존하게 되는 것이다.

다섯 번째는 강해 설교를 작성하는 동안 성경 본문 곧 단락(단위)은 내내 마음속에 기억하고 있어야 하며, 아울러 중요한 것은 나의 중심적 해석이 아니라 본문을 통하여 선포하시기를 원하시는 하나님의 뜻을 찾는데 온 심혈을 기울여야 한다.

여섯 번째로 강해란 말은 성경의 의미를 열어 보이고 밝힌다는 뜻이다. 즉, 성경의 의미를 분명하고 명백하게 해석하는 일이 강해 설교의 핵심이다. 강해를 하기 위해서는 성경을 세밀한 부분까지 철저하게 연구해야 할 필요가 있다. 단, 성경을 명확하게 해석하는 일은 나의 일이지만 이것 또한 나의 일이 아니라 하나님의 일이시다. 고로 설교를 준비하는 자는 성령의 충만을 늘 유지해야 하며 내가 말하는 것이 아니라 하나님이 친히 말씀하시도록 자신을 비워주는 것이 중요하다.

일곱 번째는 설교란 하나님이 우리에게 말씀하시기를 원하는 메시지와 우리를 향하신 하나님의 뜻을 대언하는 것으로서 그분의 인격과 사랑과 베푸시는 은혜들 깨닫고 감사하는 가운데 상호 교제와 만남이 조화를 이루어야 하며 과거를 현재와 연결시키고 진리를 현대적 배경에서 이해되고 적용되어야 한다는 사실을 결코 잊어서는 안 될 것이다.

3. 본문 설교와 강해 설교의 차이점

현시점에서 본문 설교와 강해 설교의 차이점을 명백히 이해하는 것이 좋겠다. 본문 설교는 보통 한 절이나 두 절, 때로는 한 절의 단 한 행으로 구성된 적은 범위의 성경 본문으로부터 대지를 끌어내는 설교임은 일찍이 지적했다. 이와는 대조적으로 강해 설교는 다소 넓은 범위의 성경, 때로는 한 장이나 한 장이 넘는 분량의 본문으로부터 대지를 끌어내는 설교이다. 더욱이 본문 설교에서는 대지들이 설교 메시지에서 장차 다룰 내용을 암시해 주는 역할을 담당한다. 즉, 대지는 설교가 흘러갈 사상의 방향을 암시해 준다. 이 때 설교자는 대지에 포함되어 있는 사상의 논리적 발전에 맞는 성경 구절이면 성경 어느 곳에서라도 소지를 택할 수가 있다. 이와 반대로 강해 설교에서는 설교자가 대지뿐 아니라 소지도 강해하려고 하는 해당 본문에서만 이끌어 내야 한다는 제약이 있다. 이와 같이 강해 설교는 설교 전체가 해당 성경 본문의 강해로만 이루어지며 성경 본문이 설교를 구성하는 자료 그 자체가 된다. 다른 말로하면 강해 설교는 설교의 사상이 직접 본문으로부터 나오며 따라서 명백하게 해석적인 특징을 지니게 된다.

2장에서 이미 언급했듯이 때로는 단지 한 절이나 두 절로 구성된 성경 본문이라 하더라도 자료가 매우 상세하고 풍부하기 때문에 대지뿐 아니라 소지도 동일한 본문에서 끌어낼 수 있는 경우가 있다. 이렇게 되면 본문 설교는 강해 설교처럼 되어서 설교 전체의 메시지가 본문의 강해로 구성되는 것이다.

4. 강해 설교의 장점과 단점

가. 장점

1) 강해 설교는 주제 설교나 본문 설교보다는 더욱 성경적이다.
2) 강해 설교는 본문의 사상과 하나님의 뜻을 선포하기 때문에 회중들에게 본문을 통해 하나님의 뜻을 이해하는데 도움을 줄뿐만 아니라 성경을 읽을 수 있는 동기를 제공하며, 회중들에게 점진적 성경의 신비를 체험하게 한다.
3) 강해 설교는 설교자들에게는 설교 자료의 부족으로 전전긍긍하게 만들지 않으며, 성경 그 자체가 영원한 설교 자료가 되므로 기도하고 성경을 쉬임없이 읽고 묵상하는 자에게는 무궁무진한 보고를 매일 만나는 역사가 나타나게 된다.

4) 강해 설교는 설교자나 회중들에게 성경해석에 도움을 주며 성경을 읽고 묵상하는 자에게는 보다 깊은 진리의 세계로 인도하며, 말씀이 인격이요, 생명이며, 능력이심을 깨닫게 되면 송이 꿀보다 더 달다는 성경의 말씀을 체험케 해 준다.
5) 강해 설교는 시리즈 설교를 하기에 유리하며, 시리즈 설교를 계속하므로 주석보다 더 쉽게 본문을 이해할 수 있는 강해 설교 집을 생산할 수 있다.

나. 단점

1) 설교는 담대함으로 하나님의 뜻을 선포하는 것인데 강해하는 일에 잡히게되면 자기도취에 빠져서 회중을 의식하지 못할 때가 있게 된다.
2) 성경 읽기와 기도가 뒷받침이 되지 아니하면 다른 설교도 마찬가지이겠지만 특히 강해 설교는 회중을 피곤하게 만들 수 있다.
3) 회중들에게 성경을 읽고 묵상할 수 있는 동기를 제공하기 때문에 회중의 듣고 보는 귀는 커지는데 이들이 성경을 생활에 적용할 수 있는 능력을 키워주지 않으면 아는 것으로 인하여 교만하게 될 수도 있다.
4) 설교자가 마음대로 설교시간을 자유롭게 조정할 수 없게 된다. 그 이유는 본문 곧 단락 또는 강해 단위를 통한 통일된 하나님의 메시지는 말씀을 다 마칠 때에야 그 말씀을 이해할 수 있는 경우가 많기 때문이다.
5) 강해 설교는 재료를 요리하여 회중들에게 세우신이의 뜻을 다이나믹하게, 또한 쉽고, 재미있게 전하여야 하는데 부단히 연구하지 않는 자들에게는 성경해석을 잘못하므로 회중을 잘못된 길로 인도할 수 있는 취약점이 있다.

5. 강해 설교의 예(例)

강해 설교의 첫 번째 예로 누가복음 19:1-10절을 택해보자. 성경 학도가 설교문의 작성을 순서대로 하기 원한다면 아래 설교 개요를 보기 전에 우선 성경 본문을 주의 깊게 반복해서 읽어야 한다. 다른 설교 개요의 예를 접할 때에도 개요를 보기 전에 먼저 본문을 여러 번 정독할 것을 제의한다.

누가복음 19:1-10절을 살펴보면 삭게오라는 세리장이 예수님을 만나고 영접하여서 복을 받는 사건임을 우리는 금방 알 수 있다. 이와 같은 사건을 강해 설교화 하기 위하여는 시들로우 박스터의 견해와 같이 본문이나 주제선택에 있어서 가장 중요한 것은 『내가 본문이나 주제를 선택하기보다는 그들이 나를 선택하기를 더 좋아해야 한다』 이 말은 내가 본문이나 주제를 선택하므로 나의 필요에 따라 성경이 나를 따라오는 것이 아니라, 내가 성경을 끊임없이 읽다 보면 성경이 나를 지배하고 나의 가슴을 사로잡아 오므로 내가 성경에 이끌리어 본문이나 주제가 결정되는 것을 말한다. 그러므로 설교를 준비하거나 설교를 하는 사람들은 성경을 계속적으로 반복해서 읽는 것이 매우 중요하다는 사실을 말한다. 이와 같이 본문을 반복하여 읽으라는 것은 본문 속에 핵심 주제가 무엇이며, 본문의 구성은 어떻게 이루어졌으며, 하나님이 이 본문을 통하여 말씀하시고자 하시는 하나님의 뜻을 분별하기 위하여서 이다.

누가복음 19:1-10절의 말씀을 자세히 보면 첫째 예수님을 만날 수 없는 삭게오의 모습을 볼 수 있고, 둘째는 예수님을 만나는 삭게오를 볼 수 있으며, 셋째는 예수님을 영접한 삭게오를 볼 수 있다. 바로 이 세 가지가 오늘 본문의 대지가 되는 것이 바람직하다.

제목 : 주님을 영접한 삭게오

본문(성경) : 누가복음 19:1-10

Ⅰ. 서론
1. 여리고에 대한 소개
2. 삭게오의 지위

Ⅱ. 본론
1. 예수님을 만날 수 없는 삭게오
   가. 주관적인 이유 = 눅 19:3 키가 작고
   나. 객관적인 이유 = 눅 19:3 사람이 많아 할 수 없어
2. 예수님을 만날 수 있는 삭게오
   가. 주관적인 이유 = 눅 19:4 포기하지 아니하는 신앙
   나. 객관적인 이유 = 눅 19:5 주님이 삭게오의 마음을 아시고 만나주심
3. 예수님을 영접한 삭게오
   가. 영접의 조건 = 눅 19:5 예수께서 그 곳에 이르사 우러러 보시고 이르시되 삭게오야 속히 내려오라 내가 오늘 네 집에 유하여야 하겠다.(예수님이 만들어주신다)
   나. 영접하는 자세 = 눅 19:6 급히 내려와 즐거워하며 영접 하거늘(이것이 바로 나의 자세가 되어야 한다).
   다. 영접한 자의 변화
      1) 예수님을 주님으로 고백하는 믿음의 사람으로 변화
         • 눅 19:3 저가 예수께서 어떠한 사람인가 하여 보고자 하되 라고 생각했던 그가 눅 19:8절에서 주여 보시옵소서 라고 고백하는 모습을 볼 수 있다.
      2) 삶과 가치관의 변화

- 물질의 가치를 최고로 알던 그가 자기의 재산에 반을 가난한 자들에게 나누어주겠다는 고백
- 만일 뉘 것을 토색한 일이 있으면 사배나 갚겠나이다. 라는 고백은 주님을 영접한 자의 모습의 표준이 되다.

4. 삭개오에게 내리시는 하나님의 복

　가. 눅19:9 예수께서 이르시되 오늘 구원이 이 집에 이르렀으니 이 사람도 아브라함의 자손임이로다.

　나. 눅19:10 인자의 온 것은 잃어버린 자를 찾아 구원하려 함이니라.

III. 결론

　우리는 위의 본문을 통하여 강해 설교는 본문 안에서 핵심 주제와 사상이 나오고, 본문 안에서 대지와 소지가 나온다는 교훈을 직접 체험하였다. 그러나 오늘 본문으로 선택한 눅19:1-10절은 문장 자체가 위에서부터 차례대로 풀어 나갈 수 있는 접근하기 용이한 예문이지만 성경은 모두 이런 것만은 아니다. 결론이 제일 앞자리에 나오기도 하고, 중간에 나오기도 하며, 결론이 없어 본문 전체의 흐름에서 결론을 도출해야 하는 예도 많이 있다. 고로 핵심 주제를 가려내는 방법이나, 대지, 소지를 구분해 내는 방법, 구속사적인 성경해석 방법 등은 설교를 준비하는 자는 성경 읽기와 기도와 같이 쉬어서는 아니되며, 부단히 자기 훈련을 게을리 하여서는 안된다.

　강해 설교의 두 번째 예로 창세기 27:30-40절의 말씀을 생각해 보자. 오늘 제시된 본문의 말씀은 야곱이 간교하게 형 에서의 장자권을 상대의 배고픈 약점을 이용하여 도적질하고 난 후 어머니 리브가와 야곱이 합심하여 이삭이 장자 에서에게 축복을 하려는 기미를 눈치 채고 야곱을 에서로 변장시켜 장자의 축복 마저도 도적질 하는 내용을 나타내고 있다. 그러나 오늘 설교의 핵심 주제는 간교하고 야비한 야곱의 이야기를 다루려는 것이 아니라

축복을 도적맞을 수밖에 없는 에서의 이야기를 하려는 것이다. 그러므로 오늘 본문은 창세기 25장에서부터 27장까지의 내용을 망라하여 에서는 왜 축복을 도적맞을 수밖에 없었는지 살펴보려고 한다.

제목 : 축복을 도적맞은 자
본문(성경) : 창27:30-40

Ⅰ. 서론
1. 목적의 중요성과 그 목적을 성취하기 위한 방법의 필요성
2. 목적이 선할 때에 방법 또한 선한 것이 순리이거늘 창 25-27장까지를 보면 목적은 선한데 방법은 악하므로 방법이 목적을 배반하는 모습을 볼 수 있다.
3. 더욱이 공의로우신 하나님께서 방법이 목적을 배반한 교활하고 야비한 야곱의 손을 들어주시는데 그 심각성이 있다.
4. 이와 유사한 다말과 시아버지 유다와의 관계나, 라합이라는 여리고의 기생이 자기 가족을 살리고자 임금과 동족을 배반한 그들의 손을 들어주시는 대는 인간이 이성으로 판단할 수 없는 깊은 진리가 있다고 생각한다.

Ⅱ. 본론(축복을 도적맞을 수밖에 없었던 에서의 삶의 태도)
1. 가치관이 정립되지 않으면 축복을 도적맞는다.
   가. 상대적 가치와 절대적 가치 중에서 에서는 무엇이 절대적 가치이고 무엇이 상대적 가치인지 알지 못하였다.
   - 호 4:6 내 백성이 지식이 없으므로 망하는도다, 네가 지식을 버렸으니 나도 너를 버려 내 제사장이 되지 못하게 할 것이요 네가 네 하나님의 율법을 잊었으니 나도 네 자녀들을 잊어버리리라.

나. 상대적 가치는 눈에 보이나 절대적 가치는 눈에 보이지 않는 것으로 에서는 눈에 보이는 상대적 가치에 목숨을 걸었다.
　　　・요 20:29 예수께서 가라사대 너는 나를 본고로 믿느냐 보지 못하고 믿는 자들은 복 되도다 하시니라.
2. Reaction(반동, 반응)적 삶을 살면은 축복을 도적맞는다.
　　가. 본문 속의 에서는 지극히 반동적인 삶을 사는 것을 볼 수 있다.
　　　・창25:29-34 팥죽 한 그릇에 장자의 직분을 포기하는 에서의 행위
　　나. Response적인 삶을 살아야 한다.
　　　・행 17:11 "베뢰아 사람은 데살로니가에 있는 사람보다 더 신사적이어서 간절한 마음으로 말씀을 받고 이것이 그러한가 하여 날마다 성경을 상고하므로" 에서 이것이 그러한가 하여 날마다 성경을 상고하였다. 곧 Response적인 삶, 이성적이며 사색적인 삶을 살고 있음 을 알 수 있다.
3. 상대를 잘 모르면 축복을 도적 맞는다.
　　가. 손자 병법 = 적을 알고 나를 알면 백 번 싸워 백 번 이긴다, 적을 모르고 나만 알면 한번이라도 한번 진다, 적 도 모르고 나도 모르면 매번 패한다. 라는 말씀과 같이 본문의 에서는 야곱을 인간적인 외모로 보았을 때에 병 아리 오줌과 같은 심약하고 어머니 품에서 떠나지 못한 마마보이에 불과한 자로 생각하였다. 그러나 그 속에 어마어마한 야심이 불타고 있음을 에서는 보지 못하였기 때문에 축복을 도적맞은 것이다.
　　나. 삼상 17장에 골리앗 장군은 어린 다윗을 어린아이로만 보았지 그 뒤에 하나님이시라는 어마어마한 back ground 가 계심을 보지 못하였으므로 실패하고 말았다.

Ⅲ. 결론

이와 같이 강해 설교란 반드시 성경의 여자적인 해석을 통하여 설교문을 작성하는 것만이 아니라 본문 전체가 가지고 있는 사상을 조직적으로 해석하고 조직하여 강해해 나가는 것도 강해 설교라고 한다. 그러나 핵심 주제는 물론 대지와 소지까지도 본문에서 찾아야 한다는 것을 명심하여야 한다.

6. 강해 설교로 오해되고 있는 여러 형태의 설교

강해 설교로 잘못 간주되고 있는 두 가지 설교 형태를 여기서 언급을 하고 지나가는 것이 좋을 것 같다. 이 두 가지 형태의 설교를 정의해 보면 강해 설교와 한두 가지 측면에서 중요한 차이가 있음을 성경 학도는 분명히 알게 될 것이다.

가. 성경적 훈계

성경적 훈계란 짧든 길든 간에 성경 본문을 한 절씩, 혹은 한 구(句)씩 설명하고 적용하는 형태의 연속적인 주석(Running Commentary)을 말한다. 보통 성경적 훈계란 설교의 구조를 띠지 않으며 구조적 통일성이나 응집력이 없는 단편적인 일련의 진술들로 구성된다.

즉, 본문의 부분들을 서로 연관시키거나 전체와 연결시키려는 시도를 전혀 하지 않는다.

나. 주석적 강의

주석적 강의란 본문의 의미에 대한 상세한 주석(Detailed Commentary)을 말하는데 논리적 순서와 실제적 적용이 포함되어 있기도 하고 그렇지 않기도 하다. 설교자는 하나님의 말씀을 주석적으로 깊이 연구할 수 있어야 한다. 그러나 회중이 원하는 것은 연구과정이 아니라 그 결과이다. 주석(exegesis)은 본문의 숨겨진 의미를 끄집어 내는 것을 말하고 주해(exposition)란 그 의미를 적절한 순서에 따라 효과적으로 설명하는 것을 말한다.(여기서 주석, 주해는 우리말로는 같은 의미로 쓰이나 영어를 번역하기 위해서 어쩔 수 없이 그 의미를 나누었다.)

몇몇 설교학 저술가들은 성경적 훈계와 주석적 강의의 효과를 신랄하게 깎아 내리는 경향이 있다. 그러나 비록 조직화된 설교는 아니더라도 본문에서 강조하고 설명할 필요가 있는 측면을 찾아내서 하나님의 백성을 살찌게 하는 특별한 재능을 타고난 설교가들도 있다. 이런 설교를 내리 주석식 설교라고 명명하기도 한다.

7. 강해 설교준비의 기본 원리

가. 본문의 의미를 이해하고 중심 사상을 포착하기 위해 서는 설교할 본문을 세심하게 연구해야 한다

강해 설교작성의 첫 번째 임무는 본문에서 중심 사상을 찾아내는 일이다. 중심 사상을 찾게 되면 보통은 설교 개요 작성이 쉬워진다. 그러나 본문의 중심 사상을 찾기 위해서는 진지한 연구가 필요하다.

본문에 대한 철저한 연구의 중요성은 아무리 강조해도 지나치지 않다. 설교자는 본문의 철저한 연구를 통해서만 성경에 대한 통찰력을 얻게 된다. 엉성하게 되는대로 하는 방법론으로는 참된 강해 설교를 할 수 없다. 성경을 가르치기 위해서는 설교자가 믿음과 영혼을 성경 연구에 전적으로 쏟아야 한다. 설교자는 성경 저자의 의도와 본문의 참된 의미를 배우려는 진지한 열의를 가지고 고된 탐구와 기도로 장시간을 보내야만 하는 것이다.

그런 연구의 결과, 설교자는 본문의 의도에 대해 신선하고도 고무적인 통찰력을 얻게 되는 것이다. 때로 본문 전체가 그의 앞에서 환하게 빛을 발하게 되어 전에는 알지 못했던 진리들을 보게 된다.

본문을 진지하게 탐구하다 보면 설교자는 조만간 본문의 중심에 흐르고 있는 중심 사상을 발견하게 될 것이며, 본문을 형성하고 있는 여러 부분들을 자연스럽게 구분할 수 있게 될 것이다.

나. 본문 가운데 있는 중요한 단어나 어구가 대지를 형성 하기도 한다

여러 성경 본문 가운데 나타나는 주요 단어나 어구의 반복에는 특별한 저자의 의도가 있다는 것은 이미 지적했다. 또한 주어진 본문의 이런 단어나 어구들은 저자의 사고가 한 중심 사상에서 다른 중심 사상으로 바뀌고 있음을 보여 주기 위해 사용되기도 한다.

이것을 보여 주는 예로 에베소서에서 한 본문을 택해 보자. 에베소서 1:3-14을 읽고 다음의 사실에 주목하라.

6절-"그의 은혜의 영광을 찬미하게 하려는 것이라."
12절-"그의 영광의 찬송이 되게 하려 하심이라."
14절-"그의 영광을 찬미하게 하려 하심이라."

위의 어구의 반복을 볼 때 우리는 성령께서 이 각 어구를 사고의 구분을 암시하기 위해 의도적으로 사용하신 것이 아닌가라는 질문을 던지게 된다. 이것을 염두에 두고 에베소서 1:3-14을 연구하면 바울이 여기서 하나님의 구속 사역을 다루고 있음을 알게 된다. 6절에서 끝나면 첫 번째 단락은 성부 하나님의 구속 사역을 묘사하고 있고, 12절에서 끝나는 두 번째 단락은 성자 하나님의 사역을 그리고 있으며, 13-14절로 구성되어 있는 세 번째 단락은 성령 하나님의 사역을 설명하고 있다. 여기서 구속 사역은 삼위 하나님의 사역으로 묘사되고 있다. 바울이 각 단락을 끝맺음하면서 "그의 영광의 찬송이 되게 하려 하심이라"고 찬송하는 것은 결코 놀라운 일이 아니다.

다. 강해 설교 구성(서론, 본론, 결론)은 본문 순서에 매이지 않고 재구성할 수 있다

일반적으로 대지와 소지는 성경 각 절의 순서를 그대로 따르는 것이 좋다. 그러나 항상 그렇게 해야 되는 것은 결코 아니다. 논리적인 순서나 연대적인 순서 때문에 대지나 소지를 성경 본문과는 다른 순서로 배열해야 할 경우가 종종 있다.

아래의 출애굽기 12:1-13을 중심으로 한 설교 개요를 주목해 보라. 네 번째 대지와 다섯 번째 대지가 성경의 순서를 따르지 않았다.

제목: 하나님의 양

중심 사상: 유월절 양의 여러 측면

1. 유월절 양은 하나님께서 거룩하게 지정한 양이었다. 12:1-3.

2. 유월절 양은 흠 없는 양이었다. 12:5.

3. 유월절 양은 죽임당한 양이었다. 12:6.

4. 유월절 양은 구원하는 양이었다. 12:7, 12-13.

5. 유월절 양은 몸을 유익하게 하는 양이었다. 12:8-11.

라. 성경 본문이 암시하는 중요한 진리가 대지를 형성할 수도 있다

이러한 형태의 설교 개요는 일반적으로 역사서나 예언서를 설교할 때에 알맞은 것으로, 사실적 자료로부터 그 사실이 암시하거나 설명하는 것으로 보이는 영적인 주요 교훈이나 진리를 이끌어 내면 된다. 이런 영적 교훈이나 원리가 설교개요의 주요 대지들이 되는 것이다.

노아 홍수라는 역사적 사건을 예로 들어보자(창 6-7장).

제목: 우리와 관련을 맺고 있는 하나님
중심 사상: 하나님에 대한 여러 진리

1. 하나님은 우주의 도덕적 통치자이시다. 6:1-7, 11-13.
   (1) 인간의 행위를 감찰하심. 6:1-6, 11-12.
   (2) 인간을 그 행위대로 심판하심. 6:7, 13.
2. 하나님은 은혜의 하나님이시다. 6:3, 8-22.
   (1) 죄로 인한 심판에서 피할 길을 주심. 6:8-22.
   (2) 죄인에게까지 자비를 베푸심. 6:3.
3. 하나님은 신실한 하나님이시다. 7:1-24.
   (1) 심판에 대한 말씀을 성취시키심. 7:11-24.
   (2) 자신의 백성에게 하신 약속을 지키심. 7:1-10, 23.

두 번째 예를 살펴보자. 이 예는 전체 21절로만 이루어진 오바댜서를 가지고 만든 것이다. 오바댜서는 에돔의 멸망에 대한 예언서이다. 본문을 잘 보면 거기에 하나님의 성품의 두 가지 면이 나타나 있음을 알 수 있다. 바로 아래와 같다.

1. 하나님은 공의의 하나님이시다.
   (1) 사람들의 교만을 심판하심. 1-9절.

(2) 사람들의 포학을 심판하심. 10-15절.
2. 하나님은 은혜의 하나님이시다.
 (1) 자기 민족에게 구원을 주심. 17, 21절.
 (2) 자기 민족에게 소유할 땅을 주심. 17-21절.

마. 성경의 본문 이곳저곳에서 두서너 단락을 한데 모아 강해 설교의 본문으로 삼을 수도 있다

이 원리에 따르면 강해 단위는 항상 절들이 잇따라 연결되어 있는 단일한 본문으로만 구성될 필요는 없다. 단지 두서너 단락이 서로 명백하게 연관되어 있기만 하다면 그것은 짧든 길든 간에 한 본문인 양 취급해도 좋은 것이다.

레위기에 묘사된 화목제가 이런 예 중의 하나이다. 화목제에 대한 첫 번째 설명은 레위기 3:1-17에 나타나고 그 외의 설명은 7:11-15, 28-32에 나타난다. 화목제에 대한 규례를 완전히 알기 위해서는 세 단락의 성경을 한데 모아야한다. 그 결과로 우리는 아래와 같은 개요를 작성할 수 있다(모형론에 의해 그리스도와 신자에 적용될 수 있다).

제목: 하나님과의 평화

중심 사상: 하나님과의 화목과 관련된 중요 사실

1. 화목을 얻을 수 있는 방법. 3:1-17.
 (1) 하나님이 제정한 희생 제사를 통해. 3:1, 6, 12.
 (2) 죄인과 희생 제물을 동일시함으로. 3:2, 7-8, 12-13.
 (3) 희생 제물의 죽음을 통해. 3:2, 7-8, 12-13.
2. 화목을 누릴 수 있는 방법. 7:11-15, 28-32.

(1) 예물을 드리는 자가 잔치에 참여함으로. 7:11-15.

(2) 제사장들이 잔치에 참여함으로. 7:28-32.

인물 설교(Biographical Sermon)의 개요 작성도 이와 비슷하다. 한 성경 인물을 다룬 다소 넓은 범위의 성경 본문 하나로 시작해서 그 인물을 언급한 다른 성경 구절을 하나씩 검토하다 보면 그 인물에 대한 완전한 자료를 얻게 된다. 예를 들어 라합에 대한 설교를 한다고 하자. 라합의 삶에 대한 주요 기사는 여호수아 2장과 6:22-25에 있다. 그러나 성구 사전을 찾아보면 마태복음 1:5을 포함해서 라합을 언급한 성경 구절을 8개나 발견할 수 있다. 조금 더 연구해 보면 이들 중 세 구절, 시편 87:4, 89:10, 이사야 51:9은 우리가 관심을 갖고 있는 개인을 언급한 것이 아니라 "라합"(Rahab)이라 불리는 바다의 괴물을 언급하고 있는 것이요, 라합은 성경에서 애굽의 상징으로 쓰인다는 사실을 알게 된다. 그러므로 우리는 여호수아서 두 군데의 상세한 기사뿐 아니라 라합의 이름이 언급된 다른 여덟 성경 구절들을 주의 깊게 연구해야 한다. 이 모든 구절을 철저하게 관찰, 분석, 분류한 결과 라합에 대한 인물 설교 개요를 주로 여호수아서를 기초로 해서 두 편 작성할 수 있을 것이다. 첫 번째 설교 개요는 분석적이며 두 번째는 라합은 "살아 있는 믿음"을 통해 배울 수 있는 진리나 원리를 보여 준다.

제목: 죄인에서 성도로

1. 라합의 비참한 과거, 여호수아 2:1 ; 히브리서 11:31 ; 야고보서 2:25.
2. 라합의 하나님에 대한 신앙. 히브리서 11:31.

3. 라합의 믿음의 행위. 여호수아 2:1-6 ; 야고보서 2:25.

4. 라합의 간증. 여호수아 2:9-13.

5. 라합의 놀라운 감화력. 여호수아 2:18-19, 6:22-23, 25.

6. 라합의 고귀한 후손. 마태복음 1:5 ; 참조, 룻기 4:21-22.

제목: 살아 있는 믿음

1. 살아 있는 믿음은 구원하는 믿음이다. 히브리서 11:31.

2. 살아 있는 믿음은 행함 있는 믿음이다. 여호수아 2:1-6; 야고보서 2:25.

3. 살아 있는 믿음은 증거하는 믿음이다. 여호수아 2:9-13.

4. 살아 있는 믿음은 남에게 영향을 끼치는 믿음이다. 여호수와 2:18-19, 6:22-23, 25.

5. 살아 있는 믿음은 열매를 맺는 믿음이다. 마태복음 1:5; 참조, 룻기 4:21-22.

창세기 13:2-13, 14:1-16, 19:1-38, 베드로후서 2:6-8을 토대로 롯에 관한 인물 설교 개요를 작성해 보자. 이 본문들을 조합해 보면 "무법한 자의 모사"였고 "죄인들의 길"에 서 있었으며 "사악한 자의 자리"에 앉아 있었던 한 인간의 비극적인 모습을 보게 된다.

제목: 세속에 물든 대가

1. 롯은 스스로 인생의 길을 선택했다. 창세기 13:1-13.

2. 롯은 자신의 선택을 고수했다. 창세기 14:1-16 ; 베드로후서 2:6-8.

> 3. 롯은 잘못된 선택의 결과로 고통당했다. 창세기 19:1-38.

이 인물의 대략의 모습에서 유추한 영적 진리들을 적용하여, 아래와 같은 개요를 작성하게 되었다.

제목: 득이냐 실이냐 : 선택은 우리 몫이다

1. 우리는 자신의 인생길을 선택할 수 있다.
   (1) 마치 롯처럼, 하나님과 관계없이 자신의 계획대로. 창세기 13:1-13.
   (2) 마치 롯처럼, 그 선택이 초래할 결과들을 고려하지 않고. 창세기 13:12-13 ; 베드로후서 2:6-8.
2. 우리는 자신의 인생길을 고수할 수 있다.
   (1) 마치 롯처럼, 양심의 소리를 무시하고. 베드로후서 2:6-8.
   (2) 아브라함이 구해 주기 전에 롯이 그랬던 것처럼, 자비로운 하나님께서 주시는 경고를 무시하고. 창세기 14:1-16.
3. 우리는 스스로의 악한 선택의 결과로 반드시 고통 받게된다.
   (1) 마치 롯이 고통당한 것처럼, 우리가 귀하게 여긴 모든 것을 잃어버림으로써. 창세기19:15-16, 30-35.
   (2) 마치 롯이 고통당한 것처럼, 우리의 인격을 상실 함으로써. 창세기 19:1, 6-8, 30-38.

인물 설교는 이와 다른 순서로 진행할 수도 있다. 인물 설교에는 인물의 배경, 성품, 업적, 영향력 등과 같은 세부 사항들이 포함된다.

인물의 성품을 다루는 인물 설교에서는 그 인물이 가진 성품의 긍정적인 면과 부정적인 면을 대조하는 경우도 있다. 찰스 스펄전은 한 설교에서 헤롯 왕의 장점과 단점을 이야기했다.

1. 헤롯의 장점

(1) 헤롯은 정의감도 정직성도 순수함도 없었지만, 미덕을 존중하는 마음은 가지고 있었다. 마가복음 6:14-20.

(2) 헤롯은 세례 요한의 정의와 성결함 때문에 그를 보호했다. 마가복음 6:20.

(3) 헤롯은 세례 요한의 말을 달게 들었다. 마가복음 6:20.

2. 헤롯의 결단

(1) 헤롯은 세례 요한을 존중했지만, 세례 요한의 주님을 의지 하지는 않았다. 마가복음 6:17-20.

(2) 헤롯은 세례 요한이 주는 메시지를 좋아하지 않았다. 마가복음 6:17-20.

(3) 헤롯은 세례 요한의 말을 듣고 "많은 일"을 했지만, 여전히 죄의 지배권 안에 있었다. 마가복음 6:21-26.

(4) 헤롯은 자신이 존경하던 인물을 살해했다. 마가복음 6:26-27.

(5) 헤롯은 구세주를 조롱하고 죽음에 이르게 했다. 누가복음 23:6-12.

바. 다양한 접근 방법을 가지고 한 성경 본문을 다양한 방법으로 다룰 수 있고 그 결과 동일 본문에서 서로 완전히 다른 두세 개의 설교 개요를 작성할 수도 있다

우리는 이미 본문 설교를 다루면서 "다양한 접근 방법"을 언급한 바 있다. 이 방법이 성경 한두 구절을 다루는 데 사용될 수 있다면 다소 넓은 범위로 구성된 강해 단위에도 마찬가지로 사용될 수 있다.

다양한 접근 방법을 잘 사용하면 동일 본문으로부터 서로 다른 여러 개의 설교 개요를 작성할 수가 있다.

각각의 개요는 하나의 중심 사상을 근간으로 작성되는 것인데, 그 중심 사상은 우리가 목회하는 사람들의 특별한 필요와 환경에 부응하도록 혹은 우리가 살아가는 복잡한 세상에서 교회가 직면하는 또 다른 상황들에 영향을 미치도록 성령 하나님께서 계시해 주시는 것이다.

그러나 어떤 목적을 정하고 나서 본문을 선택한 후 설교준비를 시작한 경우, 본문에서 얻은 개념들을 이미 정한 목적에 억지로 짜맞추려 해서는 결코 안 된다. 그보다는 그러한 개념과 진리들을 본문에서 찾으려 하고 우리의 목적에 적절하게 연결시키는 일이 필요하다. 그러한 개념과 진리들은 성경 말씀에서 자연스럽게 유추된 것으로서 우리가 정한 목적을 뒷받침해 준다. 본문에서 그 목적에 들어맞는 어떤 것을 찾을 수 없다면, 설교의 목적에 부응하는 또 다른 본문에 주의를 돌려 볼 필요가 있다.

한 개의 강해 단위가 여러 가지 상황에 적합하도록 적용되는 예를 보이기 위해 마태복음 14:14-21을 본문으로 하는 서로 다른 네 가지 설교 개요를 아래에 소개하겠다. 오천명을 먹이신 이야기이다. 본문이 의미하는 바를 알애내기위해서는 본문에 등장하는 한 사람이나 집단의 입장에서, 또 삼위 각위께서 지닌 입장에서 본문을 살펴보는 것도 좋다. 그렇게 하면서 본문이 그들에게 계시하는 바, 사람들 각자가 말하고 행동하고 경험하는 바가 무엇인지를 스스로에게 질문해 볼 수 있다.

우선 강해 단위의 중심 사상으로 예수님의 속성을 택해 보자.

제목: 비할 데 없는 우리의 주님

1. 예수님의 동정심. 14절.

    (1) 군중에 대한 그의 관심 속에 나타난다. 14절.

    (2) 군중에 대한 그의 사역 속에 나타난다. 14절.

2. 예수님의 은유. 15-18절.

   (1) 제자들에 대한 그의 자비로운 대답 속에 나타난다. 15-16절.

   (2) 제자들에 대한 그의 오래 참으심 속에 나타난다. 17-18절.

3. 예수님의 능력. 19-21절.

   (1) 군중을 먹이신 사건 속에 드러난다. 19-21절.

   (2) 제자들의 봉사를 통해 나타난다. 19-21절.

이제 동일한 본문을 "우리의 필요를 채워 주시는 그리스도"라는 관점에서 보도록 하자.

제목: 하나님의 역사하심을 보라

1. 그리스도는 우리의 필요에 관심을 보이신다. 14-16절.

   (1) 그는 우리가 궁핍할 때 우리에게 동정심을 보이신다. 14, 16절.

   (2) 다른 이는 우리를 돌보지 않으나 그는 우리의 필요를 모른 척하지 않으신다. 15-16절.

2. 그리스도는 우리의 필요를 채우실 때 환경에 제한을 받지 않으신다. 17-19절.

   (1) 그는 우리의 자원 부족에 제한되지 않으신다. 17-18절.

   (2) 그는 다른 어떤 결핍에도 제한되지 않으신다. 19절.

3. 그리스도는 우리의 필요를 채우신다. 20-21절.

   (1) 그는 우리의 필요를 풍성하게 채우신다. 20절.

   (2) 그는 차고 넘치도록 부어 주신다. 20-21절.

세 번째 개요 작성을 위해 동일 본문을 "우리가 처한 문제"라는 관점에서 살펴보도록 하자.

제목: 우리의 문제에 대한 해결책

1. 우리는 때때로 문제에 직면한다. 14-15절.
    (1) 매우 큰 문제에 봉착한다. 14-15절.
    (2) 시급한 문제에 봉착한다. 15절.
    (3) 인간적으로 보아서는 해결할 수 없는 문제에 봉착한 다. 15절.
2. 그리스도는 우리의 문제를 능히 해결하실 수 있다. 16-22절.
    (1) 우리가 우리의 제한된 자원을 하나님께 드린다는 조건하에서. 16-18절.
    (2) 우리가 그의 명령에 즉각 순종한다는 조건하에서. 19-22절.

네 번째 개요의 중심 사상으로 "인간의 필요와 믿음의 관계"를 택해 보자.

제목: 인간의 필요와 믿음의 연관성

1. 믿음에 대한 도전. 14-16절.
    (1) 도전의 이유. 14-15절.
    (2) 도전의 내용. 16절.
2. 믿음의 행위. 17-19절.
    (1) 믿음의 첫 번째 행위. 17-18절.
    (2) 믿음의 두 번째 행위. 19절.
3. 믿음의 보상. 20-21절.
    (1) 보상의 축복성. 20절 상반절.
    (2) 보상의 위대성. 20절 하반절-21절.

이와 같이 동일한 마태복음 14:14-21을 가지고 네 가지 방법으로 어떻게 설교 개요를 작성하는지에 대해 알아보았다. 각각의 접근 방법은 서로 다른 목적을 성취하는 데 각기 활용될 수 있다.

사. 강해 단위의 앞뒤 문맥을 주의 깊게 살피라

우리는 이미 본문 설교를 다루면서 바른 해석을 하기 위해서는 문맥을 살피는 일이 필수적임을 배웠다. 이 원리는 본문 설교뿐 아니라 강해 설교에도 마찬가지로 적용된다. 앞뒤 문맥을 주의 깊게 살핌으로써 본문의 의미를 잘 파악할 수 있을뿐 아니라 본문을 올바른 각도에서 해석할 수가 있는 것이다.

사도 바울은 로마서 12장을 "그러므로 형제들아 내가 하나님의 모든 자비하심으로 너희를 권하노니"로 시작한다.

"그러므로"라는 단어는 우리를 11장으로 소급해서 이끌고가며, 이제 시작하는 실천적 훈계의 내용이 이미 앞 부분에서 언급한 교리적 기초 위에 세워진 것임을 지적하고 있다.

위의 예는 강해 단위의 앞뒤 문맥을 살피는 일이 얼마나 중요한가를 보여 주고 있다. 지면 관계상 이 원리를 더 깊이 연구하지는 못하겠지만 성경을 충실하게 강해하려면 항상 앞뒤 문맥을 깊이 연구해야 한다는 이 사실만큼은 지적하고 넘어가야 할 것이다.

아. 가능하다면 본문의 역사적 배경을 연구하라

역사적 배경을 모르면 올바르게 이해할 수 없는 성경 본문이 여러 개 있다. 그러한 본문을 정확하게 해석하려면 역사적 배경을 깊이 연구해야 한다. 그래서 이러한 본문의 해석은 그 내용과 밀접한 관련이 있는 역사적 사실들, 또 본문의 문화적 지리적 환경 등을 검토한 후에라야 올바르게 이루어질 수 있다.

이 원리는 특히 구약의 대선지서와 소선지서, 신약의 바울 서신을 해석할 때 꼭 필요하다. 대선지서와 소선지서는 구약의 역사서에 비추어 해석해야 하며 바울 서신은 사도행전에 비추어서 해석해야 한다. 예를 들어 요나서를 생각해 보자. 요나서의 메시지는 열왕기상·하, 특히 열왕기하 14장을 모르면 도무지 이해할 수가 없다. 열왕기하 14장에서 우리는 요나 시대에 이스라엘 왕국이 배도(背道)라는 비극을 경험하고 있었음을 본다. 요나서의 메시지는 니느웨처럼 이스라엘 왕국이 회개할 것을 촉구하는 내용과 계속해서 하나님께 반역할 때는 그들에게 심판이 임할 것이라는 하나님의 무서운 경고로 되어 있다.

자. 본문의 지엽적인 부분도 주의해야 한다. 그러나 지엽적인 문제를 너무 세밀하게 다루어서는 안된다

강해 설교에서 성경을 해석하는 일이 무엇보다 필요하다는 사실은 이미 지적했다. 이것은 본문의 지엽적인 부분이라도 본문의 의미를 확대 전개시켜 나가는 방법으로 반드시 주의해야 한다는 뜻이다. 하나님의 진리를 전달하는 수단으로 다른 설교보다 강해 설교가 뛰어난 위치를 차지하는 것은 바로 이런 특색 때문이다. 왜냐하면 하나님의 말씀을 한 부분씩 한 부분씩 설명해 나가다 보면 회중들은 본문이 전달하려 했던 의미나 의도를 알아가기 때문이다.

초보자들이 특별히 이 점에 주의해야 한다. 강해를 철저히 하려다 보면 젊은 설교자들은 가끔 지나치게 지엽적인 주석 자료로만 가득 차게 되는 것을 잊어버린다. 주석이 설교의 궁극적인 목적은 결코 아니다. 주석이란 본문 안에 담겨 있는 진리를 발견해 내는 수단에 불과하다. 설교작성자는 본문의 의미를 분명하게 회중에게 전달하는 것을 목적으로 해야 한다는 사실을 항상 염두에 두어야 한다. 따라서 설교자는 주제와 관련된 것만 메시지 안에 포함시켜야 한다. 다른 자료들은 아무리 흥미 있고 감동적인 것이라 하더라도 설교에서는 단호히 배제되어야 한다. 따라서 설교자들은 지엽적 요소들이 많이 빠진다 하더라도 본문에 충실할 수 있으며 성경적 강해 설교를 할 수 있다는 사실을 인식해야 한다. 물론 본문이 길수록 지엽적 요소들을 설교에서 제외시킬 필요는 더욱 커진다.

그러나 언뜻 보기에 별로 중요하지 않은 것처럼 보이는 지엽적인 요소가 실제로는 매우 중요할 수도 있다는 점을 부언할 필요가 있다. 강해에서는 비중이 큰 단어나 특별한 용어만 항상 가치가 있는 것은 아니다. 사실상 설교자가 지적해야만 하는 진리의 핵심이 시제나 전치사나 겉보기에 별로 중요치 않은 품사에 포함되어 있을 수도 있는 것이다.

차. 본문에 담겨 있는 진리는 현재에 적용되어야 한다

강해 설교자들이 성경의 진리를 설교하면서 오늘을 살고 있는 현대인들에게 맞도록 적용하지 못하는 경우가 많은데 그 점이 비판의 대상이 되곤 한다. 설교자들은 단지 본문을 설명하는 데만 만족한 나머지 그 본문이 오늘날 우리에게 어떤 의미를 가지고 있는지에 대해서는 무관심한 경우가 종종 있다. 문제는 성경에 있는 것이 아니다. 하나님의 말씀은 살았고 운동력이 있기 때문에 모든 시대의 인간들에게 보편적으로 적용될 수가 있다. 오히려 책임은 현대인들이 직면한 문제들에 대해 하나님의 말씀으로 처방을 내려줘야 할 필요성과 중요성을 깨닫지 못하는 설교자들에게 있는 것이다. 따라서 설교자는 성경을 해석할 때에 본문에 담긴 영원한 진리를 회중들에게 어떻게 실제적으로 적용시킬 수 있을는지에 대해 깊이 생각해야 한다.

이 현실 적용 문제에 대해 다룬 설교학 책이 거의 없기 때문에 우리는 이 책의 후반부에서 이 문제를 깊이 다루게 될 것이다.

8. 자칭 강해 설교자들이 범하는 공통적인 실수

성경을 올바르게 해석하는 능력을 획득하고 강해 설교 가운데 무엇을 빼고 무엇을 집어넣어야 하는지를 배우기 위해서는 많은 시간과 노력이 필요하다. 이 점에서 초보자들은 공통적으로 여러 가지 실수를 저지른다. 이런 실수들이 어떤 것인가를 특별히 주목할 필요가 있다.

어떤 이들은 지엽적인 문제에 골똘한 나머지 본문의 주된 메시지가 무엇인지를 보지 못함으로 강해하는 데 어려움을 겪는다. 지엽적인 문제에 대한 강해로 가득 찬 설교는 청중들이 이해하기 어렵다.

어떤 이들은 강해 설교에서 성경 해석이 가장 중요한 요소임을 망각하고 설명보다는 현실 적용에 너무 많은 시간을 보낸다. 성경이 명쾌하고 간단 명료하게 선포될 때에 성령께서 하나님의 말씀을 회중들의 마음에 적용하실 것이라는 사실을 인식하지 못하는 것이다.

어떤 이들은 본문을 강해하다 말고 옆길로 빠져서 한참 동안 주제와는 상관없는 이야기를 하기도 한다.

그러나 아마도 가장 위험한 실수는 성경 본문을 올바르게 해석하지 않는 것일 것이다. 이 경우의 대부분은 본문을 이해할 수 있는 능력이 부족한 데 기인한다. 그러나 오늘날과 같이 좋은 자료들을 손쉽게 얻을 수 있는 상황에서 설교자들이 건전한 성경 해석학의 원리를 깨뜨리는 행위는 결코 용서받을 수가 없을 것이다.

9. 강해 설교의 다양성

강해 설교의 방법론 때문에 강해 설교는 상당히 폭넓은 범위의 내용을 포함할 수 있음을 독자들은 이미 잘 알고 있을 것이다. 본문이 기독교 신앙의 근본 요소들을 다룬다면 강해 설교에 교리를 포함시킬 수도 있다. 본문이 하나님과의 깊은 교제에 대한 진리를 담고 있다면 강해 설교는 경건 설교가 될 수도 있다. 본문의 내용이 윤리적 성격을 띤 경우에 강해 설교는 윤리를 포함하기도 한다. 한편 강해 설교는 예언적일 수도 있으며 반모형(antitype)으로 모형(type)을 설명하는 모형적 특성을 띨 수도 있다. 또한 강해 설교는 전기적이거나 역사적인 성경을 가질 수도 있다. 강해 단위가 주로 복음적 내용을 띠고 있다면 강해 설교는 복음의 진리를 강하게 선포할 수 있는 좋은 기회를 설교자에게 제공해 주기도 한다.

자료가 매우 다양하고 풍부한 성경 본문이 많이 있기 때문에 위에서 언급한 여러 요소들이 성경의 한 본문에 다 포함되어 있을 수도 있다. 비록 강해 설교가 하나의 중심 사상만을 갖고 있어야 하기는 하지만 설교의 전개상 하나의 설교에 복음의 제시, 교리, 권고나 위로의 메시지 등 다양한 요소가 포함될 수도 있다.

설교 자료의 다양성에 대한 이해를 돕기 위해 4편의 강해 설교 개요를 예로 들어 보도록 하자. 첫 번째 본문은 역사적 성경을 띤 요한복음 11:1-6, 19-44이며, 두 번째는 탕자의 비유 후반부, 즉 형의 이야기를 다룬 누가복음 15:25-32이며, 세 번째는 히브리 시(詩)로 시편 23편이며, 네 번째는 바울 서신인 에베소서 4:30-5:2이다.

제목: 가장 좋은 친구
중심 사상: 우리의 친구이신 예수님의 특성
본문: 요한복음 11:1-6, 19-44.

1. 예수님은 사랑하시는 친구이다. 3-5절.
　(1) 우리를 한 명씩 개인적으로 사랑하시는 친구이다. 3, 5절.

(2) 그럼에도 불구하고 우리에게 고통을 허락하시는 친구 이다. 3절.

2. 예수님은 이해하시는 친구이다. 21-36절.

   (1) 우리의 깊은 고뇌를 이해하시는 친구이다. 21-26, 32 절.

   (2) 우리의 깊은 슬픔을 동정하시는 친구이다. 33-36절.

3. 예수님은 능력 있으신 친구이다. 37-44절.

   (1) 이적을 행하실 수 있는 친구이다. 37절.

   (2) 우리가 그의 조건을 충족시킬 때에 이적을 행하시는 친구이다. 38-44절.

제목: 바리새인: 어제와 오늘

중심 사상: 탕자의 형의 성격에서 보이는 바리새주의의 특성

본문: 누가복음 15:25-32.

1. 스스로 의로운 사람이었다. 29-30절.

   (1) 자신은 아버지께 순종했다는 주장에 비추어 볼 때. 29 절.

   (2) 동생을 대하는 태도를 볼 때. 29-30절.

2. 사랑할 줄 모르는 사람이었다. 28-30절.

   (1) 동생의 귀향에 대한 태도를 볼 때. 28절.

   (2) 동생을 동생으로 사실상 인정하지 않는 모습을 볼 때. 30절.

3. 남의 약점을 들추는 사람이었다. 25-30절.

   (1) 동생의 허물을 들추는 것을 볼 때. 30절.

   (2) 아버지의 허물을 지적하는 것을 볼 때. 27-30절.

4. 완고한 사람이었다. 28-32절.

   (1) 집안으로 들어가기를 거절한 사실을 볼 때. 28절.

   (2) 계속적으로 고집을 피우는 것을 볼 때. 29-32절.

주의: 두 번째 설교 개요는 적극적이고 건설적인 교훈을 가르치고 있지 않은 것처럼 보인다. 그러나 설교 개요의 전개와 그 결론을 볼 때 사실은 그와 정반대이다.

제목: 만족의 시

중심사상: 주님의 양떼들이 받은 축복

본문: 시편 23편.

1. 양의 목자. 1절.
    (1) 전능하신 목자. 1절.
    (2) 인격적이신 목자. 1절.
2. 양을 위한 공급. 2-5절.
    (1) 안식. 2절.
    (2) 인도. 3절.
    (3) 안위. 4절.
    (4) 만족. 5절.
3. 양의 전망. 6절.
    (1) 현세의 밝은 전망. 6절.
    (2) 내세의 복된 전망. 6절.

제목: 사랑 가운데서 행하라

중심 사상: 그리스도인 성품의 세 가지 특성

본문: 에베소서 4:31-5:2.

1. 그리스도인의 성품은 악한 감정이 없는 것이 그 특색이다. 4:31.

(1) 모든 종류의 악한 감정이. 31절.

  (2) 모든 등급의 악한 감정이. 31절.

 2. 그리스도인의 성품은 용서가 그 특색이다. 4:32.

  (1) 서로 용서함으로. 32절.

  (2) 우리를 향하신 하나님의 은혜에 비추어. 32절.

 3. 그리스도인의 성품은 사랑하는 헌신의 태도가 그 특색이다. 5:1-2.

  (1) 우리가 하나님의 자녀인 것에 합당하게. 1절.

  (2) 그리스도께서 보여 주신 사랑으로. 2절.

위의 개요를 살펴볼 때 대지뿐 아니라 모든 소지를 동일한 성경 본문 안에서 이끌어 냈음을 주목하라.

정의에 따르면 강해 설교가 "다소 넓은 범위의 성경"에 기초한다는 점을 기억할 수 있을 것이다. 지금까지 예로 든 설교 개요는 매우 짧은 성경 본문에 기초한 것이다. 그러나 더 넓은 범위의 성경 본문을 기초로 다양한 자료를 한 설교 안에 포함시킬 수도 있다. 그러나 그러한 설교에서는 본문에 포함된 모든 지엽적 자료를 다 다룰 수는 없을 것이다. 따라서 그러한 설교 개요는 본문에 중요한 요소만을 다룰 수밖에 없는 것이다. 아래의 강해 설교 개요는 데살로니가전서 전체를 설교 본문으로 삼고 있다.

제목: 최선을 다하는 교회

중심 사상: 교회가 소유해야만 하는 주된 은혜

본문: 데살로니가전서

 1. 믿음. 1:1-2:16.

  (1) 하나님의 말씀에 기초한 믿음. 1:2-5, 9-10, 2:13.

(2) 신자들을 환난 가운데서 견고히 서게 하는 믿음. 1:6, 2:14-16.

2. 사랑. 2:17-4:12.

   (1) 신자들이 믿음 안에서 장로들을 대하는 사랑. 3:6.

   (2) 신자들이 서로를 대하는 사랑. 3:12, 4:9-10.

3. 소망. 4:13-5:28.

   (1) 주님이 재림을 바라보는 소망. 4:13-18, 5:9-10, 23.

   (2) 이미 죽은 사랑하는 자들과의 재연합을 기대하는 소망. 4:13-18.

요한복음 12:41에는 "이사야가 이렇게 말한 것은 주의 영광을 보고 주를 가리켜 말한 것이라"는 구절이 나온다. 요한복음의 이 구절을 보면 우리는 이사야서로 돌아가서 다음의 기본 개요를 유추해 낼 수 있다.

제목: 그리스도의 영광을 보라

중심 사상: 이사야서에 있는 그리스도에 관한 예언

1. 우리는 그리스도의 잉태에 관한 신비를 본다. 7:14, 9:6.
2. 우리는 그리스도의 신성에 관한 경이로움을 본다. 9:6.
3. 우리는 종되신 그리스도의 낮아지심을 본다. 42:1-7, 49:5-6, 50:4-10, 52:13, 53:12.
4. 우리는 그리스도께서 대신 드리신 희생 제사의 고통을 본다. 52:13-53:12.
5. 우리는 다가오는 하나님 나라의 영광을 본다. 11:1-16, 59:20-66:24.

10. 강해 설교 시리즈

강해 설교 방법론 자체가 시리즈 설교를 하는 데는 안성맞춤이다. 상당히 넓은 범위의 성경 본문이나 상호 연관된 강해 단위를 사용해서 수주 동안 강해 설교를 시리즈로 계속 하는 일은 매우 자연스럽고 정상적인 일이다.

목회자가 강해 설교 시리즈를 능숙하게 잘 해낸다면 그는 하나님의 백성들에게 하나님의 말씀을 가르치는 사역을 가장 잘 수행하고 있는 셈이다. 목회자는 강해 설교 시리즈를 통해 청중들이 성경 가운데 한 권의 책 전체의 내용이나 넓은 범위의 성경 본문 전체의 의미를 파악하는 것을 도와줄 수 있을 뿐 아니라 본문의 일부분과 전체의 관계, 성경 각 권의 유기적 관계 등을 깨달을 수 있게 도와줄 수 있는 것이다. 더욱이 강해 설교 시리즈는 성경을 가르치는 사역에 연속성을 부여한다. 또한 한 단락씩, 한 단락씩 성경을 풀어서 회중을 가르치다 보면 그들이 하나님 계시의 지식 안에서 날마다 성장하는 모습을 볼 수 있게 된다.

강해 설교 시리즈를 전개해 나가는 데는 여러 가지 방법이 있다. 가장 흔한 방법은 성경의 한 권을 시리즈로 강해해 나가는 것이다. 설교의 편수는 그 책의 깊이와 내용에 달려 있다. 또한 설교자가 의도하는 목적에 따라 설교 시리즈의 메시지 수가 결정되기도 한다.

성경 한 권을 시리즈로 강해해 나가려면 첫 번째 설교에서는 그 책을 파노라마식으로 개관하는 것이 좋다. 이렇게 함으로써 회중들에게 그 책의 범위와 목적에 대한 일반적 이해를 심어 주게 되면 후에 한 주씩 한 부분을 강해해 나갈 때 본문을 훨씬 더 잘 이해하게 될 것이다. 그러나 설교 초보자들은 첫 장부터 마지막 장까지 그 내용을 철저히 마스터하고 깊이 생각하기 전에는, 성경의 한 권을 기초로 하는 강해 설교 시리즈는 피해야 한다.

아래의 예들은 강해 설교 시리즈를 어떤 순서로 배열해야 좋을는지에 대해 많은 교훈을 던져 줄 것이다.

요나서 전체를 본문으로 강해 설교 시리즈를 작성한다면 아래와 같은 순서대로 설교 제목을 배열할 수 있을 것이다.

"회개를 촉구함" 1-4장.
"불순종의 어리석음" 1:1-16.
"물고기 뱃속에 갇힘" 1:17.
"환난 가운데 기도함" 2:1-10.
"하나님께서 후회하실 때" 3:1-10.
"하나님과의 변론" 4:1-11.

창세기와 히브리서 11장의 신앙의 인물들의 목록을 본문으로 삼으면 "신앙의 삶"에 관한 일곱 개의 연속적인 강해 설교 시리즈를 작성할 수 있다. 신앙의 인물들이 나타나는 점진적인 순서는 매우 중요한 의미를 지닌다.

"아벨-믿음의 제사" 창세기 4:1-5; 히브리서 11:4
"에녹-믿음의 동행" 창세기 5:21-24; 히브리서 11:5-6
"노아-믿음의 행위" 창세기 6-7장; 히브리서 11:7
"아브라함-믿음의 순종" 창세기 12-18장; 히브리서 11:8-10
"이삭-믿음의 환상" 창세기 26-27장; 히브리서 11:20
"야곱-믿음의 분별력" 창세기 27-35장; 히브리서 11:21
"요셉-믿음의 확신" 창세기 37-50장; 히브리서 11:22

빌립보서는 4장으로 되어 있는데 각 장이 "행복해지는 법"에 관한 4편의 강해 설교 시리즈를 작성하는 데 안성맞춤이다.

"우리의 생명이신 그리스도를 통해서"
"우리의 본이 되신 그리스도를 통해서"
"우리의 목적이신 그리스도를 통해서"
"우리의 만족이신 그리스도를 통해서"

성경의 한 권 전체로 강해 설교 시리즈를 작성하는 방법 외에 폭넓은 주제를 하나 택하고 그 주제와 관련된 여러 다른 성경 구절을 뽑아 내어 강해 설교 시리즈를 작성할 수도 있다. "회개의 기적"이란 큰 제목으로 개인의 회개를 다룬 4편의 강해 설교를 만들 수 있다. 아래 목록은 4건의 회개의 기적을 언급하고 있다.

사마리아 여인, "회개를 통한 변화" 요한복음 4:1-44
십자가상의 강도, "즉석 회개" 누가복음 23:39-43
에디오피아 내시, "회개에 있어서 신적 일치" 사도행전 8:26-40
빌립보 감옥의 간수, "회개의 기쁨" 사도행전 16:22-40

성경에는 강해 설교 시리즈에 알맞은 자료들이 많이 있다. 서로 떨어져 있지만 관련을 맺고 있는 성경 구절들은 강해 설교 시리즈 본문으로 사용할 수 있다. 출애굽기 15:1-21의 모세와 이스라엘 백성의 노래, 신명기 31:30-32:44의 모세와 이스라엘 백성의 노래, 사사기 5장의 드보라의 노래, 사무엘하 22장의 다윗의 노래는 "구약 성도의 노래"라는 설교 제목으로 강해 설교 시리즈를 할 수 있는 좋은 본문들이다. 바울 서신에 나타난 사도 바울의 기도를 모아도 강해 설교 시리즈를 작성할 수 있다.

목회하면서 언젠가는 시편에서 강해 설교 시리즈를 하는 것도 좋을 것이다. 대관식 시편(시 93-100편), 할렐루야 시편(시 106, 111, 112, 113, 135편, 특히 146-150편), 회개의 시편(6, 32, 38, 51, 102, 130, 143편)을 본문으로 시리즈 설교를 작성해도 좋을 것이다. 물론 메시아 시편 중 몇 편을 골라 "시편에 나타난 그리스도"라는 설교 제목 아래 강해 설교 시리즈를 작성할 수도 있다. 시편 8편은 그리스도를 인자로, 시편 23편은 위대한 목자로, 시편 40편은 하나님의 선지자로, 시편 2편은 장차 오실 왕으로 묘사하고 있다. 또 시편 22, 23, 24, 이 세 편 사이의 명백한 연관 관계에 주목하고 "위대하신 목자의 죽음"(시 22편), "위대하신 목자의 권능"(시 23편), "위대하신 목자의 영광"(시 24편)이란 설교 제목을 가진 세 편의 설교를 시리즈로 할 수도 있다. 위와는 전혀 다른 접근 방법을 가지고 시편을 연구하면 "시편에서 들리는 소리"라는 큰 제목으로 아래와 같이 강해 설교 시리즈를 배열할 수도 있다.

"회개의 소리" 시편 51편
"감사의 소리" 시편 103편
"확신의 소리" 시편 27편
"환희의 소리" 시편 18편
"찬양의 소리" 시편 34편

성경 한 권의 한 부분을 본문으로 설교 시리즈를 작성할 수 있다. 전체 시리즈 본문의 범위는 한 주제를 중심으로 하는 여러 장으로 구성될 수도 있다. 예를 들면 성막을 주제로 하는 출애굽기 25-40장이나, 요셉의 일생을 주제로 하는 창세기 37-50장이나, 다니엘의 환상을 중심으로 하는 다니엘 7-12장 등이다. 요한계시록 2-3장에 나오는 아시아의 일곱 교회에 보낸 편지를 본문으로 삼고 아래와 같은 순서와 설교 제목으로 설교 시리즈를 만들 수 있다.

"분주한 교회" 2:1-7

"고난받는 교회" 2:8-11

"타협하는 교회" 2:12-17

"부패한 교회" 2:18-29

"죽은 교회" 3:1-6

"선교하는 교회" 3:7-13

"무관심한 교회" 3:14-22

강해 설교 시리즈를 작성하는 또 다른 방법이 있다. 한 장이나 한 장의 일부분을 본문으로 택해서 주의 깊게 연구하다 보면 그 짧은 본문으로 여러 편의 강해 설교를 만들 수가 있다. 스바 여왕의 솔로몬 방문 기사가 담긴 열왕기상 10:1-13을 예로 들 수 있다. 이 짧은 본문으로부터 "영원한 풍요"에 관한 세 편의 강해 설교 시리즈를 만들 수 있다.

"영원한 풍요를 발견함" 1-5절

"영원한 풍요를 향유함" 6-9절

"영원한 풍요를 소유함" 10-13절

열왕기하 5:1-15을 깊이 연구하면 하나님께서 문둥병자 나아만에게 자신에 대한 지식을 가르쳐 주시기 위해 사용한 수단이 여럿 있었음을 발견할 수 있다. 따라서 우리는 "하나님이 사용하시는 축복의 수단"에 관한 강해 설교 시리즈를 작성할 수 있다.

이사야 6:1-13은 "섬김은 준비함"이라는 큰 제목 아래 강해 설교를 시리즈로 할 수 있는 자료를 제공해 준다. 아래의 제목들로 하나님의 사람이 섬김을 준비하는 단계를 연속적으로 다룰 수 있다.

"주를 바라봄" 1-4절
"주께 자백함" 5절
"주께서 정결케 하심" 6-7절
"주께 자신을 드림" 8절
"주께서 사명을 주심" 9-13절

이 시리즈에서 첫 번째 메시지는 아래와 같은 개요로 전개시킬 수 있다.

1. 주를 효과적으로 섬기고자 하는 사람은 영광 중에 계신 주를 뵈어야 한다. 1-2절
2. 주를 효과적으로 섬기고자 하는 사람은 또한 거룩하신 주를 뵈어야 한다. 3-4절

노련한 강해 설교자라면 성경 전체를 파악하여 각 책의 개략을 제시하는 메시지들을 엮어 내는 설교도 계획할 수 있을 것이다. 예를 들어 "미래를 예언한 네 사람"이라는 제목으로 네 명의 대선지자에 관한 시리즈를 만들 수 있다. 이때 각기 서로 뚜렷이 구별되는 특성을 강조한다.

"이사야, 메시아 선지자"
"예레미야, 눈물의 선지자"
"에스겔, 침묵의 선지자"
"다니엘, 묵시의 선지자"

이제 강해 설교 시리즈에 대한 토의를 몇 마디 충고로 끝맺으려 한다. 물론 강해 설교 시리즈가 다른 설교 방법이 따를 수 없을 정도로 성경을 철저하게 가르쳐 주는 이점이 있기는 하지만 시리즈를 너무 길게 하지 않도록

유념해야 한다. 강해 설교 방법에 익숙한 회중들이라 하더라도 너무 오랫동안 하나의 주제만 강조하다 보면 금방 싫증을 느끼게 되기 때문이다. 이 점은 특별히 강해 설교 경험이 부족한 초보자가 유념해야 한다. 초보자는 하나의 주요 주제나 성경 한 권의 내용을 중심으로 시리즈 설교를 해나갈 때에, 회중들의 지루함을 덜어 주기 위해 메시지를 다양하고 흥미 있게 작성할 수 있는 능력이 부족하기 때문이다.

11. 결론

지금까지 논의한 것을 볼 때 강해 설교 방법이 어떤 의미에서는 가장 단순한 설교 방법이라고 주장해도 과언은 아니다. 모든 자료가 강해할 본문 안에 다 포함되어 있고 따라서 일반적으로 설교자는 본문의 순서만 따라가면 되기 때문이다.

이외에도 강해 설교에는 또 다른 장점이 있다. 다른 형태의 설교와는 달리 강해 설교는 설교자와 회중에게 모두 성경에 대한 지식을 확고히 해주는 이점이 있다. 더욱이 제임스 그레이 박사가 언급했듯이, "강해 설교는 순수한 성경의 진리와 사물을 보는 성경적 관점 이상의 것을 포함하도록 만들며" 설교자로 하여금 다른 상황에서는 몇몇 회중들의 감정을 상하게 할 수도 있는 실제적 충고를 설교에 포함시킬 수 있도록 해준다.

한편 강해 설교에는 또 다른 중요한 장점이 있다. 능숙한 강해 설교자가 되면 시간이 길수록 강해 설교야말로 성경 본문에 대해 자기의 소견을 말할 수 있는 기회-다른 방도로는 목회 사역을 하면서 전혀 취할 수 없는 기회-를 설교자에게 자주 부여해 주는 좋은 이점이 있음을 확실히 깨닫게 될 것이다.

제3부
설교작성의 구조와 내용들

"네가 진리의 말씀을 옳게 분변하며 부끄러울 것이 없는 일꾼으로 인정된 자로 자신을 하나님 앞에 드리기를 힘쓰라"(딤후 2:15)

I
설교의 구조

1. 설교 구조의 중요성

영국 런던의 웨스트민스터 교회의 저명한 목회자였던 마틴 로이드존스(D. Martyn Lloyed-Jones)는 그의 **산상 수훈 강해**(Studies in the Sermon on the Mount)에서 설교를 아래와 같이 정의했다.

> **설교는 출판해서 대중이 읽을 것을 목적으로 하는 수필이나 문학 작품이 아니다. 설교는 청중들의 귀에 직접 전달할 목적으로 작성한 메시지이다.**

청중들에게 직접 호소할 수 있기 위해서는 설교는 결코 모호해서는 안 되며 설교의 주요 주제와 관련이 없는 요소들을 포함해서는 절대로 안 된다. 한편 설교는 그 나름대로의 분명한 형식이나 패턴을 가져야 하며, 설교 안에 담긴 사상들은 연속성이 있어야 할 뿐 아니라 전체의 내용이 분명한 목표나 클라이맥스를 향해 움직여야 한다. 요약하면 설교는 설교를 구성하고 있는 다양한 요소뿐 아니라 메시지의 주요 주제를 청중들이 쉽게 파악할 수 있도록 구성되어야만 하는 것이다. 그래서 설교의 구조가 필요한 것이다.

앞으로 이 책은 설교작성의 기교를 다루게 될 것이다. 효과적인 설교를 위해 가야 할 길은 쉬운 길이 아니다. 오로지 고된 노력과 참을성 있는 연구만이 요구될 뿐이다. 신학도들이 설교작성법을 마스터하려면 이런 원리들을 습득한 후에 이 원리들을 끊임없이 적용하는 꾸준한 노력이 있어야만 한다.

그러한 부단한 노력의 대가는 거기에 들인 시간과 정력을 보상하고도 남는다. 일단 설교작성의 원리들을 철저하게 습득하기만 한다면 능숙한 설교자가 되는 길로 들어서게 되기 때문이다. 그의 설교는 처음부터 끝까지 명쾌하게 제시되기 때문에 청중들은 그 설교 속에 포함된 진리들을 하나씩 따라갈 수 있게 될 것이다.

2. 설교 개요의 형식

우리는 앞에서 설교 개요의 주요 측면들을 살펴보았다. 이제 독자들이 완전하게 이해하도록 하기 위해 아래에 설교의 한 본문을 구성하는 형식을 소개한다. 본 설교 개요의 형식은 제임스 브레가 **목사의 설교준비**(How to Prepare Bible Messages)라는 책에 나오는 형식이다.

제목 :
본문 :
도입 :
  1. _____
  2. _____
명제 : _____

질문 : _____
전환문장 : _____
 1. 첫째 대지 _____
　 1) 첫째 소지 _____
토론 _____
　 2) 둘째 소지 _____
토론 _____
　　• 전환부 _____
 2. 둘째 대지 _____
　 1) 첫째 소지 _____
토론 _____
　 2) 둘째 소지 _____
토론 _____
　 3) 셋째 소지 _____
토론 _____
　　• 전환부 _____
결론 : _____
1. _____
2. _____
3. _____

※ 제임스 브레가의 설교 개요 형식은 설교에 있어서 서론과 결론도 중요하지만 가장 중요한 것은 본론인데 이 형식에 있어서의 본론 부분은 명제, 질문, 전환문장, 대지, 소지, 토론, 전환부 등으로 구성되므로 너무 복잡하고 Simple하지 못하다. 특히 명제와 질문은 서론에서 본론으로 이어지는 과정에서 본문의 주제를 상기시키는 것에 불과한데

이것을 너무 지나치게 강조하였고, 둘째는 소지에서의 토론은 소지 자체가 대지를 설명하는 토론 그 자체인데 불필요한 항목을 강조하였고, 이 소지를 지나치게 강조하면 대지와 주제가 약화될 뿐만이 아니라 주제 정신을 중심으로 한 설교가 논리성을 잃게 되므로 회중에게 혼돈을 가져 올 수 있으며, 셋째는 대지와 대지를, 대지와 결론으로 이어지는 부분을 전환부라고 항목을 정하므로 전환문장이라는 본론을 의미하는 항목과 혼돈이 올 수 있는 문제점을 안고 있다. 이런 점을 감안하여 필자가 생각하는 설교 개요 형식은 다음과 같다.

제목 :
주제 :
본문(성경) : 눅19:1-10
필자의 생각은 성경 본문을 이곳에 기록하는 것이 좋겠음

서론(도입 포함)
 1. _____
 2. _____
본론
 1. 첫째 대지 : _____
  가. 첫째 소지 : _____
  나. 둘째 소지 : _____
 2. 둘째 대지 : _____
  가. 첫째 소지 : _____
  나. 둘째 소지 : _____
 3. 셋째 대지 : _____
  가. 첫째 소지 : _____

나. 둘째 소지 : _____
　4. 적용(도입 포함)

　결론
　　1. _____
　　2. _____

　위의 모본은 성경적 설교 구성의 전형적인 예이다. 즉, 본문 다음에 도입(서론)이 오고 그 다음에 본론, 대지, 소지가 들어가고, 마지막으로 결론이 순서대로 나타난다.

　설교 모본의 목적은 설교 개요를 분명하게 하는 데 있다. 분명한 설교 개요는 설교자에게 큰 도움이 된다. 설교 개요를 이런 형식으로 작성하면 전체의 메시지가 한눈에 보이므로 설교자에게 시청각적인 도움을 준다. 서론과 본론과 결론을 같은 선상에 두고 이들을 설명하는 요소를 조금 오른쪽으로 들어가서 기록하면 서론 본론 결론이 뚜렷하게 나타나게 되며, 특히 가장 핵심적인 본론은 오른쪽으로 약간 들어가서 대지를 아라비아 숫자로 1, 2, 3으로 같은 선상에 오게 하고 각 대지에 따른 소지는 가, 나, 다로 대지보다 약간 오른쪽으로 나아가서 기록된다면 소지가 대지에 종속된다는 사실을 쉽게 이해할 수 있으며, 사고의 흐름을 쉽게 파악할 수가 있다. 이 때에 대지와 소지는 상호 관계를 분명하게 하기 위해 한결같은 형태로 일정한 위치에 써야 한다는 사실을 유의해야 한다.

　대지와 소지는 각각 로마자와 아라비아 숫자로 번호를 메기는 것이 알파벳을 사용하는 것보다 좋으며, 설교 도중에 대지와 소지의 순서를 첫째, 둘째 등으로 언급할 때는 알파벳보다 아라비아 숫자로 쓰는 것이 보기에 훨씬 편하기 때문이다. 그러나 이와 같은 표기는 어떤 원칙이 있는 것이 아니므로 설교를 작성하는 사람의 취향과 이해하기 쉬운 자기 원칙에 의해 표기하여도 상관은 없으나, 다른 사람으로 혼돈을 가져오지 않도록 주의하면 되겠다.

물론 대지와 소지의 수를 위의 예(例)로 개요 형식에 사용한 수(數) 이하로만 한정하는 것은 결코 아니다. 때에 따라서는 대지나 소지가 더 늘어날 수도 있고 줄어들 수도 있는 것이다. 아울러 서론이나 결론의 요점 수도 마찬가지이다.

3. 설교 개요의 단순성

설교 개요는 단순해야 한다. 대지뿐 아니라 서론과 결론도 가능하면 이해하기 쉬운 몇 마디 말로 압축해서 표현해야 한다. 마찬가지로 수지는 대지를 설명하는데 있어서도 간단하게 쓰는 것이 좋다. 즉 여러 문장을 간단한 진술로 압축하려고 애써야 하되 본문의 핵심인 주제 정신이 이해가 가지 않을 정도로 압축하면 안된다.

4. 설교학 원리의 변형

제임스 그레이 박사는 자신이 설교작성과 전달법에 대해 가르쳤음에도 불구하고 한번은 강의실에서 학생들에게, 우리 주님은 설교학이나 수사학의 어떤 법칙에도 제한되지 않으신다고 핵심을 찌른 적이 있었다. 사실상 우리는 어떤 뚜렷한 계획이나 사고의 통일성 없이도 하나님의 말씀으로부터 메시지를 전달할 수 있다. 따라서 나는 설교자가 항상 설교학의 원리에 매여 있어야만 한다고 생각지 않는다. "살리는 것은 영이니 육은 무익하니라." 따라서 우리는 마음의 문을 열고 성령에 충만하여 성령의 쓰임을 받을 수 있도록 해야 한다. 그리하여 "생명의 말씀을 밝히는" 자가 되도록 하자.

그러나 신학도가 설교학을 배우는 동안에는 이런 자유를 행사하는 것이 결코 지혜로운 일이 아니다. 오히려 초보자들은 이 원리들을 마스터할 때까지는 엄격하게 이 원리들을 적용해 보는 노력을 게을리 해서는 안된다. 그러다 보면 언젠가 목회하는 도중에 성령의 인도하심을 따라 이런 원리들 중의 몇 원리들은 버려도 좋을 때가 올 것이다. 설교의 경험이 늘다 보면 설교 도중에 청중들의 느낌이나 설교자의 느낌에 따라 그가 배운 원리들을 변형하는 것이 바람직하고 또 필요한 경우가 종종 있다. 이렇게 함으로 청중들의 마음을 사로잡을 수 있는 여지가 생기는 경우가 많이 있다.

II
설교 제목

1. 제목의 정의

　제목을 붙이는 일은 설교작성 과정 중 가장 중요한 일 가운데 하나이다. 설교작성의 순서를 보면 우선 주제 설교에서는 제목 및 주제를 정하는 것이 제일 우선 되어야 한다. 이는 대지가 바로 제목 및 주제에서 나오기 때문이다. 본문 설교에서는 제목 및 주제보다는 본문 속에서 대지를 세우는 일이 제일 우선하여야 하며, 강해 설교에서는 본문을 분해하여 본문이 말하고자 하는 메시지를 찾는 일이 우선 되어야 한다. 그러므로 주제(제목)설교에서는 설교 제목을 세우는 일은 가장 우선 하여야 하지만 본문 및 강해 설교에서는 가장 나중에 하여야 하는 것이 좋다.
　우리는 먼저 중심 사상(subject), 주제(theme), 그리고 설교 제목(title)의 의미를 분명히 이해할 필요가 있다. 이런 용어들은 혼동되는 경우가 많다. 그러나 설교 학에서 이 용어들은 결코 동의어가 아니다. 중심 사상은 메시지 전체가 함축하고 있는 일반적 사상의 표현인 반면에, 주제는 어떤 특정 중심 사상의 한 측면을 간단하고 분명하게 표현한 것을 의미하며, 제목은 주제 보다는 보다 포괄적인 내용을 함축하여 표현된 것으로 제목, 주제, 중심사상을 구분하여 기록해야 한다고 주장하는 분들이 있으나 필자의 견해는 제목과 중심사상, 주제를 하나로 묶어 제목이라는 명칭으로 통일하는 것이 가장 Simple 하다고 생각한다. 그러나 분명히 제목과 주제, 또는 중심사상을 구분하여야 할 때가 있다는 것을 잊지 말아야 한다.

제목이란 메시지의 핵심을 가장 짧게 요약하여 설교의 내용을 회중들로 하여금 유추하게 하고 이해할 수 있도록 함으로서 회중들에게는 메시지에 대한 기대와 자극을 줄뿐만 아니라 설교자에게는 메시지의 중심을 잃어버리지 않게 하는 것이다.

제목을 정하기 위해서는 주의 깊은 사고와 숙련된 표현력이 필요하다. 특히 초보자들은 많은 노력이 필요할 것이다. 그러나 설교 제목을 보는 회중들의 눈빛이 흥미와 호기심으로 가득 차게 될 때 결국 설교자의 땀과 노력은 충분히 보상되고도 남을 것이다.

2. 제목의 특징

가. 제목은 메시지의 내용을 설교자나, 회중들로 하여금 이해하고 기대하게 하는 것이다.

나. 메시지의 제목은 본문과 성도의 삶을 연결하는데 유리하게 하고, 제목 하나만 보더라도 메시지의 중심 사상을 이해할 수 있어야 한다.

다. 제목이 아무 사상도 없이 흥미만을 자극하여서는 안되며 뚜렷한 사상 곧 본문에 준한 사상을 가장 간결하게 표현한 것이다.

3. 제목 결정의 원리

가. 제목은 설교 본문이나 메시지 내용에 부합되어야 한다

설교 제목은 본문이나 메시지 내용과 분명한 연관을 맺고 있어야 한다는 점은 너무나 명백한 사실이다. 만일 창세기 22:1-18의 아브라함이 이삭을 희생 제물로 바치는 기사를 본문으로 설교를 한다면 설교 제목은 그 본문과 어떤 밀접한 관계를 맺어야만 한다. 설교에서 순종을 강조할 작정이면 설교 제목은 "순종하는 아버지와 아들" 정도로, 아브라함의 부성(父性)을 강조하려면 "지, 정, 의의 한계를 초월한 아버지 아브라함" 정도로 설교 제목을 정하는 것이 좋겠다. 그러나 이와 같이 인간 중심적인 제목보다는 하나님 중심적인 "여호와 이레의 복"이라고 하는 것이 더 성경적이라고 생각한다.

나. 제목은 흥미로운 것이어야 한다

설교 제목은 관심과 호기심을 불러일으키도록 표현되어야 한다. 단순히 참신해야 좋다는 이유 때문이 아니라, 제목이 매우 중요하기 때문에 매력적인 것으로 붙이는 것이 좋다는 것이다.

청중들의 흥미를 끌기 위해서는 설교 제목이 삶의 상황이나 필요와 조화되어야 한다. 안팎의 다양한 환경은 교회의 삶과 사고에 영향을 미친다. 회중 개개인의 사적 대소사뿐 아니라 영적 축복의 때, 시련의 때, 역경과 풍요의 때, 사회적 정치적 대변동, 축제와 기념일, 기쁨의 날과 애도의 날 등은 회중들에게 영향을 미친다. 목회자는 회중들이 그러한 환경에 직면할 때마다 그들의 필요가 무엇인가를 민감하게 살펴보아야 한다. 그리고 주님의 인도하심대로 회중이 처한 상황과 조건에 맞는 메시지를 전달해야 한다. 마찬가지로 설교 제목도 회중들의 환경과 관심사에 맞게 붙여져야 한다.

그러므로 우리는 회중에게 특별한 의미나 중요성을 띠지 않는 설교 제목은 피해야 한다. 열왕기상 17:1-6을 본문으로 하는 설교 제목을 "그릿 시냇가의 엘리야"라든지 "엘리야 시대의 기근"이라고 정하면 오늘날의 우리에게는 특별한 의미를 주지 못한다. 그러나 "신뢰하도록 시험하심"이라는 제목은 시련의 시대를 살아가는 모든 사람에게 즉각적으로 어떤 의미를 던져 준다. 하나님의 백성이 원망하는 기사가 담긴 출애굽기 15:22-26을 중심으로 한 설교 제목을 "마라 물가에서"라고 정하면 회중들의 관심을 전혀 끌지 못하나, "쓴 물과 쓴 영혼"이라고 정하면 우리가 원하지 않는 환경에 대해 마음속에 불평을 안고 있을지도 모르는 회중들의 마음에 하나님의 섭리를 향한 즉각적인 반응을 일으킬 수가 있다.

초보자들의 경우 흥미를 끌 수 있는 설교 제목을 만들기 위해서는 시간과 노력이 필요할 것이다. 그러나 설교 제목이 매력적이라면 특히 설교 전에 제목을 미리 광고할 때는, 회중들을 교회로 이끌고 회중의 새로운 관심을 유발시키는 좋은 수단이 될 수가 있다.

다. 제목은 강단의 품위를 손상시키는 것이어서는 안된다

관심을 유발시키기 위해 어떤 설교자는 기괴하고 감각적인 설교 제목을 정하는 실수를 범한다. 그 중에는 아래와 같은 예가 있다.

"마셔라, 취하라, 벗어라"
"술, 여자, 노래"
"구약 스타일의 쇼"
"남편이 아내를 때려도 되는가?"
"잘난 체하는 놈"
"우주 비행사들과 달에 사는 사람"
"광란의 장소"
"다이어트와 색시함"

위와 같은 설교 제목은 몽상적이고, 거칠고, 조잡하며, 부적절할 뿐 아니라 인간에게 하나님의 말씀을 전하는 신성한 임무와는 전혀 조화되지 않는다.

흥미로운 설교 제목으로 회중의 관심을 유발하기 위해 부단히 애를 써야 하는 것은 사실이지만, 반면에 하나님의 말씀이 갖고 있는 위엄과 권위를 손상시키지 않도록 늘 유념해야 한다. 우리는 머리가 좋다는 소리를 들으려고 애쓸 필요는 없다. 따라서 너무 감각적인 설교 제목이나 과다한 관심과 호기심을 불러일으키기 위해 인위적이고 조잡한 설교 제목은 어떤 대가를 치르더라도 피해야 한다. 경망스럽거나 저속한 설교 제목은 더더욱 피해야 한다.

라. 일반적으로 제목은 짧아야 한다

압축되고 요약된 설교 제목은 일반적으로 긴 문장보다 더 효과적이다. 긴 문장보다 훨씬 더 독자의 눈길을 끌기가 쉬운 것이다. 그러므로 설교자는 설교 제목을 짧게 만들어야 하나 그렇다고 너무 갑작스러운 느낌을 주는 설교 제목을 정해서도 안된다. 또한 짧게 만든다는 미명 아래 명백성을 상실해서도 안된다. 단 한 마디로 된 설교 제목은 일반적으로 너무 갑작스러운 느낌을 주기 때문에 회중의 관심을 유발시키지 못한다.

마. 제목은 긍정문이나 의문문이나 감탄문의 형식을 띨 수도 있다

일반적으로 설교 제목은 몇 마디 말로 구성되는 것이 보통이나 하나의 완전하고도 야무진 문장으로 표현할 필요가 있을 때도 있다. 이럴 때는 긍정문이나 감탄문의 형식으로 설교 제목을 정할 수 있다. 의문문의 형식으로 제목을 정하면 더욱 강한 인상을 주는 경우도 있다. "인생은 살 가치가 있다"와 "인생은 진정 살 가치가 있는가?" 그리고 "우리는 주님의 편에서야 한다"와 "누가 주님의 편에 서겠는가?"의 차이점에 주목해 보라.

아래의 예를 더 살펴보자.

의문문:

"왜 경건한 자들이 고통받는가?"

"신앙의 진정한 의미는 무엇인가?"

선언문:

"하나님은 우리의 어려움을 해결하실 수 있다"

"죽음에 대해 성경이 말하는 것"

감탄문:

"보다 나은 삶을 위해!"

"버려야 얻는다!"

바. 제목은 끝에 의문문이 딸린 구문으로 만들 수도 있다. 다음의 제목들을 보라

"고뇌하는 젊은이들: 그들에 대한 우리의 책임은 무엇인가?"

"인생의 난제들: 우리는 어떻게 맞닥뜨릴 것인가?"

사. 때로 제목은 복합적인 중심 사상을 담는 경우가 있다

"그리스도인과 그리스도인이 사귀는 친구들"

"제자도: 그 도전과 대가"

"시대의 표적과 그리스도의 재림"

아. 제목에는 성경에서 뽑아낸 짧은 인용구가 들어갈 수도 있다. 아래는 설교 제목으로 사용된 인용구들이다

"네 하나님 만나기를 예비하라" (암 4:12)
"내 이웃이 누구오니이까" (눅 10:29)
"우리에게 기도를 가르쳐 주옵소서" (눅 11:1)
"주의 뜻이 이루어지이다" (마 6:10)
"거기서 대장부들을 보았나니" (민 13:33)
"오직 한 일" (빌 3:13)
"너희 죄가 정녕 너희를 찾아낼 줄 알라" (민 32:23)

4. 특별한 예배를 위한 설교 제목의 예

가. 신년 예배 설교
"새로운 피조물"
"축복의 시발점"
"가치 있는 생을 향하여"
"주인이여 금년에도 그대로 두소서"

나. 고난 주일 예배 설교
"십자가의 의미"
"죽음에 대한 슬픔"
"갈보리라 하는 곳"
"사랑의 대가"
"측량할 수 없이 귀한 희생"

다. 부활절 예배 설교
"부활하신 그리스도의 승리"

"의심할 수 없는 사건"
"그리스도의 부활의 능력"
"살아 계신 그리스도의 위로"
"다시 사신 주님에 대한 인격적 지식"

라. 8. 15 기념 예배 설교

"자유의 차원"
"자유의 대가"
"우리의 유산을 지키자"
"우리 선조의 신앙"
"8. 15의 신학적 의미"

마. 성탄절 예배 설교

"선물 중의 선물"
"하나님께서 인간이 되셨을 때"
"죽기 위해 나심"
"동방 박사의 지혜"
"아기 예수 주변의 사람들"

바. 선교 예배 설교

"교회의 진군 명령"
"선교의 명령"
"하나님께로부터 보냄을 받은 사람"
"인생의 최우선 순위"
"개인의 헌신의 문제에 직면하여"
"선교의 전망"

"징집인가 강제인가"

"차원 높은 섬김을 위한 차원 높은 자격 조건"

III
주제
(일명 논제, 중심사상, 명제라고도 일컬음)

1. 주제의 정의

주제란 설교자가 설교를 작성함에 있어서 정하여진 성경 본문에서 저자의 의도 및 뜻을 파악하여 한 마디로 간략하게 요약 압축된 문장이다. 이는 그 설교의 서론, 본론, 결론을 작성하는데 기초가 되며, 때에 따라서 제목과 일치할 수도 있지만 독립된 경우가 더 많다. 이 주제를 그 본문의 핵심사상이라고도 하며 설교의 논의, 전개, 증명 혹은 설명을 함에 있어서도 영향을 주므로 설교에 나타나는 주된 영적 교훈이나 영구적인 진리를 하나의 문장으로 축약한 것이다.

논제(논설의 제목), 중심 사상(본문이 가진 중심이 되는 사상), 명제(제목을 정함, 논리적 판단을 언어나 기호로 표현한 것) 등으로도 불리는 이 주제는 주제 설교에서는 서론, 본론(대지와 소지의 결정), 결론에도 결정적인 영향을 주게되며, 본문 설교에서는 두 세 개의 본문이 하나의 사상으로 묶을 때에 결정적인 역할을 하며, 강해 설교에서는 주제 곧 중심사상을 발견하지 못하면 설교의 내용 전개가 불가능하므로 설교작성에 있어서는 꽃과 같은 하나의 원칙이다. 라고 말할 수 있다.

성경은 여러 가지 논제들과 사상들의 보고이다. 심지어 단 한 절의 성구도 수많은 원리와 영구한 진리들의 원천이 될 수 있다. 에베소서 2:8을 예로 들어보자. "너희가 그 은혜를 인하여 믿음으로 말미암아 구원을 얻었나니 이것이 너희에게서 난 것이 아니요 하나님의 선물이라." 이 짧은 본문에서 주제를 정한다면 "구원은 하나님의 은혜 곧 선물이다" 라고 정할 수 있으며 이를 보다 구체적 원리들을 유추하여 보면 다음과 같다.

- 구원받은 죄인은 모두가 하나님께서 값없이 주신 은혜의 선물이다.
- 구원은 거저 주어지는 것이지만, 우리가 믿음으로 받아들여야만 우리의 것이 된다.
- 구원의 근원은 하나님의 은혜이다.
- 하나님께서 거저 주시는 것을 받는 것은 믿음이다.
- 하나님께서 구원을 주시는 것은 인간의 행위와는 전혀 무관하다.

2. 주제의 중요성

정확한 주제의 중요성은 아무리 강조해도 지나치지 않다. 사실상 주제는 설교작성의 가장 근본적인 요소이다. 거기에는 2가지 이유가 있다.

첫째는 주제는 설교 전체 구조의 기초이기 때문이다

건물에 기초가 있듯이 설교작성의 기초는 본문에서 주제를 찾는데 있다. 확고한 기초가 없이는 집이 제대로 설 수 없듯이 사고 구조의 올바른 기초가 없이는 설교가 올바로 작성될 수 없다. 따라서 주제를 구성하는 단어 선택에 신중을 기하므로 주제가 설교의 주요 사상을 정확히 표현할 수 있도록 해야 한다.

주제를 올바로 작성하게 되면 설교자는 그가 계획한 대로 주요 사상을 중심으로 자료를 조직하는 데 별 어려움을 느끼지 않을 것이다. 많은 자료들이 설교에 포함될 것이다. 그러나 처음부터 끝까지 모든 것은 주제 안에 나타난 설교의 단일 특정 목적과 연관을 맺게 된다. 설교자가 이 한 가지 주요 사상만을 따라가다 보면 설교에서 배제되어야 할 것이 무엇인가를 알 수 있을 뿐 아니라 설교에 적합한 자료가 어떤 것인가도 금방 인식할 수 있다. 그러나 주제를 제대로 작성하지 못하면 전체의 사고 구조는 흔들리게 되고 뒤범벅이 될 것이다.

둘째는 주제는 설교가 어떻게 진행될지를 회중에게 분명히 제시해 주기 때문이다

바른 주제는 설교자뿐 아니라 회중에게도 유익을 준다. 설교자들이 설교를 시작하면 회중들은 거의 본능적으로 "설교자가 어떤 주제로 설교를 하려고 하나?"라는 의문을 가진다. 만일 메시지의 목적을 분명히 밝히지 않으면 회중들은 설교의 내용을 쉽게 따라가지 못할 뿐 아니라 관심의 초점도 흐려지기가 쉽다. 반면에 처음부터 설교자가 자기가 나아갈 방향을 분명하게 제시하면 회중들은 쉽게 메시지를 이해하게 될 것이다. 본장의 나머지 부분과 이어지는 장들에 나와 있는 개요들을 잘 살펴보고 각각의 경우 논제들이 이어지는 메시지의 이해를 돕기 위해 어떤 식으로 자리 잡고 있는지를 관찰해 보라.

3. 주제의 전개 과정

주제를 만들어 내는 일은 초보자들이 하기에 무척 힘겨운 과제이다. 그러나 주제 문장을 적절하게 진술하는 것이 참으로 중요한 일인 만큼 설교자는 그것을 정확하게 해 내는 법을 반드시 익혀야 한다.

어떤 때는 설교준비를 하면서 중심 사상이 빨리 떠오르기도 한다. 그러나 본문에서 중심 진리를 찾아내는 일 곧 주제를 찾아내는 일은 설교의 뼈대를 형성해 가는 단계들을 밟아 가는데 결정적인 역할을 한다.

가. 본문을 철저하게 해석학적으로 연구하는 단계

본문을 면밀하게 연구하는 것이 바른 의미를 이해하는 데 꼭 필요한 일이며 다시 말해서, 본문을 면밀하게 해석하는 것은 성경의 어떤 부분이든 그 부분을 정확하고 충실하게 강해하는 데 꼭 필요한 일이다.

나. 본문의 해석적 개념 진술하기

해석하는 작업이 끝나면, 다음 단계는 본문의 중심 사상을 발견하는 것이다.

설교학을 다룬 최근의 저서(Biblical Preaching by Haddon W. Robinson, copyright 1981 by Baker Book House)에서, 로빈슨은 앞서 우리가 중심 사상(subject) 또는 주제(topic)라고 불렀던 것의 개념을 확장하여 설명하고 있다. 그는 이것을 해석적 개념으로 말한다. 성경 해석에 있어서 주제 곧 중심사상은 설교의 대지를 결정할 뿐만 아니라 소지까지도 그 방향을 제시하여주므로 설교작성에 골격을 이루는데 지대한 영향을 주게 된다. 고로 바른 주제를 정한다는 것은 성경 해석에도 결정적 역할을 하게 되어 성경적인 설교 개요 작성에 기여하게 되는 것이다.

모든 성경은 한 단위 한 단위의 말씀마다 중심 사상과 최소 한 개 이상의 보충 문장(대지 및 소지)이 들어 있다. 설교자의 임무는 우선 중심 사상을 발견하고 나서 그 본문이 그 중심 사상에 관해 말하는 바를 파악하는 일이다. 설교자가 그 일을 할 수 없다면 십중팔구 말씀의 내용에 관해 막연한 짐작만 하게 되고 청중들에게도 그 내용을 명확하게 설명하는 위치에 설 수 없을 것이다.

"언제, 어디서, 누가, 무엇을, 어떻게, 왜"의 육하원칙을 사용하여 본문의 내용을 분석하는 것도 설교자가 주제를 밝혀내는 데 도움이 되는 경우가 있다.

때로는 전체 강해 단위를 쉽게 바꿔 써 보는 것도 주제와 보충 문장을 파악하는 데 도움이 된다. 또 본문의 구조도를 그리면 종속 문장과 주문장 상호간의 관계를 파악함으로써 내용을 분석할 수 있으며 본문이 무엇을 말하고 있는지에 관해 실마리를 얻을 수 있다.

이제 네 개의 본문을 보면서 해석적 개념을 명확하게 하려 한다. 이 본문들에 관한 해석학적 작업은 본서의 범위를 넘어서는 것이기 때문에 이 필요한 공부가 이미 이루어졌다고 간주해야 하겠다.

먼저 마가복음 16:1-4을 보자.

"안식일이 지나매 막달라 마리아와 야고보의 어머니 마리아와 또 살로메가 가서 예수께 바르기 위하여 향품을 사다 두었다가 안식 후 첫날 매우 일찍이 해 돋은 때에 그 무덤으로 가며 서로 말하되 누가 우리를 위하여 무덤 문에서 돌을 굴려 주리요 하더니 눈을 들어 본 즉 돌이 벌써 굴러졌으니 그 돌이 심히 크더라."

중심 사상을 찾기 위해서 우리는 "본문은 무엇에 관한 것인가? 혹은 누구에 관한 것인가? 향품이 중심이 되고 있는가, 아니면 돌인가? 아니면, 여자들이 얘기하고 있는 문제인가?"라는 질문을 하게 된다. 본문을 잘 보면 즉시 그 내용이 여자들을 중심으로 이루어지는 일임을 알 수 있다. 그러나

"어떤 여자들인가? 이 여자들은 누구인가?" 하는 의문이 생긴다. 좀더 자세히 보면 "예수께 바르기 위하여 향품을 가지고 무덤에 갔던 여자들"이라는 것을 알 수 있다. 그러면 이 본문의 주제가 드러났다.

이제 보충 문장을 잡아내야 한다. 다시 말해서, 본문이 이 여자들에 관해 무엇을 말해 주고 있는가이다. 우선 몇 가지 사실을 알 수 있다. 여자들의 이름, 무덤에 갔던 날, 그들이 가져갔던 향품, 서로 나눈 이야기, 걱정했던 바가 의외로 해결된 점 등이다. 포괄적인 전체의 문장에는 너무 많은 사실들이 나와 있기 때문에 두 개의 보충 문장으로 요약해 보겠다. 첫째, "그들은 무덤 문에 있는 돌이 너무 무겁다는 사실 때문에 고민했다." 둘째, "그들이 무덤에 도착했을 때는 이미 돌이 옮겨져 있었다."

다음에 할 일은, 본문에서 기본 사상을 잡아내어 주절과 보충절이 있는 하나의 완전한 문장으로 표현해야 한다. 다음과 같이 표현할 수 있다. "예수께 향품을 바르려고 빈 무덤으로 갔던 여인들은 감당 못할 큰 문제로 걱정했지만 그 문제에 맞닥뜨리기 이전에 해결을 받았다."

갈라디아서 3:13을 두 번째 예로 들어 보자.

"그리스도께서 우리를 위하여 저주를 받은 바 되사 율법의 저주에서 우리를 속량하셨으니 기록된 바 나무에 달린 자마다 저주 아래 있는 자라 하였음이라."

이 본문을 잘 살펴보면 그 중심 사상 즉, 말하려는 바는 율법의 저주로부터 건지심을 받은 구속이라는 것을 알 수 있다. 보충 문장 즉, 갈라디아서 3:13에서 우리의 구속에 대해 말하고 있는 바는, 그 구속의 그리스도께서 나무에 달려 저주를 받으심으로 말미암아 효력이 있었다는 점이다. 그러므로 중심 사상과 보충 문제를 합치면 "율법의 저주로부터 건짐 받은 우리의 구속은 그리스도께서 우리를 위해 저주를 받으심으로 말미암아 효력이 있었다."라는 문장이 된다.

세 번째 예로 누가복음 15:1-2이다.

"모든 세리와 죄인들이 말씀을 들으러 가까이 나아오니 바리새인과 서기관들이 원망하여 가로되 이 사람이 죄인을 영접하고 음식을 같이 먹는다 하더라."
말씀을 주의 깊게 살펴보면 중심 사상은 예수님에 대해 바리새인과 서기관들이 불평하는 것임을 알 수 있다.
보충 사항은 예수님께서 죄인을 영접하고 그들과 함께 어울리신다는 그들의 불평 내용이다. 이제 중심 사상과 보충 사항을 합쳐서 해석학적 개념으로 만들어 보자.
"바리새인과 서기관들은 예수님께서 죄인을 영접하고 그들과 함께 어울리신다는 사실에 대해 불평했다."

마지막으로 빌립보서 1:9-11을 예로 들어 보자.

"내가 기도하노라 너희 사랑을 지식과 모든 총명으로 점점 더 풍성하게 하사 너희로 지극히 선한 것을 분별하며 또 진실하여 허물없이 그리스도의 날까지 이르고 예수 그리스도로 말미암아 의의 열매가 가득하여 하나님의 영광과 찬송이 되게 하시기를 구하노라."
이 말씀의 중심 사상은 무엇인가? 무엇에 관한 말씀인가? 이것이 빌립보의 성도들을 위해 드리는 바울의 기도라는 사실은 어렵지 않게 알 수 있다. 보충 내용은 어떤가? 본문에는 그 기도에 관해 어떤 내용이 나와 있나? 바울은 그들을 위해 무엇을 간구하고 있나? 9절에서 사도는 그들의 사랑이 점점 더 많아지기를 간구한다. 10절과 11절에서는 이 신약 성도들의 사랑이 더욱 커져서 그 결과로 영적 분별력과 그리스도인의 구체적 성품들을 소유하여 하나님의 영광에 이를 수 있게 되기를 간구한다. 그러므로 중심 사상은 빌립보 신자들을 위한 바울의 기도이고, 보충문은 두 가지로 간추릴 수 있다. 즉 "그 기도에는 성도들의 사랑이 커지게 해 달라는 간구가 들어 있고, 성도들이 영적 분별력 그리고 그리스도인의 성품들을 소유하여 하나님께 찬송이 되기를 바라는 간구가 들어 있다."

중심 사상과 보충 문장들을 조합하면 다음과 같은 해석적 개념이 된다. "바울은 빌립보 성도들의 사랑이 더욱 풍성해져서 영적 분별력과 그리스도인의 성품을 갖추어 하나님의 영광에 이르기를 기도했다."

말씀의 어떤 부분들은 위에서 살펴볼 경우보다 훨씬 더 복잡하다. 특히 선지서나 사도행전의 어떤 부분들이 그렇다. 그런 경우에는 중심 사상과 보충 문장들을 가려낼 때 해석의 원칙에 근거하여 세심하게 연구해야 한다.

다. 주제는 간결하고 강력한 형태의 문장으로 진술

생각 속에서 주제가 구체화되면, 설교자는 그것을 간결하고도 강력한 문장으로 표현하기 위해 다시 한번 단어들을 재배열해야 한다. 동시에, 그 주제가 성경 말씀에 담긴 개념을 충실하게 드러내는지를 확인해야 한다.

주제를 정하면서 설교 계획 전부를 수정하거나 재구성해야 할 수도 있다. 이렇게 해서 설교가 이 하나의 중요한 원리를 적절하게 전달할 수 있다. 시편 23편의 주제를 다시 한번 보고, 다음과 같이 간단한 문장으로 수정할 수 있다. "만족은 모든 하나님의 자녀가 갖는 행복한 특권이다."

4. 주제 작성의 원칙

가. 주제는 설교의 주된 혹은 근본적인 사상을 하나의 완전한 문장으로 표현하는 것이어야 한다

이미 본 바와 같이, 주제는 설교자가 설교에서 말하고자 하는 하나의 주된 진리를 진술하는 것이다. 주제가 올바로 작성될 때 설교의 사상 구조가 갖는 조직적인 통일성이 높아진다. 주제에서 중심 사상이 두 가지 이상 나오면 전체 구조의 통일성이 단숨에 깨어진다. 두 개의 사상을 담은 문장으로 다음과 같은 예를 들 수 있다. "성경은 경건한 삶을 사는 방법과 그리스도의 충실한 일꾼이 되는 방법을 가르쳐 준다." 이 속에는 두 개의 주제가 들어 있어서 설교에서 사상의 단일성을 유지할 수 없다.

설교에서 기본이 되는 개념을 하나의 완전한 사상으로 표현하기 위해서는 하나의 완전한 문장 형태를 띠어야 한다. 즉, 그 문장에는 주부와 술부, 두 가지 부분이 포함되어야 한다. 주부는 우리가 말하고자 하는 대상이고 술부는 그것에 대한 어떤 서술이다. 예를 들어, 그리스도의 재림을 얘기하고자 하는 주제로 선택할 수 있다. 이 주제를 덩그러니 그 자체로 놓아두면, 그 주제에 관해 어떤 말을 하려는지가 나타나지 않으므로 불완전한 개념으로 남게 된다. 그러므로 술부를 첨가할 필요가 있다. 술부에는 주제에 관하여 하고 싶은 말을 정확하게 표현해 주는 동사가 꼭 들어가게 된다. 주부에다가 "…은 고통 받고 있는 성도들의 소망이다"라는 어구를 붙여 보자. 주부와 술부를 함께 엮으면 "그리스도의 재림은 고통 받고 있는 성도들의 소망이다"라는 완전한 문장이 되어 하나의 완전한 개념을 표현하게 된다.

나. 주제는 긍정문이어야 한다

논제 즉, 주제 문장은 부정문이 아닌 명확하고 긍정적인 확언이어야 한다. "우리는 주님의 선하심을 찬양할 때 그를 경배 한다" 같은 문장은 긍정적인 확언이다. 반면에 "우리는 우리가 처한 상황에 대해 불평할 때 주님께 경배하지 않는다."와 같은 문장은 부정적인 진술이다.

아래의 개요를 살펴보고 주제가 긍정문의 형태로 표현되었는지를 관찰하라.

> **제목: 의지하는 사람**
> 주제: 그리스도인의 삶은 끊임없이 의지하는 삶이다
>
> 1. 구원을 위해 그리스도께 의지한다. 디도서 3:5.
> 2. 영적 성장을 위해 하나님께 의지한다. 베드로전서 2:2.
> 3. 영적 능력을 위해 기도에 의지한다. 야고보서 5:15.
> 4. 서로 권면하기 위해 교제에 의지한다. 요한일서 1:3.

다. 일반적으로 주제는 현재 시제로 표현된 불변의 진리여야 한다

주제는 언제나 유효하고 보편적인 원리 혹은 진리로서 생활과 행실의 기준이 되는 것이다. 이 때문에 주제는 성경적으로 온당해야 하고, 동시에 주로 현재 시제로 신술되어야 한다.

그러나 첫 번째 원칙에서 지적했듯이 진리는 불완전한 문장으로는 표현될 수가 없다. 반드시 주부와 술부가 포함된 완전한 문장이어야 한다. 예를 들어, "시험당할 때에 하나님의 백성에게 필요한 것"과 같은 문구는 긍정적인 확언이 아니며 진리를 포함하고 있지도 않다. 문장의 단편에 불과하다. 설교자가 이것을 주제로 활용한다면 설교는 애매하고 공허해질 것이다. 반면에, "하나님의 백성은 시험당할 때에 하나님을 바라볼 수 있다"라고 하면 영원히 참되며 보편적인 진술이 된다.

명령하는 문장이 원리가 될 수 없으며 영원한 진리 표현이 될 수 없다는 것 또한 명백하다. 명령문은 긍정적인 확언이 아니다. 그러므로 "자신의 일을 부지런히 하라"는 식의 문장으로 주제를 만드는 것은 옳지 않다. 한 가지 덧붙이자면, 영구불변의 진리 속에는 지리적, 역사적 언급이 들어가지 않으며 하나님의 이름을 제외하고는 고유한 이름이 포함되지도 않는다. 그러므로 다음과 같이 말하면 부적합하다. "여호와께서 북 왕국에 말씀을 전하게 하시려고 유대 땅 드고아에서 아모스를 부르셨듯이, 오늘날도 누군가를 불러 이국땅으로 가서 주를 섬기게 하신다." 대신 "여호와께서는 그의 주권으로 성도들을 부르셔서 어디서든 그를 섬기게 하신다."라고 말할 수 있다.

라. 주제는 단순하고 명확하게 진술해야 한다

주제 문장 속에는 불명확함이나 애매모호함이 있어선 안 된다. 가령 "일은 상급이다"라는 문장을 주제로 채택했다고 해보자. 회중들은 당장 여러 가지가 궁금해 질 것이다. "누구의 일이 상급인가?", "어떤 유형의 일이 상급인가?", "일이 상급이 되는 경우는 언제인가?", "일 때문에 받는 상급은 어떤 것인가?"

그러나 설교 사상을 분명하게 말할 필요가 있다고 해서 우아하고 감동적인 언어를 사용할 필요는 없다. 오히려 사용된 말들이 단순하고 명쾌할 때 청중들이 곧바로 이해할 수 있다. 예를 들어 그리스도인의 증거에 대해 말할 작정이면 주제를 "빛을 발하는 그리스도인은 그리스도를 효과적으로 증거하는 증인이다"로 정할 수 있다.

마. 주제는 근본적인 진리의 확언이어야 한다

말씀으로부터 얻은 메시지를 전할 때, 설교자는 공포, 죄책감, 좌절, 슬픔, 실망, 마음의 고통, 사랑, 기쁨, 용서, 평화, 자비, 희망 또 그 외의 많은 감정과 열망 등 인간의 근본적인 면들을 다루게 된다. 따라서 논제, 즉 설교의 요제는 개인들의 삶에 의미가 있는 용어들로 표현되어야 한다.

그렇기 때문에, 논제에는 사소한 것들이 들어갈 자리가 없다. "물고기는 물살을 거슬러 헤엄칠 수 있다"라든가 "사람마다 취향이 다르다"와 같은 말은 특별한 의미가 없다. 비록 보편적인 사실이긴 하지만 인생에서 중요한 사건들에 관해 특별한 영향을 미치지는 않는다.

그러므로 사역자는 중심 사상이라고 부를 만한 것, 뭔가 근본적이고 중요한 개념을 주제 문장으로 채택하는 데 각고의 노력을 기울여야 한다. 다시 말해서 주제 문장은 청중들에게 크게 의미가 있는 설득력 있는 것이어야 한다.

바. 주제는 구체적이어야 한다

주제로 표현되는 영구불변의 진리는 구체적인 개념으로 제한되고 좁혀져야 한다. 중심 사상이 너무 일반적인 용어로 언급되면 활력을 잃게 되고 청중들의 흥미를 유발시키지 못한다. 다음과 같은 진술들이 그렇다.

"기도에는 큰 가치가 있다."
"아버지들은 자녀들을 훈계해야 한다."
"우리는 하나님의 말씀을 연구해야 한다."
"그리스도는 잃어버린 자들을 사랑하신다."

다음의 네 문장과 대조하고 각각의 진술이 제한된 범위 내에서 이루어졌기 때문에 예리하고 강력해졌음을 관찰해 보라.

"기도하는 그리스도인은 강력한 영향을 미친다."
"아버지들은 자녀들을 훈계할 때 지혜롭게 해야 한다."
"하나님의 말씀을 연구하면 큰 유익이 있다."
"그리스도의 사랑은 모든 죄인 각자에게까지 미친다."

사. 주제는 명쾌하면서도 가능한 간결하게 진술해야 한다

효과적인 주제는, 명확함이 희생되지 않는 범위 내에서, 가능한 간결하게 진술되어야 한다. 주제를 작성할 때는 장황하고 완곡한 진술을 피할 필요가 있다. 즉, 주제는 분명하고 간단한 문장이어야 한다. 대충 17단어 이내로 제한하면 좋다.

> 제목: 승리하는 생활
>
> 본문: 빌립보서 1:12-21
>
> 주제: 그리스도인은 그리스도 안에서 영광스럽게 승리한다.
>
> 1. 대적을 만났을 때, 바울이 그랬던 것처럼. 12-14절
> 2. 반대에 부딪혔을 때, 바울이 그랬던 것처럼. 15-19절
> 3. 죽음을 당하여서, 바울이 그랬던 것처럼. 20-21절

대지들의 형식적 진술이 논제는 아니라는 점을 지적해야겠다. 설교의 과정을 드러내는 것이 주제를 진술하는 목적은 아니다. 그보다는 영구한 진리의 형태로 설교의 주요 사상을 간단한 용어에 담아 표현하는 것이다. 이 주제 문장으로부터 각각의 설교 대지가 유추되어 나오고 그 대지는 주제 문장의 일정 측면을 발전시키는 것이다. 그러므로 위에서 보인 설교 개요의 주제를 "그리스도인은 대적을 만났을 때에도, 반대에 부딪혔을 때에도, 죽음을 당하여서도 영광스럽게 승리 한다" 라는 문장으로 고치는 것은 옳지 않다.

5. 주제를 대지에 연결시키는 방법

주제는 보통 본문의 주제 정신에서 나오는 대지의 제목을 열거하므로 본론과 연결하게 된다.

그러므로 설교의 대지를 미리 밝혀주므로 설교의 사상이 설교 전체에서 어떻게 발전되고, 밝혀지고, 설명될지를 미리 제시해 주는 효과를 얻게 된다.

주제 곧 중심사상은 설교를 작성할 때 유용하다. 그러므로 주제는 대지의 성격을 규정짓고 분류하는 것도 가능케 한다. 그러나 설교 개요 작성에 있어서는 물론 구조적인 통일성이 있어야 하지만, 구조적 통일성이 없다면, 핵심 사상은 본론의 각 대지에 연결시키지도 못하고, 각 대지들 서로 간에도 연결시키지 못할 것이다. 그러므로 구조적 통일성이 잘 지켜졌는가를 시험해 보려면 각 대지에 동일한 핵심 사상이 적용되는지를 보면 된다.

우리는 다음의 누가복음 15:25-32의 강해 설교 개요를 작성했다.

제목: 바리새인 : 어제와 오늘

중심 사상: 탕자의 형의 성격에서 보이는 바리새인주의의 특성

1. 스스로 의로운 사람이었다. 29-30절
2. 사랑할 줄 모르는 사람이었다. 28-30절
3. 남의 약점을 들추는 사람이었다. 25-30절
4. 완고한 사람이었다. 28-32절

IV
서론

1. 서론의 정의

 실제로 서론(Introduction)은 제목과 마찬가지로 설교작성의 마무리 작업 중 하나이다. 그 이유는 설교의 주요 부분과 결론을 쓴 후에야 비로소 설교자는 메시지에 적합하고 청중들의 관심을 사로잡을 수 있는 서론을 정할 수 있기 때문이다. 그러므로 제3부 설교작성의 구조와 내용들 중 제 I 장의 설교의 구조에서 보신 바와 같이 서론은 앞부분에 있다고 하여 서론부터 논하여서는 안 된다.
 오스틴 펠프스(Austin Phelps)는 그의 명저 **설교의 원리**(*The Theory of Preaching*)에서 일반적인 서언과 도입은 엄격한 의미에서 서로 다르다고 지적했다. 일반적인 서언은 설교자가 전하고자 하는 주제와 밀접한 관련이 있는 것을 청중에게 전함으로 청중들로 하여금 설교에 귀를 기울이게 하는 준비 작업을 의미한다. 도입에 대하여는 별도 항을 통하여 설명할 것이다.

 서론이란 설교자가 청중의 마음을 준비케 하고 전하려는 메시지에 대한 청중의 관심을 확보하려고 애쓰는 과정이다.

따라서 서론이란 설교의 주요 부분이며, 전체 메시지의 성공 여부는 설교를 시작할 때에 목회자가 청중들의 주의를 한 곳에 모이게 할 수 있는 능력이 있느냐 없느냐에 달려 있는 경우가 많다. 따라서 처음부터 회중의 관심을 집중시킬 수 있도록 서론을 화려하고 색깔 있게 꾸미는데 최선의 신경을 써야한다. 그러나 본론과 조화가 없는 서론은 아무 의미가 없게 되므로 유의하여야 한다.

2. 서론의 목적

서론의 목적에는 여러 가지가 있을 수 있으나 두 가지 기본적인 목적으로 요약할 수 있다.

가. 청중들의 선의(善意)를 확보하는 것

목회자가 자기 회중이 자신과 자신의 주제에 대해 호의를 보일 것이라는 합리적인 확신을 갖고 있더라도 그것이 항상 그런 것만은 아니다. 사실상 평교인들 중에는 이런저런 이유 때문에 설교자나 그의 메시지에 대해 공감하지 않는 사람이 한 둘은 있게 마련이다. 때로는 친밀감의 결여가 그 이유이기 때문에 별문제 없이 어려움을 극복할 수도 있을 것이다. 그러나 뿌리 깊은 적대감이 청중들로 하여금 목회자나 그의 설교에 대해 악의를 품게 하는 경우도 종종 있다. 따라서 가능하다면 모든 회중의 호의적인 관심을 불러일으킬 수 있게끔 서론을 제시해야 한다.

그러나 회중의 선의(善意)를 확보하는 주요 요인은 설교자 자신의 인격이다. 우리의 말이 얼마나 잘 받아들여지느냐를 결정하는 것이 바로 우리 자신의 사람됨이듯이 목회자가 하나님의 말씀을 전하기 위해 회중 앞에 설 때는 더욱더 그러하다.

나. 주제에 대한 관심을 불러일으키는 것

몇몇 교인들이 주제에 대해 공감하지 않는다는 것 외에 메시지에 대해 집중하지 못하게 하는 다른 요소들이 있다. 그 중의 하나는 회중들이 다른 일에 마음을 빼앗기는 것이다. 설교 전의 찬송, 기도, 성경 봉독 등은 설교자가 메시지를 시작할 수 있는 자세를 갖추도록 만든다. 그러나 설교 전의 예배의 요소들을 아무리 짜임새 있게 계획한다 하더라도, 많은 사람들은 자신의 사적인 즐거움이나 슬픔, 희망이나 두려움, 자신만의 의무나 신경 써야 할 일 등에 마음을 빼앗기고 있는 것이 보통이다.

회중의 관심을 빼앗아 가는 또 다른 요인은 성경 진리에 대한 무관심인데, 어떤 이들은 아예 영적인 일에 대해서는 눈을 감아 버린다. 통풍이 잘 안 되는 건물, 조명 시설 부족, 쾅하는 문소리, 추위 등의 요소 또한 회중들의 관심을 빼앗아가 버린다.

서론의 목적은 회중의 관심을 불러일으키고 그들의 사고력을 움직이게 하여 설교의 주제에 대해 깊은 관심을 갖게 만드는 것이다. 설교학 저술가요 런던의 웨스트민스터 홀(Westminster Hall)의 목회자인 생스터(W. E. Sangster)는 설교자가 설교를 시작할 때는 청중들의 마음을 즉각적으로 사로잡는 "갈고랑쇠"(작은 배 따위를 걸어 잡는 쇠) 같은 서론을 통해 설교를 시작해야 한다고 말한다.

3. 서론 작성의 원리

가. 서론은 일반적으로 간단하게 한다

설교의 목적은 하나님의 말씀을 사람들에게 전하는 것이므로 가능하면 빨리 메시지의 본론으로 들어가는 것이 좋다. 보통 주제에 서서히 접근할 필요가 있는 것은 사실이나, 그렇다고 길게 끄는 것은 좋지 않다. 그러므로 우리는 불필요한 변명, 우스운 일화, 번잡한 축하 인사 등의 불필요한 요소들은 과감히 배제해야 한다. 다른 교회를 방문해서 설교하는 경우, 마음에서 우러나오는 인사는 필요할 수도 있으나 그런 인사가 너무 길어져서는 안된다.

나. 서론은 흥미로워야 한다

설교를 시작하는 처음 몇 분이 중요하다. 설교자가 회중의 관심을 집중시키느냐 그렇지 못하느냐는 이 때에 결정된다. 만일 설교의 서론이 지루하고 따분한 하찮은 이야기라면 처음부터 회중의 관심을 집중시키는 데 실패할 것이 분명하다. 그러나 만일 설교자가 회중에게 중요한 내용이나 흥미를 끄는 내용으로 설교를 시작한다면 회중의 관심을 금방 끌어 모을 수 있을 것이고, 그가 전달하려는 메시지를 효과 있게 전달할 수 있을 것이다. 그렇다면 어떻게 해야 설교를 시작할 때 회중의 관심을 유발시킬 수 있을까 라는 실제적인 물음이 지금 독자들의 마음속에 떠오를 것이다.

회중의 관심을 집중시킬 수 있는 한 방법은 호기심을 불러일으키는 것이다. 사람은 원래 호기심이 많은 존재이며 이런 특성은 설교를 시작할 때면 자주 나타나게 된다. 예를 들어 설교자가 메시지를 시작할 때, 그가 불신자와 얼마 전에 가졌던 대화를 묘사한다고 생각해 보자. 이렇게 시작할 수 있을 것이다. "내가 그 사람과 함께 이야기를 나눌 때 그가 던진 첫 번째 질문은 '왜 교회가 나를 그냥 내버려 두지요?' 라는 것이었습니다." 불신자가 제기한 질문을 인용하게 되면 회중들은 금방 호기심이 생겨 설교자가 그를 어떻게 다루었으며 만족한 대답을 실제로 줄 수 있었는지를 알고 싶어 한다.

회중의 관심을 집중시키는 두 번째 방법은 설교를 다양하게 시작하는 것이다. 매번 설교를 똑같이 시작하지 말라. 주일마다 다른 접근 방법을 사용해 보라. 한 주는 적절한 인용으로, 둘째 주는 찬송가 한 절로, 셋째 주는 인상적인 문구로, 넷째 주는 설교자가 전하려는 주제의 타당성에 대한 반박으로 설교를 시작하는 것도 좋을 것이다. 어떤 때는 본문의 역사적 배경 혹은 앞 뒤 문맥과 본문의 관계로 서론을 삼는 것도 좋다.

회중의 관심을 집중시키는 세 번째 방법은 설교 제목을 언급하거나 본문을 인용하는 것이다. 그 후에 설교 제목이나 본문을 그렇게 정하게 된 이유를 설명하고 본문 혹은 설교 제목과 주제와의 관계를 보여 주는 방법이다.

회중의 관심을 집중시키는 네 번째 방법은 설교를 삶의 상황과 연관시키는 것이다. 즉, 매일 문제와 필요에 직면하면서 사는 인간들의 삶과 관련되어 있는 사건이나 상황을 언급하면서 설교를 시작하는 것을 말한다. 인명 피해를 낸 교통사고나 연못에 빠졌다가 익사 전에 구출된 어린아이의 이야기, 화재 사건, 학교에서 젊은이들의 친구 관계, 숲 속에서 실종된 사람 이야기, 한 실업가의 성공담, 시위 가운데 일어난 흔치 않은 사건 등의 기사들은 신문 지상을 통해서나 사람과의 접촉을 통해 알게 된다. 설교를 회중의 삶과 밀착시키고 메시지를 회중의 피부로 느끼도록 해주는 것은 바로 이런 요소, 즉 인간들의 일상사나 주변 이야기 등이다. 그러나 일화를 단지 즐기기 위해서 사용해서는 안된다. 우리는 삶의 상황에서 일어나는 사건들이 설교 자체와 연결될 수 있다는 것을 확실하게 해야 한다.

삶의 상황에서 일어난 사건을 설교의 서론으로 사용한 한 가지 예가 아래에 있다.

만일 우리가 "무감각한 그리스도인"에 대해 말하려고 한다면 요나서 1:4-5이 설교 본문으로 적합할 것이다.

> "여호와께서 대풍을 바다 위에 내리시매 바다 가운데 폭풍이 대작하여 배가 거의 깨어지게 된지라 사공이 두려워하여 각각 자기의 신을 부르고 또 배를 가볍게 하려고 그 가운데 물건을 바다에 던지리라 그러나 요나는 배 밑층에 내려가서 누워 깊이 잠이 든지라."

우리는 흔히 사랑의 반대를 미움이라고 생각한다. 그러나 사랑의 반대는 무관심임을 잘 알고 있다. 우리는 본문의 요나의 무관심을 보면서 1950년 6월 25일에 발발한 북한의 남침으로 시작된 민족상잔의 비극 중에서 대구지역 전투에서 일어난 미국의 한 선교사의 깊은 사랑 곧 관심을 생각해 보고자 한다.

대구 전투가 한창일 때는 1950년 겨울이었다. 살을 에는 듯한 추위가 바람을 타고 나목으로 변한 나뭇가지들을 울리고 있었다. 대구가 함락된다는 소문이 꼬리에 꼬리를 물고 들려오자 너나할 것 없이 사람들은 또다시 피난 보따리를 이고 지고 남으로, 남으로 발걸음을 재촉하고 있었다. 피난 행렬이 끝도 없이 이어지는 가운데 한 교량 위에서는 미국에서 파송된 선교사님 한 분이 그 와중에서도 복음을 전하고 있었다. 서툰 한국말로 "예수 믿고 구원 얻으세요."라고 쪽 복음을 나누어 주고 있었는데 교량 밑에서는 어린아이의 울음소리가 처절하리만큼 애절하게 울려오고 있었다. 피난민은 누구 하나 그 울음소리에 관심을 갖는 자가 없었다. 물론 선교사도 처음에는 복음 전도에 열중하다 보니 대수롭지 않게 생각하였는데 한참 시간이 흘렀는데도 그 울음소리가 끝이지 않자 선교사는 다리 밑으로 내려가 보았다. 거적을 덮은 사람의 살이 드러나 보이는 그 속에서 어린아이는 울고 있었다. 선교사는 가까이 접근하여서 거적을 들추었을 때에 참아 눈뜨고는 볼 수 없는 상황이 전개되고 있었다. 한 여인이 자신의 옷을 벗어서 어린아이를 싸고 또 싸서 그리고 가슴에 안고 어머니는 싸늘하게 얼어 죽은 채 어린아이는 어머니의 품안에서 살아서 울부짖는 것이었다. 위대한 어머니의 그 크신 사랑에 선교사는 감동되어 양지바른 곳에 그 여인을 묻어주고 어린아이를 안고 그도 피난길에 올라 부산으로 향하였다. 선교사는 그 어린아이를 자신의 호적에 올려 자기의 딸로 양육하였는데 그 아이가 중학교를 입학할 때에 선교사는 미국으로 귀환하게 되었는데 그 때야 비로서 그 딸의 생모에 대한 사실을 알려 주었고 어머니의 묘지도 알려 주었다. 그리고 너의 생모님은 이 세상의 어머님 중에서도 가장 훌륭한 어머니였다. 라고 말씀해 주었다. 이 소녀는 선교사님께 나를 이렇게 키워주신 것 너무나 감사하다. 라고 말하면서 자기는 어머니 곁을 떠나지 않고 한국에서 어머님의 사랑과 선교사님의 사역을 계승하여 복음의 일꾼이 되겠노라고 말씀드리자 선교사님은 자신의 집과 모아두었던 많은 선교 비를 딸에게 주며 하시라도 미국에 오려고 하면은 언제라도 들어오라고 당부하고 선교사님의 가족들은 미국으로 떠났다. 그 소녀는 매년 겨울이면 어머니의 무덤으로 달려와서 자신의 외투를 벗어 덮어드리며 엄마 얼마나 추우세요. 이 못난 저를 구하시려고… 말을 잊지 못한 채 울고 또 울며 어머님의 사랑에 감사드리다가 어느 해 겨울 어머님의 무덤에서 잠이 들었는데 생전 보지도 못한 어머니께서 그를 급히 깨우면서 잠들면 죽는다고 말씀하시면서 나를 위하여 울지 말고 많은 죽어져가는 영혼들을 위하여 울라고 당부하시는 것이었다. 그 때야 정신을 차린 그 소녀는 복음을 전하기 시작하였고 평생 주님을 위하여 헌신하는 종의 삶을 지금도 살아가고 있다고 한다.

오늘날 우리 주위에서 일어나는 여러 가지 일상사를 정확하고 흥미진진하게 소개하면 회중의 관심을 집중시키는 데 유용하게 쓸 수 있다. 아래의 예는 에모리 반 게르펜(Emory VanGerpen)의 "하나님과의 교제"(Communion with God)라는 설교 제목을 가진 설교의 서론으로 그가 **수단 위트니스**(Sudan Witness)지에서 발췌 인용한 것이다.

나이지리아의 카노(Kano) 시 근처의 아프리카 산 옥수수 밭 가운데는 정사각형 모양의 담으로 둘러싸인 평범한 건물이 있습니다. 온갖 전기 장치로 가득 한 이 건물은 전 세계에 깔려 있는 18개의 인공위성 관측소의 하나로서 우주 비행사의 진로를 좇는 일을 하고 있습니다. 정교한 전기 장치들은 인공위성이 공중을 선회하는 동안 계속해서 우주 비행사의 심장 박동, 혈압, 호흡, 체온 등을 측정합니다. 동시에 거대한 녹음기는 1인치 넓이의 테이프에 이 모든 것을 상세히 기록합니다. 인공위성 관측소가 우주 비행사와 교신을 할 때는 우주선에서 보내는 신호가 너무나 작기 때문에 지상에서부터의 방해가 일어나지 않도록 최대한 조심을 해야 합니다. 반경 반마일 안에는 어떤 자동차도 접근할 수가 없습니다. 왜냐하면 자동차 발전기가 우주비행사와의 교신을 방해할는지도 모르기 때문입니다. 수마일 떨어진 카노 시의 공항에 설치된 레이다마저도 교신 때만은 폐쇄됩니다.

우리와 하나님과의 교제도 이와 마찬가지입니다. 만일 우리가 하나님과 방해 받지 않고 적절한 교제를 나누기를 원한다면 외부로부터 어떤 방해도 받지 않도록 조심해야 합니다. 우리가 말없이 주님 앞에 무릎을 꿇을 때 우리는 우리에게 말씀하시는 주님의 조용한 음성을 들을 수 있을 것입니다.

다. 서론은 메시지의 주요 사상이나 중심 사상과 연결되어야 한다

서론은 설교의 중심 사상으로 직접 나아가야 한다. 그러기 위해서는 서론의 내용이 설교의 중심 사상을 향해 나아가는 일련의 점진적인 사상들로 구성되어야 한다. 인용을 하든지, 설명을 하든지, 예화를 들든지, 일화를 소개하든지간에 이 한 가지 목적만은 꼭 염두에 두어야 한다. 반복이나 불필요한 표현은 피해야 하며 서론은 될 수 있는 한 간단하고 직접적이어야 한다. 그러나 너무 성급하거나 갑작스러운 느낌을 주어서는 안된다.

라. 서론은 화려해야 한다

우리나라 말에 옷이 날개라는 표현이 있다. 이는 외모를 화려하게 꾸미면 그 사람을 보는 관점과 태도가 달라진다는 것이다. 이와 같이 서론도 본문의 사상을 충분히 반영한 것으로 화려하게 꾸미면 회중들의 관심과 기대가 비례적으로 크게 나타나게 할 수 있기 때문이다.

V
대지와 소지

1. 대지와 소지의 정의

대지와 소지는 메시지의 핵심 사상이며 하나님이 자신을 계시하시는 가장 논리적이고 계획적인 표현이다.

설교의 유형별 대지와 소지의 위치를 살펴보면 다음과 같다. 첫째, 제목(주제) 설교에서는 설교자가 무엇에 관해 설교하기를 원하며, 그의 의도가 항상 선행되어야 하므로 대지와 소지는 설교자의 주관에 좌우된다.

둘째, 본문 설교에서는 성경의 본문이 말하고자 하는 의도나 그가 함축하고 있는 사상의 통일된 이론을 전개하는 그 표현이 곧 대지와 소지라고 한다. 고로 대지는 본문에서 찾아야 하며 소지는 대지가 대지 되도록 성경을 중심으로 하든지 예화를 통하여 하든지 그것은 설교자의 재량에 주어진 부분이다.

셋째, 강해 설교에 있어서는 성경 본문을 분해하므로 강해 구역 안에서 핵심 주제가 무엇이며, 그 주제를 구체적으로 표현하기 위한 하나님의 의도하심 즉 메시지의 사상을 계획적이고, 조직적인 표현이 곧 대지와 소지라고 말할 수 있다.

2. 대지, 소지의 구분이 설교자에게 주는 유익

가. 대지, 소지의 구분은 사고의 명백성을 증진시켜 준다

설교가 제대로 작성되려면 모호한 사상이나 부정확한 표현을 토대로 삼아서는 안 된다. 설교의 사고 구조는 그 의미가 각 대지와 소지를 이야기하는 즉시 청중들에게 확실하게 이해되도록 분명하고 정확해야만 한다. 더욱이 설교를 작성할 때 설교 자료를 배열하는 훈련을 통해 설교자는 자신의 사상을 분명하고 명쾌하게 진술할 수 있게 된다. 설교를 적절한 순서로 배열해야만 설교자의 마음에 설교의 메시지가 분명하게 드러나게 되는 것이다.

나. 대지, 소지의 구분은 사고의 통일성을 증진시켜 준다

우리는 통일성이 설교작성의 핵심임을 여러 번 강조했다. 설교 개요를 작성하는 일도 설교의 통일성을 기하기 위한 것이다. 설교 자료를 다양한 표제 아래서 분류하다 보면 설교자는 자신의 설교가 조직적 통일성을 가지고 있는지 아닌지의 여부를 쉽게 파악할 수 있기 때문이다. 각 대지와 소지를 설교의 중심 사상에 연결시키려고 애쓰다 보면 부적절한 항목은 금방 눈에 띄게 된다.

다. 대지, 소지의 구분은 설교자가 주제를 적절히 다루는 데 도움이 된다

설교자가 설교 자료를 조직해 나가다 보면 그는 전체의 주제를 볼 수 있을 뿐 아니라 그 주제의 다양한 측면들과 그 상호 관계를 볼 수 있게 된다. 특별히 중요한 것으로 드러나거나, 특별히 따로 강조하거나 취급할 필요성이 있는 측면들도 있을 것이며 중요하지 않으므로 설교에서 제외되는 측면들도 있을 것이다. 주제의 다양한 측면들을 더 깊이 연구하게 되면 설교를 어떤 순서로 해야 할는지를 알 수 있게 되고 설교 개요의 전개 속에 사고의 점진성이 분명하게 나타나게 된다.

라. 대지, 소지의 구분은 설교자가 설교의 주요 요점을 기억하는 데 도움이 된다

대체로 설교 초보자는 회중을 직접 바라보면서 회중과 계속적으로 눈을 마주치지 못하고 설교 노트를 자주 쳐다보는 실수를 범하는 경우가 많다. 미리 짜임새 있게 계획된 설교를 하는 설교자들은 이런 함정을 피할 수가 있다. 분명하게 설교 개요를 작성하면 어려움 없이 각 대지를 생각해 낼 수 있고 설교 노트를 슬쩍 보기만 해도 설교를 부드럽게 이어나갈 수 있다. 강단에 설 때 이런 설교자는 자유롭고 거침없이 설교를 하게 될 것이다. 왜냐하면 설교를 하기 며칠 전에 대지와 소지를 적절하고 효과 있게 배열하기 위해 애를 썼기 때문이다.

3. 대지, 소지의 구분이 회중에게 주는 유익

대지, 소지의 구분은 설교자뿐 아니라 회중에게도 유익을 준다. 회중에게 주는 중요한 유익이 적어도 2가지는 있다.

가. 대지, 소지의 구분은 설교의 주요 요점을 분명하게 해준다

주요 사상들이 조직화되지도 않고 상호 연결되어 있지 않는 것보다는 조직화되어 분명히 언급되는 것이 회중들이 메시지를 따라가는 것을 훨씬 쉽게 만들어 준다. 설교자가 대지와 소지를 분명하게 언급하고 한 요점에서 다른 요점으로 넘어가면 회중들은 설교 각 부분의 상호 관계뿐 아니라 설교의 사상의 점진성을 깨닫게 된다.

나. 대지, 소지의 구분은 설교의 주요 요점들을 암시하는 데 도움이 된다

회중들은 예배를 드린 후에 설교에서 은혜를 많이 받았다는 말을 수없이 많이 한다. 그러나 설교의 내용을 물어 보면 그 내용을 단지 희미하게만 알 뿐이라고 솔직히 고백하는 경우가 대부분이다. 그러나 설교 메시지의 대지와 소지를 분명하게 언급하게 되면 회중들은 설교의 주요 사상을 통해 생각하는 법을 배우게 되고 각 대지와 소지는 그들이 들은 진리를 놓치지 않게 해주는 기억의 "말뚝" 역할을 한다.

4. 대지 작성의 원리

가. 소지는 대지가 대지 되게 하고, 대지는 주제가 주제 되게 하여야 한다

모든 설교가 다 마찬가지이지만 소지는 어디까지나 대지를 설명하여야 하며, 대지 또한 주제를 설명하므로 주제를 중심으로 하여 설교는 통일되어야 한다. 이 때에 중요한 것은 대지나 소지가 너무 화려하여 주제를 상실하게 되면 그 설교는 생명력을 잃어버리게 된다. 그러므로 설교는 논리성을 상실하면 회중들로 하여금 큰 감동은커녕 회중들에게 피곤만 더하게 된다는 사실을 잊지 말아야 한다.

나. 각각의 대지들은 서로가 전적으로 구별되어야 한다

각각의 대지들이 주제에서 이끌어 낸 것이거나 주제를 부연하는 것임은 사실인 반면, 각각은 서로가 전적으로 구별되어야 한다. 즉 대지가 서로 중복되는 일이 있어서는 안 된다는 말이다.

다. 대지는 사고의 점진성을 띠도록 배열되어야 한다

각 대지는 주제의 전개에 기여해야 하기 때문에 사고의 진보를 보이도록 배열되어야 한다. 대지를 배열하는 순서는 다양한 요인에 따라 달라지겠지만 진보라는 형식은 꼭 띠어야만 한다.

설교자는 설교 자료들을 시간적 순서에 따라 다루기 원할 수도 있고 공간이나 지형적 위치에 따라 다루기 원할 수도 있다. 한편 대지를 논리적 순서에 따라 배열하려고 하는 사람도 있을 것이다. 예를 들면 중요한 순서에 따라 배열하기도 하고, 원인에서 결과의 순서로, 아니면 결과에서 원인의 순서로, 아니면 비교와 대조의 순서로, 아니면 그 반대로 배열하는 것이다. 부정적 항목과 긍정적 항목이 나란히 대지로 구성될 때에는 부정적 대지를 긍정적 대지 앞에 놓는 것이 보통이다.

강해 설교 개요에서는 본문의 일반적인 배열을 따르는 것이 가장 좋으나 항상 그런 것만은 아니다. 라고 말하고 있다.

라. 정당화시켜 줄 필요가 있거나 증거가 필요한 주제가 제시될 경우, 설교자는 대지들을 통해 논제가 견지하는 입장을 충분히 규명하고 지지해야 한다

정당화 혹은 증거를 필요로 하는 주제가 제시된 설교의 경우, 청중은 설교자가 충분한 이유나 지지 기반을 제시할 것이라는 기대를 할 권리가 있다. 증거가 불충분하면 설교는 완성도가 떨어지고 청중들에게 충족감을 주지 못한다. 그러므로 설교의 사상을 전개하는 데 필요한 모든 대지들이 설교 개요에 전부 포함되어야 한다.

마. 각 대지는 한 가지의 기본적인 사상을 포함해야 한다

각 대지를 하나의 사상에만 국한시키면 각 대지를 하나의 단위로 다룰 수가 있다. 따라서 대지 아래서 다루는 모든 내용은 하나의 중심 사상을 중심으로 모이게 된다.

동일한 대지 아래 한 진리의 의미면과 능력 면을 다루는 것은 옳지 못하다. 왜냐하면 이들은 따로 취급해야만 하는 사고의 분명한 두 흐름이기 때문이다.

바. 대지는 분명하게 진술되어야 하며, 각 대지는 본문의 주제 정신과 연결되어 하나의 완전한 개념을 표현하도록 해야 한다

각 대지는 청중들이 그 의미를 즉각적으로 이해하도록 분명하게 진술되어야 한다. 그러기 위해서는 설교자가 본문의 주제 정신과 연결되어 각각의 대지들이 하나의 완전한 개념을 표현하도록 해야 한다

사. 대지의 수는 가능한 한 적어야 한다

주제의 완전한 전개에 필요한 대지가 누락되어서는 안 된다는 점은 이미 지적한 바 있다. 한편, 설교자는 불필요한 것을 설교 개요에 삽입하지 않도록 주의해야 한다. 일반적으로 설교자는 대지의 수를 가능한 최소로 제한하도록 해야 한다. 그러나 대지가 두 개 미만일 수 없다는 것은 분명하다. 왜냐하면 무엇인가를 구분하면 적어도 두 부분은 되기 때문이다.

대지의 수는 설교의 주제와 메시지의 내용에 달려 있다. 어떤 주제에는 여러 대지가 필요한 반면에 어떤 주제에는 두세 대지만 있으면 된다. 최대한 대지는 일곱 개 이하인 것이 좋다. 일반적으로 성경 본문과 관련해서 주제를 전개시키는 데에 셋이나 넷 혹은 다섯 개의 대지면 충분하다. 상당히 넓은 범위의 본문을 기초로 해서 강해 설교를 작성할 때도 비록 성경의 내용에 따라 달라지겠지만 둘이나 셋 혹은 네 개의 대지로 나누는 것이 좋다.

아. 설교 안은 매주 다양하게 짜야 한다

많은 설교들이 정확히 세 개의 대지로 이루어지는 것은 사실이지만 매주 동일한 설교 안을 사용해서는 안 된다. 다시 말해서, 주제나 본문의 내용에 따라 대지의 수를 변화시키는 것이 좋다.

또한 실제로 설교를 할 때에도 대지를 언급하는 방법을 매주 지혜롭게 변화시키는 것이 좋다. 대지의 숫자를 언급하는 것은 한 대지에서 다른 대지로 옮겨갈 때 관심을 집중시키기 위해 흔히 쓰는 방법이다. 그러나 대지를 언급할 때마다 첫째로, 둘째로, 셋째로 등으로 수적 표현을 사용하는 것보다는 "우선", "또한", "한 걸음 더 나아가", "다른 한편", "마지막으로"와 같은 단어를 사용해서 대지를 언급하는 것이 좋다. 이와 비슷한 다른 단어들을 사용해서 한 대지에서 다른 대지로 부드럽게 넘어가는 것이 좋다.

대지의 숫자를 꼭 언급할 필요는 없다. 그 대신에 새로운 대지를 말할 때마다 주제 정신을 언급하는 것도 좋다. 새로운 대지를 이야기하기 전에 방금 전의 대지를 다시 한 번 반복하는 것도 회중의 마음에 각 대지를 분명하게 이해시키는 좋은 방법이다.

대지를 공식적으로 언급하지 않아도 좋을 몇 가지 조건이나 상황이 있지만 언제 대지를 언급하지 않아도 좋을지를 규정하는 엄격한 규칙은 없다. 때로는 설교의 개요가 너무나 분명하기 때문에 개요의 구조를 언급하는 것이 메시지를 기계적이고 딱딱하게 만들기도 한다. 기도회에서의 약식 설교, 장례식 설교, 회중의 감정이 크게 흥분되었을 때는 설교자가 공식적인 설교를 하고 있다는 인상을 회중에게 주어서는 안 된다. 그러한 경우에는 대지를 언급하지 않는 것이 현명하다.

자. 대지는 병렬 구조를 띠어야 한다

병렬 구조는 대지들이 서로 균형을 이루고 조화를 이루는 대칭적인 형식을 뜻한다. 즉, 설교의 대지들이 획일적인 양식을 따라야 한다는 의미이다. 예를 들어서 첫째 대지가 구(句)의 형식이라면 다른 대지들도 문장이나 한 단어가 아닌 구의 형식에 따라야 하며, 첫째 대지가 의문문 형식이라면 다른 대지들도 의문문으로 구성되어야 한다.

여기서 획일적인 양식을 따른다는 것은 강조하는 단어의 위치에도 해당된다. 예를 들어서 첫째 대지가 어떤 품사로 시작한다면 일반적으로 다른 대지들도 그 품사로 시작해야 한다. 명사로 시작했으면 명사로, 전치사는 전치사로, 동사는 동사로 병렬 구조를 띠어야 한다. 이와 같이 첫째 대지를 전치사로 시작했으면 뒤따르는 모든 대지도 전치사로 시작해야 한다.

5. 소지 작성의 원리

소지 작성은 대지 작성의 원리들을 거의 그대로 따르면 되지만 약간의 차이가 있다. 그러므로 우리는 소지 작성에만 해당되는 특이한 원리만을 주의 깊게 살펴볼 필요가 있다.

가. 소지는 각 대지에서 이끌어 내야하며 또 각 대지의 논리적 전개여야 한다

소지의 주된 기능은 대지에 포함된 사상을 전개하는 것이다. 따라서 소지에 표현된 사상들이 대지와 직접 연결되어 있고 또 대지로부터 나올 때만이 소지의 본연의 목적을 성취할 수 있는 것이다. 소지는 대지와 동격이 아니며 대지에 종속되는 것임을 분명히 밝힐 필요가 있다.

어떤 의미에서는 대지가 제목(topic)이라면 각 소지는 제목의 대지라고 할 수 있다. 이렇게 볼 때 모든 소지는 대지에 포함된 사상만을 다루어야 하는 것이다.

나. 소지는 병렬 구조를 띠어야 한다

대지의 경우와 마찬가지로 소지도 대칭적이거나 조화를 이루어야 한다. 첫째 대지의 첫째 소지가 보여 준 양식을 따라 설교 개요의 모든 소지가 작성되어야 한다.

따라서, 이미 살펴본 마가복음 16:1-4을 본문으로 하였을 때에 아래의 설교 개요에서도, 첫째 대지의 첫째 소지가 전치사로 시작되었기 때문에 나머지 소지들 모두가 동일한 형태를 띠게 되었다.

제목 : 우리가 감당하기에 너무 큰 문제
본문 : 마가복음 16:1-4

시론 : 생략
본론
1. 감당 못할 문제들이 주님께 완전히 헌신한 백성들에게도 영향을 미치거나 들이닥칠 수 있다. 1-3절
   가. 주의 백성이 사랑의 봉사를 하려고 할 때
   나. 주의 백성이 희생의 봉사를 하려고 할 때
   다. 주의 백성이 연합하여 봉사를 하려고 할 때
2. 감당 못할 문제들이 때로는 쉽게 해결된다. 4절
   가. 주의 백성이 예측하지 못한 때에
   나. 주의 백성이 기대하지 못한 방식으로
결론 : 생략

다. 소지는 그 수가 제한되어야 한다

소지의 수는 대지가 다루고자 하는 사상이나 본문의 내용에 따라 달라진

다. 주제 설교에서는 설교작성자가 임의로 대지와 소지의 수를 결정할 수 있다. 본문 설교도 소지에 대하여는 설교작성자의 재량이 주어져서 임의로 정할 수 있지만, 강해 설교에서는 본문 속에서 대지도, 소지도 결정되므로 설교작성자의 융통성이 배제된 상태임을 볼 수 있다. 그러면 주제 설교와 본문 설교에서의 소지의 수는 필자의 견해로는 2개를 넘지 않는다. 그 이유는 소지란 대지에 종속된 것으로 대지가 대지 되게 하는 것이 소지의 임무이기에 소지를 복잡하게 또는 너무 화려하게 꾸미면 대지뿐만 아니라 주제마저도 죽는 수가 생기기 때문에 소지의 수는 2-3개 정도가 적당하다고 생각한다.

라. 대지와 마찬가지로 소지도 본문의 순서를 꼭 따라야 할 필요는 없다

강해 설교인 경우에는 대지나 소지 작성을 본문의 순서를 따라하는 것이 일반적으로 가장 좋은 방법이다. 그러나 논리상 필요할 때는 성경 본문의 순서와는 다른 순서를 따르는 것이 바람직한 경우도 있다.

VI
토론

1. 토론의 정의

대지와 소지는 단지 설교의 골격에 불과하며 설교에서 다룰 사고의 방향을 지시하는 데 그칠 뿐이다.

토론은 대지와 소지에 담겨 있는 사상을 적절하게 전개하는 과정이다.

설교자가 모든 지식과 창조력을 발휘해서 설교를 전개하는 때가 바로 이때다. 설교 개요를 어느 정도 확장하고 확대하여 균형 잡히고 생명력 있는 메시지가 되도록 해야 하며 품었던 목적을 성취하도록 해야 한다. 이렇게 하기 위해서, 설교 자료를 도입, 선택, 배열함으로써 각 대지와 사상을 효과 있게 전개시켜 나가야 한다.

2. 토론의 특색

가. 통일성

우리는 이미 앞에서 각 대지의 주제는 그 자체가 하나의 단위임을 언급한 적이 있다. 각 대지에 속해 있는 대지의 주제에서 이끌어 내야하며 그 주제를 전개시키는 것이어야 한다. 소지 아래에서 논의하는 모든 것은 단순히 대지에 표현된 사상의 확대나 부연 설명이어야 한다. 따라서 불필요한 요소들을 새로 끌어들이거나 옆길로 빗나가게 해서는 절대로 안 된다. 오직 대지에 표현된 하나의 사상만을 논의하는 것을 목적으로 삼고 계속해서 밀고 나가야 한다. 그러나 때로는 한 대지와는 관련이 없는 자료들이 다른 대지를 논의하기 위해서는 필요하므로 다루는 것이 필요한 경우도 있다.

나. 균형성

오랜 경험을 쌓다보면 설교의 어느 부분을 더 강조하고 더 자세히 다루어야 하는지를 쉽게 알 수 있게 된다. 어떤 대지는 그 내용 때문에 더 많은 관심을 기울여야 하는 반면에 어떤 대지는 설교의 목표나 목적에 관련된 한에서는 별로 중요하지 않은 것도 있다. 본문의 심오함, 어떤 진리의 중요성, 설교의 한 부분에 관련된 어려움들 때문에 한 대지를 길게 다루는 경우도 있다.

설교작성자는 각 대지가 전체의 설교에 기여해야 하며, 균형 잡힌 설교를 작성하기 위해서는 일반적으로 대지가 서로 균형을 이루는 것이 좋다는 사실을 기억해야만 한다.

다. 진보성

각 대지 아래에 논의되는 사상들은 사고의 분명한 진전을 보여주어야 한다. 모든 문장은 토론을 한 걸음씩 전진시키도록 무엇인가 첨가하는 것이 있어야 한다. 그러나 어색하거나 무리하게 각 사상을 배열해서는 안 된다. 대지의 주제가 충분히 확대되고 논의될 때까지 마치 사슬처럼 한 사상은 그 전(前) 사상의 연장이어야 한다. 모든 설명, 예화, 적용, 논쟁 또는 인용은 설교의 사상 전개에 있어서 논리적인 진보에 기여할 수 있도록 적절한 위치에 놓여져야 한다. 사상의 진보는 이와 같이 청중들에게 누적의 효과를 나타내고 메시지에 대한 깊은 관심을 유발시킨다.

라. 간결성

설교자들은 공통적으로 말을 장황하게 늘어놓는 실수를 잘 저지른다. 25분이나 30분이면 할 수 있는 내용을 40분이나 45분씩 하는 경우가 종종 있다. 그렇게 되면 설교가 끝나기도 전에 회중들이 싫증을 낼 위험이 있다. 회중들은 공손하고 정중한 태도로 좌석에 앉아있을지 모르나 처음 설교를 시작할 때만큼 주의 깊고 관심 있게 설교를 경청하지는 않을 것이다.

앞에서 이미 언급했듯이 각 대지는 그 대지의 주제의 의미가 다 밝혀질 때까지 충분히 전개시켜야 한다. 그러나 쓸데없이 길게 설교하는 위험에 빠지지 않기 위해서는 간단명료하게 이야기하는 훈련을 쌓아야 한다. 한마디 한마디가 의미가 있어야 하며 표현하려는 사상은 모두 다 적절해야 한다. 때로는 예화를 드는 것이나 설명하는 것이나 요점을 더 분명하게 하기 위해 다른 자료들을 논의하는 것이 필요하거나 또 그것이 바람직할 수도 있다. 그러나 설교작성자가 대지의 전개를 위해 무엇을 하든지 간에 그것은 대지의 사상과 직접 연관되는 것이어야 하며 가능한 한 간단하게 표현되어야 한다.

설교자가 설교를 압축시키는 기술을 익히기 위해서는 상당한 훈련이 필요하다. 그러나 노력의 대가는 자기 자신과 회중 모두에게 큰 유익으로 보상될 것이다. 그러한 설교자는 강단에서의 귀중한 시간을 평범하고 공허한 이야기나 불필요한 반복이나 설명으로 낭비하지는 않을 것이다. 또한 쓸데 없는 예화와 너무 많은 일화를 사용함으로써 설교를 성경 본문의 인용으로 서로 연결된 일련의 이야기에 지나지 않도록 만드는 습관에 젖어들지 아니 할 것이다.

마. 명료성

토론의 주요 목적은 대지에 포함된 사상의 의미를 더욱 분명하게 드러내는 것이다. 성경적 설교라면 대지는 성경 본문의 어떤 측면이나 본문 안의 진리의 어떤 측면을 다루는 것이 당연할 것이다. 따라서 토론의 자료들이 각 대지에 포함된 성경 진리를 밝히는 역할을 담당해야 한다는 점은 매우 중요하다. 이 목적을 달성하기 위해서, 통일성 있고 간결하다면 무슨 수단이든지 이용해야 한다.

초보자들은 흔히 회중들이 쉽게 이해할 수 없는 말을 하는 실수를 지지른다. 회중 가운데 많은 이들이 고등 학문을 배울 수 있는 기회를 얻지 못한 사람들이라는 사실을 잊어버리고 마치 대학이나 신학교를 졸업한 자들을 앞에 놓고 이야기하듯이 설교하는 사람들도 있다. 철학이나 신학 용어는 고등 학문을 다루는 교실에서는 필요할지 모르나 강단에서는 설교자가 성경을 알기 쉽고 명료하게 가르치는 것이 가장 중요하다. "실존주의", "율법 폐기론", "구원론", "칭의"와 같은 신학적 용어를 사용할 필요가 있을 때도 있다. 그러나 이 때에도 이런 용어를 알기 쉬운 일상용어로 정의하는 것을 잊어서는 안 된다. 우리 주님께서도 심오한 진리들을 이야기할 때가 있었지만 진리를 쉽게 표현했기 때문에 "보통 사람들도 그의 말을 즐겁게 들었던 것이다."(참조 막 12:37).

바. 생명력

설교 개요가 구조적으로 전혀 모순이 없고 토론도 매우 정통적이고 성경적이라 할지라도 메시지가 청중들의 마음에 아무런 감동도 주지 못하는 경우가 있을 수 있다. 이것은 토론이 메마르고 흥미 없는 사실로만 채워져 있거나 개인적 관심이나 현실의 적용을 거의 다루지 않는 딱딱한 주석만으로 구성되어 있기 때문이다. 또한 토론이 다 아는 사실이나 사상으로부터 옛 진리에 대한 새로운 통찰로 진보해 나가지 못했기 때문인 경우도 있다.

청중들의 관심을 사로잡기 위해서는 토론에서 다루는 진리가 그들에게도 유효한 것이라는 사실을 인식시켜 주는 그 무엇이 토론에 담겨 있어야 한다. 성경의 한 말씀 한 말씀이 그들의 삶의 상황에서 의미 있는 것이라는 사실을 느끼도록 해주어야만 한다. 성경에 나오는 인물들의 삶의 체험 속에서 회중들이 자신의 환경과 유혹과 실패의 모습을 발견할 수 있도록 생생하게 성경의 인물들을 소개해야 한다. 성경의 예언 부분은 오늘날의 개인적 문제나 필요뿐만 아니라 국가적 문제와 필요에 관련이 있음을 보여 줄 수 있도록 해석되어야 한다. 마찬가지로 성경의 교훈 부분이나 권면 부분도 현대의 상황에 직접 적용될 수 있도록 해석되어야 한다. 이와 같이 성경을 오늘날 현대를 살아가는 사람과 관련시킬 때에만, 비로소 우리는 우리가 전하는 메시지가 그들에게 생명력 있는 의미를 던져 줄 것이라는 기대를 할 수가 있는 것이다.

사. 다양성

자신의 설교를 영원한 신선감과 활력으로 가득 채우기를 노력하는 설교자는 토론 역시 다양성을 띠게 해야만 한다. 인용할 때마다 셰익스피어를 들먹거린다든지 일화를 들 때마다 자신의 어린 시절을 언급해서는 안 될 것이다. 옛 재료든 새 자료든 가능한 모든 자료를 효과 있게 적용하기 위해 무진 애를 써야 한다.

흥미진진하고 감동을 불러일으킬 수 있는 토론이 되려면 사람들의 관심사를 포함해야 함은 두말할 나위도 없다. 사람들이 살아가고 있는 삶의 상황이나 일과 관련된 일화와 사실적 자료, 감동과 동정을 불러일으킬 수 있는 일화나 사진들은 틀림없이 관심과 흥미를 유발시킬 수 있을 것이다. 그러나 설교자는 회중을 울리기 위해 일부러 "슬픈 이야기"를 해서는 안 된다. 오히려 토론에서 다룰 자료들은 회중들의 가슴에 직접 호소할 수 있는 그런 것들이어야 한다.

우스운 이야기를 사용하는 것에 대해 몇 마디 할 필요가 있다. 어떤 설교자는 너무 재치가 있기 때문에 우리는 그의 설교가 유머로 번뜩이는 것을 보게 된다. 그러나 단지 웃음만을 위해 웃음을 자아내는 것은 설교자의 임무의 거룩성과는 조화를 이루지 못한다. 물론 강단에서 성화된 유머를 사용할 수 있는 여지가 없는 것은 아니다. 그러나 회중들이 잔뜩 긴장하고 관심을 한 곳에만 팽팽하게 집중시켰을 때에 우스갯소리를 하면 회중들의 관심과 긴장을 깨뜨리게 되어 경청하는 분위기를 망가뜨리는 수도 있을 것이다.

3. 토론 자료의 원천

설교작성자는 자료를 5가지 원천에서 얻을 수 있다.

가. 성경

하나님의 말씀은 설교의 각 대지에 담긴 사상을 전개하거나 부연하는 데 필요한 무한한 자료의 보고이다. 성경으로부터 우리는 주된 주석 자료를 얻어낸다. 그러므로 설교자는 성경 본문이 실제로 무엇을 말하는가를 관찰하는 것이 상당히 중요하다. 누가, 무엇을, 언제, 어디서, 왜, 어떻게 등의 물음을 던져 보면서 본문에 담긴 내용이 무엇인지를 밝히려 노력하고 자신이 찾아낸 중요한 것들을 기록하도록 해야 한다.

성경 본문을 관찰할 때, 설교자는 중요한 문법적 구조에 주목할 필요가 있다. 때로는 중요한 동사나 동사의 시제가 본문을 이해하는 데 값진 역할을 하기도 한다. 전치사나 접속사도 본문의 중요한 특징을 밝혀내는 열쇠가 될 수도 있다.

설교자는 성경 속에 나오는 문학적 양식도 살펴봐야 한다. 여기에는 반복법, 비교법, 대조법, 도치법, 나열법 등이 있다. 예를 들어 아모스 1장과 2장에서 아모스는 "…의 서너 가지 죄로 인하여 내가 그 벌을 돌이키지 아니하리니"라는 외침을 반복적으로 사용하여 글을 읽는 자로 하여금 이스라엘 인접 국가들의 악에 대한 하나님의 경고 그리고 유다와 이스라엘에 대한 임박한 심판을 강력하게 느끼게 한다.

때로는 비중 있는 생략이 매우 의미 있는 어떤 것을 나타내기도 한다. 예를 들어, 누가복음 10:30-35에서 예수님께서는 율법사에게 선한 사마리아인에 관한 이야기를 해주시고는 누가 강도 만난자의 이웃이냐고 물으신다. 이때 그 율법사는 "자비를 베푼 자니이다"라고 대답한다. 율법사가 "사마리아인입니다"라고 대답하지 않았다는 점을 주목하라. 이 거만한 유대인은 분명히 그 당시의 자기 동족들과 마찬가지로 사마리아인에 대해 극도의 적개심을 갖고 있었기 때문에 진정한 이웃으로서 자비를 베푼 그 사람이 자기가 철저하게 무시하던 종족에 속한 사람이라는 것을 인정할 수 없었을 것이다.

성경이 성경을 해석하기 때문에 성경 본문이나 구절을 설명하려고 할 때는 언제나 성경으로 돌아가야 할 필요가 있다. 이 점에서 병행 구절은 매우 중요한 역할을 한다. 따라서 설교자는 그 본문이나 구절과 관련이 있다면 아무리 뻔히 알고 있는 구절이라도 인용하기를 주저해서는 안 된다. 조금 스쳐가거나, 조금밖에 연관이 없기 때문에 언뜻 보기에는 별로 중요하지 않은 것처럼 보이는 점들도 설교의 관심과 활력을 불어넣는 데 크게 기여할 수 있다.

성경은 또한 거의 모든 경우에 해당되는 많은 예화들을 담고 있다. 성경의 역사적 부분에 정통하게 되면, 처음에는 전혀 무관하게 생각되던 다른 성경 본문을 해석하는 데 유용하게 사용할 수 있는 많은 생동감 넘치는 예화들을 얻을 수가 있다.

나. 다른 형태의 문헌

우리는 설교 전개에 유용한 다른 형태의 문헌을 모두 여기서 다루게 된다.

어떤 유형의 문헌은 다른 문헌보다 훨씬 더 유용한 것이 사실이다. 비평적이고 설명적이고 경건주의적인 주석들, 경건 서적이나 찬송가 등은 특히 가치가 있다. 그리스도인의 전기 또한 설교 전개의 중요한 자료가 된다. 성지(聖地)와 성경 시대의 민족이나 풍습을 담은 책과 고고학 서적 뿐 아니라 성경 핸드북이나 성경 사전 등은 여러 부분에 대해 새로운 통찰력을 갖게 해준다. 위대한 설교자들의 설교 집 또한 많은 유익을 준다.

그러나 설교자들은 종교적 문헌에만 독서하는 시간을 할애해서는 안 된다. 설교 자료는 모든 방면의 서적들에서 얻을 수가 있다. 예를 들어 과학과 의학 서적은 특히 설교자들이 현대의 이 분야에서의 발견이 성경의 사실과 진리와 어떻게 연결되는지를 회중에서 보여 주고 싶을 때 꼭 필요한 가치 있는 자료의 원천이다. 그러나 전문 용어를 사용할 때는 그 용어를 꼭 설명해 주어야 한다. 설교자가 자신의 전공 분야 이외의 사실을 언급할 때는 권위 있는 자료를 언급함으로써 그의 진술을 확증할 수 있어야 한다.

물론 설교자는 매일의 신문이나 정기 간행물도 무시해서는 안 된다. 이러 문헌들은 설교자로 하여금 시대에 뒤떨어지지 않도록 해주며 토론에 짜넣을 수 있는 자료의 계속적인 원천이 된다.

다. 체험

설교자의 개인적 체험은 설교의 대지를 전개하는 데 쓰이는 하나의 가치 있는 수단이 된다. 설교자가 자신이 살아오면서 경험하고 눈여겨 본 것들을 말할 때에는 끓어오르는 확신과 생동감을 가지고 이야기할 수 있다. 이 때 회중들은 설교자가 자신이 말한 것을 실제로 알고 있다는 인상을 받게 될 것이다.

어떤 설교 가들은 "본인의 개인적 체험을 말하는 것을 용서해 주시리라 믿습니다." 라는 식의 말로 자신의 체험을 언급하는 것을 변명한다. 설교자가 이런 말을 하는 것은 대개는 불필요한 것이다. 그러나 설교자가 자신의 체험을 언급할 때는 자신을 부당하게 관심의 초점이 되도록 해서는 안 된다. 자신의 체험을 말하는 유일의 목적은 주님께 영광을 돌리는 것이 되어야 하며 회중들에게 그가 해석하려는 본문을 명쾌하게 이해하도록 하는 데 그 주안점이 있음을 명심해야 한다. 어떠한 경우라도 있지도 않았던 개인적인 체험을 있었던 것처럼 언급해서는 결코 안 된다.

설교자가 어떤 사건을 언급할 때는 그 사건과 연관된 개인의 이름이나 정체를 밝히지 않도록 주의해야 한다. 특히 그 사건에 어떤 개인의 약점이 드러날 때에는 더욱 그러하다.

라. 주변 세계에 대한 관찰

만일 설교자들이 평범한 일을 성경에 포함된 영적 진리에 연결시킬 수 있는 통찰력과 안목을 가지고 있다면, 삶은 설교에 흥미를 더해 줄 수 있는 많은 사건들(겉보기에는 별로 그럴 것처럼 보이지 않는 것들도 더러 있지만)로 가득 차 있다. 예수님께서는 들에 핀 백합화, 공중에 나는 새, 땅 위에 뿌려진 씨, 바다 속의 물고기, 심지어는 사람의 머리털을 실물 교재로 사용하셨다. 이와 같이 설교자들도 삶의 일상사 속에서 어디를 보더라도 많은 자료를 발견할 수 있을 것이며, 일상사를 효과적으로 현명하게 사용함으로써 설교를 흥미롭게 회중에게 전할 수 있을 것이다.

마. 상상력

설교자는 상상력을 동원하여 심상(心像)을 만들어 냄으로써 토론의 효과를 크게 높일 수가 있다. 그러한 심상은 설교에 독창성과 의외성을 던져 주고 주제를 다루는 방법에 신선감을 더해 준다. 설교에서 상상력을 사용한다는 것은 설교자에게는 더할 나위 없는 좋은 설교작성 수단이 될 수 있다. 그러나 설교자가 상상력을 활용하는 데에는 몇 가지 제한이 있다.

첫째로 지나칠 정도로 상상을 극대화시켜서는 안 된다. 예를 들어보자. 배에 불이 나고 빠져나갈 방법이 없어 공포에 질린 승객들의 모습을 상상으로 그릴 수는 있을 것이다. 그러나 승객들을 삼키려는 듯 다가오는 불기둥과 승객들의 고통을 지나칠 정도로 자세하게 묘사하는 것은 상상력을 현명하게 사용하는 방법이 아니다. 설교자는 사리에 맞지 않는 지나친 상상은 반드시 피해야 한다. 그러한 상상은 바보스럽게 보일 수도 있기 때문이다.

둘째로 성경 기자를 언급할 때 설교자는 단지 상상이나 추측을 실제 사실인 것처럼 묘사해서는 안 된다. 예를 들어보자. 여호수아가 여리고를 정탐하라고 보낸 두 정탐꾼은 건장한 체구의 미남이었고 요단강을 건널 때는 뗏목을 타고 건넜다고 말하는 것은 잘못이다. 왜냐하면 성경은 그에 대해서는 아무런 언급도 하고 있지 않기 때문이다. 어떤 사실을 가정하고 말하겠다는 것을 분명히 밝히면 또 사정이 다르다. 즉, 이같이 말할 수는 있을 것이다. "두 정탐꾼을 생각해 봅시다. 그들은 아마도 건장하고 날쌘 젊은 장정들이었을 것이며, 하나님 여호와와 그들의 민족인 이스라엘을 위해 헌신하기를 원하는 자들이었을 것입니다. 그들은 여호수아의 명령에 순종했고 주저하지 않고 적들이 우글거리는 곳으로 들어갔다."

위와 같은 사실들에 비추어 볼 때 상상력의 사용은 토론에서 매우 중요한 역할을 담당할 수 있고 다른 방법으로는 얻을 수 없는 신선한 감동과 흥미를 회중에게 던져줄 수 있다. 그러나 상상력을 사용할 때에 두 가지 기본 규칙을 꼭 지켜야 한다.

첫째, 상상력은 어느 정도까지만 발휘해야 한다. 둘째, 상상력은 품위 있게 사용하여야 한다. 조잡하거나 유치한 상상은 피해야 하는 것이다.

4. 설교 전개에 있어서의 수사법 사용

설교 개요를 전개 혹은 확대시킬 때에 사용하는 여러 수사법이 있다. 즉 설명, 논증, 인용, 예화, 적용 등이 있다. 이러한 모든 수단들을 한 설교에 다 사용해야만 하는 것은 아니다. 설교를 어떤 식으로 전개해 나가느냐에 따라 어떤 수단을 사용해야 할는지가 결정된다. 이러한 수사 방법들을 어떤 순서로 배열해야 할는지는 여러 상황과 조건에 따라 달라진다. 때로는 적용을 인용이나 논증보다 앞에 세울 수도 있고, 어떤 때는 예화를 설명보다 앞에 할 수도 있으며, 인용을 설명보다 먼저 할 수도 있다. 설교의 통일성과 메시지의 진보성이 이런 수사 방법이 배열되어야 할 순서를 지시 할 것이다.

예화와 적용은 설교에서는 특히 중요하기 때문에 특별히 한 장씩 할애해서 다룰 것이다. 이제 이들을 제외한 나머지 세 가지 수사법을 여기서 다루도록 하자.

가. 설명

우리는 설교에서 가장 중요한 측면 중의 하나가 성경 본문의 설명임을 이미 지적한 바 있다. 이것은 본문 설교와 강해 설교뿐 아니라 성경 진리 위에 기초를 둔 주제 설교에도 해당되는 것이다. 다른 말로 하면 메시지가 성경에 기초하는 것이라면 해당 성경 본문을 분명하고 적합하게 설명하는 작업이 있어야만 한다는 것이다. 설교를 진정 성경적으로 만들어 주고 메시지를 권위 있게 만들어 주는 것은 바로 설교작성의 이런 측면 때문이다. 이같이 하나님의 말씀은 설교의 날실과 씨실이 되어야 하며 설교의 모든 중요 부분은 성경의 확고한 기초 위에 세워져야 한다.

성경을 자세하게 살펴볼 학생이라면 66권의 하나님 작품이 여러 가지 다양한 문학 양식으로 쓰여 졌다는 것을 곧 알 수 있을 것이다. 성경의 상당 부분을 산문체로 쓰여 졌다. 이 산문체는 역사, 예언, 서간, 계시 문학 그리고 비유들 등 다양한 형태를 취하고 있다. 동시에 구약의 많은 부분은 탁월한 대비를 사용한 히브리 시문의 양식을 띠고 있다. 상징법과 수사법은 물론 반복법, 대조법, 과장법과 같은 문학 양식도 포함되어 있다.

그러므로 누구든지 성경의 어떤 부분이든 해석하려고 할 때는 먼저 자신이 나누려고 하는 성경 본문에 사용된 문학 양식이 무엇인지를 알아내고 그 후에 그것을 해석하는 해석학의 법칙들을 살펴보아야 한다.

1) 본문 설명에 수반되는 과정

일반적으로 본문을 설명하는 데 수반되는 과정은 명확하게 정의되는 특정 범주들에 따라 이루어진다.

가) 문맥

본문을 설명하는 데는 여러 과정이 포함된다. 첫째, 과정은 앞뒤의 문맥-먼 문맥과 가까운 문맥-을 연구하는 것이다. 앞 뒤 문맥을 살피는 일은 설교자뿐 아니라 청중들로 하여금 단어나 문장의 의미의 한계를 인식하도록 도와주며 본문의 참된 의미를 곡해하는 것을 방지해 준다. 예를 들어 설교자가 빌립보서 2:12 하반 절을 가지고 이야기한다고 가정해 보자. "두렵고 떨림으로 너희 구원을 이루라." 가까운 문맥을 보면 여기서 바울은 행위로 구원을 얻으려고 애쓰는 빌립보 교인들의 노력을 언급하고 있는 것이 아니라, 12 상반 절에 있는 대로 바울이 있을 때나 없을 때나 순종해야 할 것을 언급하고 있는 것임을 알 수가 있다.

나) 병행 구절 참조

둘째는 올바른 해석을 하려면 본문을 성경의 다른 구절과 연결시켜야 한다. 설교자는 병행 구절을 사용해서 그가 설명하려는 본문을 다른 성경 구절과 비교 대조하는 일을 게을리 해서는 안 된다. 특히 병행 구절의 연구로 더욱 분명하게 이해할 수 있는 복음서를 설교 할 때에는 더욱 그렇다. 설교자는 병행 구절을 기억해 두었다가 자유로이 인용할 수 있어야 하며 그렇지 못할 때는 성경을 펼쳐서 본문을 읽는 것이 좋다.

다) 언어의 법칙 적용

성경의 건전한 해석은 언어의 법칙 적용에 달려 있다. 중요한 의미가 있는 문법적 배열, 비유적 표현, 환유법이나 제유법 같은 수사법, 단어의 어원 등에 주의를 기울이게 되면 보통 평신도들에게는 모호해 보이는 성경 본문을 분명하게 해석하는 데 큰 도움이 된다.

성경 본문을 해석할 때 다른 번역 성경을 인용하는 것도 큰 도움이 된다. 알기 쉽게 풀어 쓴 성경(a paraphrase of Scripture)에서 인용할 때는 주의해야 한다. 왜냐하면 성경 역본은 성경 원본을 정확하게 다른 언어로 표현하려고 노력하는데 반해 알기 쉽게 풀어쓴 성경은 원본을 자기 나라의 방언으로 좀더 자유롭게 표현한 것이기 때문이다.

학식 있고 경건한 많은 학자들의 저작들은 진지한 성경 연구의 결과이기 때문에 설교준비에 도움이 되는 영적인 보물들을 많이 포함하고 있다. 따라서 목회자들은 성경을 연구할 때 표준 성경 주석을 사용해야 한다. 만일 거기서 설교에 적용할 수 있는 말을 발견한 경우에는 설교를 할 때 한 자도 틀림이 없이 있는 그대로 인용하는 것이 좋다.

라) 역사적 문화적 배경

본문의 역사적 문화적 배경, 그리고 본문에 언급된 지명 또한 본문이 쓰여진 시대적 상황에 비추어 본문을 해석하는 데 중요한 영향을 끼친다. 좋은 성경 백과사전, 성경 입문서나 성경 핸드북 등은 본문의 역사적 문화적 배경에 관한 정보를 얻는 데 큰 도움을 줄 것이며 성경 지도 참고 서적은 중요한 지리적 정보를 제공해 준다. 그러나 설교자는 본문의 배경을 이해하기 위해서 스스로 성경 본문을 철저하게 연구해야 한다.

성경을 충실하게, 그리고 분명하게 설명하는 것이 설교자의 엄숙한 의무이기 때문에 성경 본문의 해석에 대해 우리는 긴 지면을 할애하였다. 본문의 의미에 대해 설교자가 옳다고 확신할 수 있을 정도까지 성경 본문을 철저하게 연구해야 성경을 충실하고 분명하게 해석할 수가 있는 것이다. 설교자는 자기 스스로 본문이 이렇게 말했으면 좋겠다고 바라는 의미나 교회가 그렇게 말하는 것을 좋아하는 의미가 아니라, 양심에 비추어 본문이 그렇게 말한다고 확신하는 의미를 신실하게 선포할 의무를 지고 있는 것이다.

본문을 설명하려고 할 때에 설교자는 헬라어나 히브리어를 그대로 인용하는 것을 피하고 오늘날 이런 단어들이 어떻게 이해될 수 있는지를 말해야 한다. 이와 마찬가지로 설교자는 평신도가 이해할 수 없는 문법적 측면을 언급하는 일은 피해야 한다. 예를 들어 설교 시간에 어떤 동사가 부정과거, 가정법, 능동태라고 말하는 것은 대부분의 청중들에게는 어떤 특별한 의미도 없는 것이다. 사실상 성경 원어의 문법적 측면을 자주 언급하게 되면 회중들은 혼동과 무관심 속으로 빠뜨리기 쉬우며 설교자가 자신의 헬라어나 히브리어 실력을 과시하고 있다는 인상을 심어 주기 쉬운 것이다.

2) 어려운 본문 다루기

특별히 설교작성자가 다루기 힘든 성경 본문에 부딪힐 경우가 틀림없이 있을 것이다. 이럴 때는 본문의 의미에 대해 자기 자신만의 독단적인 주장을 늘어놓지 말고 과거에 그리스도인들 사이에 널리 인정된 경건한 학자들의 해석을 존중하는 것이 현명한 방법이다. 한편 설교자가 진지하게 깊이 연구한 후에도 모호한 성경 본문에 대해 만족할 만한 정확한 해석을 내릴 수가 없을 때에는 그 모호한 성경 본문을 어설프게 설명함으로써 회중들이 그 본문을 더 모호하게 만들지 않도록 주의해야 한다. 설교자 자신의 노력으로 만족할 만한 해답을 얻지 못했고 그 의미를 분명하게 해석할 수 없을 때는 언제나 어려움이 있음을 솔직히 시인하고 자신의 힘으로 적절히 설명할 수 있는 진리만을 다루는 쪽으로 그냥 넘어가는 것이 가장 현명한 방법이다.

설교자는 본문의 의미를 회중에게 분명하게 이해시켜야 한다. 그러나 일반적으로 회중은 해석이 너무 길다 보면 쉽게 싫증을 느끼는 경향이 있다. 우리가 이미 지적했듯이 회중은 설교자의 해석의 과정을 필요로 하는 것이 아니라 그 결과를 필요로 하기 때문이다.

3) 지엽적인 부분 다루기

본문의 지엽적인 부분까지 철저하게 연구하고 그것에 관심을 기울이다 보면 설교의 한계가 허용할 수 있는 범위를 넘어서 많은 요점들에 대해 의견을 말하고 싶은 유혹을 자주 받게 된다. 이렇게 되면 설교는 너무 복잡해져서 회중들이 설교를 따라가기가 매우 힘들어지며 시간상 회중의 마음에 어떤 감동을 줄 만한 여지가 없어진다. 설교작성자는 많은 지엽적인 요소들을 단호하게 바라고 특별히 설명이 필요한 부분이나 중요하고 관심을 끌만한 요소들만을 선택하는 결단을 하여야 한다. 다시 말해서 설교자는 설교가 전달하려는 주된 의도와 목적에 기여할 수 있는 특별히 두드러진 부분만을 다루어야 하는 것이다.

한마디 덧붙일 것은, 설교자가 본문 가운데서 현재의 설교에 적당치 않은 요소와 사실 중 가치가 있는 것을 버리는 것이 안타까울지는 모르나, 그런 자료는 후에 그에게 큰 도움을 주게 될 것이다. 성경을 계속적으로 연구하다 보면 설교자는 점차 하나님의 말씀에 대한 지식이 풍부해져 갈 것이며, 한 설교에 부적합하다는 이유로 옆에 밀어놓은 많은 자료들이 다른 설교작성 시에 놀라울 정도로 잘 적용되는 것을 경험하게 될 것이다.

부지런한 신학도 라면 본문의 세세한 사항들이나 중요한 단어들을 연구함으로써 본문이 전달하려는 원리나 진리를 발견할 수 있다는 사실을 곧 알게 된다. 때로는 이런 원리나 진리가 설교의 주요 사상이나 주제를 가르쳐 주기도 한다. 다시 말해서 주제를 처음에 작성하고 다음에 개요를 작성하고 그 다음에 본문의 지엽적 요소들을 연구하기보다는 그 순서를 반대로 할 수도 있다는 것이다.

나. 논증

1) 논증의 가치

논증은 성경에서 매우 중요한 위치를 차지하고 있다. 또한 설교에서도 논증은 큰 중요성을 가지고 있으므로 설교자는 논증을 사용하는 데 주저할 하등의 이유가 없다. 논증은 설교 개요를 확대, 전개시키는 매우 중요한 수단이며 유력한 증거의 제출은 설교에서는 없어서는 안 될 본질적인 요소이다. 논리 정연한 추론은 신앙의 건전한 기초를 위한 인간 이성의 요구를 충족시켜 주며 확실한 증거에 의해 뒷받침되는 진술은 권위 있게 받아들여진다.

더군다나 우리가 살고 있는 시대는 목회자로 하여금 신자들의 합리적인 신앙을 가지도록 하기 위해 복음을 분명하게 합리적으로 전달할 것을 요구하고 있다. 젊은이들은 학교에서 하나님의 말씀을 비평하는 자들에 의해 공격을 당하게 되면 당황하게 되는 경우가 많다. 어떤 이들은 기독교의 표준에 이의를 제기하기도 하고 고고학이나 기타 성경과 관련된 현대 과학의 발견으로 인해 당혹감을 느끼기도 한다. 따라서 설교는 신자들의 마음에 기독교 신앙의 기본 진리들은 초자연적 계시의 확고한 기초 위에 세워진 것이며 하나님의 계시의 윤리적 원리들은 그리스도인의 성품과 선행을 산출하는 데 필수적이라는 사실을 확신시켜 줄 수 있는 확고한 증거를 담고 있어야 한다.

2) 논증의 방법

목회자가 회중의 마음에 진리를 확증시켜 줄 수 있는 방법은 여러 가지가 있다.

가) 성경을 사용함

첫 번째 가장 중요한 방법은 성경을 사용하는 것이다. 설교자가 설교에서 "주께서 이같이 말씀 하셨습니다."라고 말한다면 그는 권위를 가지고 말하고 있는 것이며 회중들의 확신을 요구하고 있는 것이다. 이렇게 되면 회중은 본능적으로 설교자가 자신의 의견이나 사상을 개진하고 있는 것이 아니라, 그들이 반박하거나 부정할 권리가 없는 하나님의 말씀을 선포하고 있다는 사실을 깨닫게 된다. 그러나 회중을 설득하기 위해서는 설교자는 하나님의 계시를 지혜롭고, 적절하게 사용해야 한다. 증거 구절을 문맥과는 관련 없는 의미로 억지로 해석해서 갖다 붙이면 안 된다. 설교자는 성경을 해석할 때 성경 기자들의 본래 의도했던 의미와 조화되도록 항상 노력해야 한다.

나) 논리적 추론

논증의 두 번째 방법은 추론이다. 즉, 결론에 도달하거나 남을 결단으로 인도하기까지 논리적 과정을 사용하는 것을 말한다. 유추, 원인에서 결과로의 논증, 결과에서 원인으로의 논증, 증거 축적의 논증, 연역법, 귀납법 등은 설득력 있는 수사학의 여러 형태들이다.

성경은 논리적 추론의 많은 본보기들을 포함하고 있다. 그러나, 지면 관계상 성경적 논증법의 몇 가지 예만 언급하려고 한다. 장로와 이스라엘 백성들을 향한 여호수아의 마지막 연설에서는 그들에게 하나님에 대한 순종의 결단을 내리도록 하기 위해 그들을 향한 하나님의 선하심에 대한 증거를 거듭 강조하고 있다. 오순절 베드로의 메시지는 그리스도의 부활의 확실성을 구약을 기초로 논증할 뿐 아니라 그리스도를 따르는 자들의 그리스도의 부활에 대한 증언, 신자들이 받은 성령의 세례를 기초로 논증하고 있다. 유대 공회 앞에서의 스데반의 설교는 메시아를 죽인 행위에 대해 이스라엘이 받을 저주를 깨닫게 하기 위해 이스라엘의 하나님을 향한 괘씸한 과거의 행위들을 일렬로 나열하고 있다. 넓은 범위로 볼 때 바울의 로마서는 칭의 교리의 합리성에 대한 논문이라고 볼 수 있다.

그리스도 자신도 논증을 사용하셨다. 하늘 아버지의 돌보심을 확신하고 염려하지 말라고 하셨을 때 그가 사용하신 논리를 주목해 보라. 꽃들과 들풀을 예화로 사용하셔서 그는 "오늘 있다가 내일 아궁이에 던지우는 들풀도 하나님이 이렇게 입히시거든 하물며 너희일까 보냐? 믿음이 적은 자들아"(마 6:30)라고 논증하셨다. 예수께서는 적대자들의 공격이 있을 때도 역시 논증을 사용하셨다. 예를 들어 바리새인들이 예수님이 바알세불의 힘을 빌어 귀신을 쫓아낸다고 공격했을 때 그는 "스스로 분쟁하는 나라마다 황폐하여지며 스스로 분쟁하는 집은 무너지느니라.…만일 사단이 스스로 분쟁하면 저의 나라가 어떻게 서겠느냐"(눅 11:17-18)라고 논증하심으로써 그들을 격퇴하셨다.

다) 증언

논증의 세 번째 유형은 증언에 의한 방법이다. 이 방법은 논리적 추론 방법의 하나로 분류될 수 있을지도 모른다. 왜냐하면 증언은 증거에 의해서만 설 수 있기 때문이다. 그러나 증언은 특별히 중요하기 때문에 따로 취급하는 것이 좋을 것 같다. 증언의 가치는 그 확실성에 달려 있다. 따라서 증언의 확실성을 결정짓는 요소가 무엇인지를 주목할 필요가 있다. 첫 번째 요소는 증거의 수이다. 사실된 증거라면 그 수가 많을수록 그 증언도 더욱 확실한 것이다. 두 번째 요소는 증인의 성품이다. 증인들의 지식, 성실성, 진지함 등은 그들의 증거의 확실성과 신실성을 확실케 하는 데 모두 기여하게 될 것이다. 마지막으로는 증인들이 증거 하는 사실의 특성이 그 증거가 받아들일 만 한 것인지의 여부를 결정짓는다.

증언의 형태 중에 통계 자료나 통계적 사실을 사용하는 방법이 있다. 설교자가 중요한 자료나 사실들을 통계학적 방법으로 배열할 수 있다면 그의 주장을 지지할 수 있는 강한 증거를 갖게 되는 셈이다. 그러나 그러한 자료를 끄집어낼 때는 그 정보가 정확한 것인가를 확인해야 하며, 회중들에게 그 타당성을 확신시키기 위해서는 때로는 자료의 출처를 밝힐 필요가 있다. 미심쩍은 출처에서 뽑은 부정확한 자료는 설교자가 어리석다는 인상을 줄 수도 있으며, 잘못된 길로 회중을 오도하려고 한다는 오해를 불러일으킬 소지도 있다.

라) 설교 개요 논리적 순서로 배열하기

설교 개요를 논리적 순서로 질서 있게 배열하는 방법은 회중을 설득시키는 수단 중의 하나이다. 특히 설교의 핵심 주제를 증명해 보이려는 설교일 때는 더욱 그렇다. 예를 들어서 우리의 논제를 "하나님의 말씀은 능력이 있다"로 정하도록 하자. 그러면 우리는 성경으로부터 하나님의 말씀은 능력이 있다는 증거를 찾아낼 수 있으며 아래와 같이 개요를 작성할 수가 있다.

> **제목: 하나님의 말씀의 능력**
>
> 1. 말씀은 영적인 생명을 소생시키는 능력이 있다. 베드로전서 1:23
> 2. 말씀은 깨끗하게 하는 능력이 있다. 요한복음 15:3
> 3. 말씀은 거룩하게 하는 능력이 있다. 요한복음 17:17
> 4. 말씀은 영적으로 성숙하게 하는 능력이 있다. 베드로전서 2:2

3) 논증을 사용할 때 주의할 점

이제 논증에 대한 논의를 몇 마디 충고로 마치려 한다. 어떤 설교자들은 진리에 대한 뜨거운 열정으로 말미암아 자신은 신앙의 수호자의 소명을 받았다는 생각에 사로잡힌 나머지 설교의 내용을 자신과 다른 모든 사람에 대한 비판과 적의에 찬 공격으로 가득 채우는 경우가 있다. 찰스 스펄전은 **목회자 후보생들에게**(Lectures to My Students)라는 책에서 이런 사람을 가리켜, 이단으로 보이는 사람이나 자기와 교리적 견해를 달리하는 사람이면 누구나 죽이려고 손에 "신학적 연발 권총"을 가지고 돌아다니는 사람이라고 평하였다. 그러한 호전적 태도는 그리스도인의 정신과는 전혀 반대되는 것이며 많은 해를 끼칠 염려가 있는 것이다. 우리는 "열성적으로 신앙을 수호해야" 하는 것은 사실이나 그렇다고 해서 다투기를 좋아해서는 안 된다.

하나님의 사람은 설교할 때에 비판적이며 호전적인 태도를 피해야 할 뿐 아니라, 조소나 신랄한 풍자로 회중들의 적대감을 야기 시키지 않도록 주의해야 한다. 성경적 논증은 윌리엄 워드 아이어(William Ward Ayer)가 표현한 대로 갈멜산에서 4백 명의 바알 선지자를 조롱했던 엘리야의 조롱처럼 "성화된 풍자"를 필요로 하는 때도 있을 것이다. 그러나 일반적으로 설교자는 건전하고 논리적이면서도 날카로운 논증을 하는 것이 가장 최선의 방법이다.

논증의 사용에 대해 충고의 말을 한마디만 더 하려고 한다. 설교가 대부분 논증으로 구성되어 있으면 지루하고 답답해질 염려가 있다. 논증의 증거로 제시된 통계 자료나 기타 세부 사료 등은 설교를 딱딱하고 흥미 없게 만들 수 있다. 따라서 설교자는 그러한 자료나 논증들이 회중들에게 흥미 있고 생생하게 느껴지도록 능숙하게 처리해서 말하는 기술을 개발시켜야 한다.

예를 들어, "중국에는 약 10억의 인구가 있습니다."라고 말하는 것보다는 "세상에 사는 남자 중 네 명의 한 명은 중국인이고, 세상에 사는 여자 중 네 명의 한 명은 중국인이고, 세상에 사는 소년 중 네 명의 한 명은 중국인이고, 세상에 사는 소녀 중 네 명의 한 명은 중국인입니다"라고 말하는 것이 훨씬 더 잘 와 닿는 법이다.

다. 인용

인용은 설교 개요 전개에 큰 몫을 차지한다. 적절한 때에 적당한 말을 인용하게 되면 설교에 활력과 신선함이 넘치게 된다. 따라서 설교자는 어떻게 해서든지 인용을 최대한도로 이용해야 하나 그렇다고 해서 지나치게 남발해서는 안 된다.

설교에 사용할 수 있는 4가지 형태의 인용이 있다.

1) 성경 본문

우리가 이미 성경의 인용에 대해 언급한 바가 있듯이 적절한 성경의 인용보다 더 설교자의 말을 권위 있게 만드는 것은 없다. 비록 메시지가 성경 본문의 주해라 하더라도 병행 구절의 인용은 회중들에게 본문의 진리를 더 정확하게 이해시키는 데 큰 도움이 된다. 그러나 성경 구절을 인용할 때 설교자는 그 성경 구절이 설교의 내용에 적절하고 적당한지를 주의 깊게 살펴야 한다.

2) 함축성 있는 간결한 말

이런 말로는 "어려울 때 친구가 정말 친구이다", "제때 한 바늘을 꼬매면 후에 아홉 바늘의 수고를 던다", "내 손 안에 있는 새 한 마리가 숲 속에 있는 두 마리 새보다 낫다" 등과 같은 속담이 있다. "천리 길도 한 걸음부터", "현인은 역경 가운데 기회를 보지만 어리석은 자는 기회 가운데 역경을 본다"는 중국 속담들도 있다.

함축성 있는 말의 두 번째 유형은 간결하고 표현된 특정한 영적 진리들이다. 아래에 몇 가지 예가 있다.

> "그리스도를 섬기는 일은 힘든 노동이 아니라 흘러넘치는 감사의 표현이다."
> "하나님의 뜻을 떠나서는 성공이 있을 수 없으며 하나님의 뜻 안에서는 실패가 있을 수 없다."
> "우리의 큰 문제는 하나님의 능력 앞에서는 작은 것이요, 우리들의 작은 문제는 하나님의 사랑 앞에서는 큰 것이다."
> "하나님께서 함께 하실 때는 작은 것도 큰 것이다."
> "나는 그리스도를 향한 큰 필요를 갖고 있으며, 나의 필요를 채우시는 큰 주님을 모시고 있다."
> "하나님은 사람에 따라 반응하시지 않고, 자신의 약속의 말씀에 따라 반응하신다."
> "이 생에서 도달할 수 있는 가장 높은 곳은, 우리가 예수님의 발 앞에 절하는 바로 그곳이다."
> "하나님께 작아지는 것은 하나님을 위해 작아지는 것이다."

이러한 속담이나 함축성 있는 간결한 영적 진리들이 필요할 때 설교자는 언제나 쉽게 사용할 수 있도록 잘 수집해서 정리해 놓아야 한다. 금언이나 경구의 인용이 효과를 거두려면 암기해 두었다가 인용해야만 한다. 그러나 그런 금언이나 경구가 단순히 부분적 진리만을 포함하고 있지나 않은지, 진리의 과장이나 왜곡의 요소는 없는지를 확인해 보아야 한다.

3) 믿을 만한 자료에서 나온 진술

설교를 전개해 나가는 데 유익한 세 번째 유형의 인용은 믿을 만한 자료를 인용하는 것이다. 꼭 신학적 내용을 품은 진술이어야 할 필요는 없다. 그러나 메시지의 내용에는 알맞은 것이어야 한다.

예를 들어보자. 만일 설교자가 영적 전쟁에 대해서 논하고 예수 그리스도의 선한 군사로서 끝까지 인내할 필요성에 대해서 강조하고 싶다면, 주를 섬기는 그리스도의 군사의 훈련 모습을 이해시키기 위하여 미국 군인의 훈련에 관한 아래의 진술을 인용할 수 있을 것이다. 이것은 미 육군 베를린 여단 사령관인 존 헤이(John H. Hay) 준장의 말로서 1965년 7월 13일 몬타나 주 빌링스의 **빌링스 개제트**(*Billings Gazette*) 지에서 인용한 것이다.

> 군인은 긍지가 있어야 한다. 만일 긍지가 없고, 잘 훈련되어 있지 못하다면 괜히 시간 낭비만 하고 있는 것이다. 이것이 우선순위이다. 군인은 당당해야만 한다.

믿을 만한 자료 인용의 두 번째 예는 1967년 5월 25일 목요일자 **오레고니안**(*The Oregonian*) 지의 기사를 인용한 것이다. 그 기사는 전과자인 래리 닷슨이 오리건 주 포틀랜드의 한 중고등학교의 40여명의 소년 소녀들 앞에서 교도소 안에서의 삶을 묘사하는 내용이다.

> 한밤중의 어둠과 침묵이 거대한 감옥을 휩싸면 모든 죄수에게는 쓸데없이

낭비한 자신의 인생의 유령만이 유일한 감방 친구가 되어 버립니다.

남이 모두 잠들었을 것이라고 생각되는 깊은 밤이 되면 그 때야 비로소 35세나 40세 정도 된 중년 남자의 우는 소리를 들을 수가 있습니다. 이 때가 그 어느 때보다도 감옥 생활의 슬픔과 비참함을 깨닫게 되는 순간입니다.

성경이 말하는 "슬피 울며 이를 갊이 있으리라"(마25:30)고 한, 무익한 종을 위해 예비해 둔 어둔 감옥의 정경에 더 알맞은 묘사를 위의 기사 외에 어디에서 찾을 수 있겠는가?

메시지를 회중 앞에서 전달할 때는 인용문의 저자, 배경, 출처를 밝히는 것이 좋다. 특히 설교자가 논쟁의 여지가 있는 문제를 다룰 때는 저자의 이름을 밝히는 것이 좋고, 그의 주장을 입증해 줄 수 있는 가능성이 있다면 꼭 밝히는 것이 좋다.

인용 문제와 관련해서 주목해야 할 몇 가지 원리가 있다. 설교자는 항상 인용이 정확하고 참된 것인지를 확인해 보아야 한다. 자신의 의견과는 다른 내용을 인용할 필요가 있을 때는 그 인용문이 자신의 견해와는 일치하지 않음을 분명히 할 필요가 있다. 비록 확고한 증거가 있더라도 한 개인의 이름이나 단체에 대해 이런 유의 말을 잘못하면 명예 훼손죄로 법정에 서게 될지도 모른다. 마지막으로 설교자는 지나치게 긴 인용은 삼가는 것이 좋다.

4) 시

시의 인용이 설교 전개에 한몫을 차지한다. 고상한 경배의 내용을 담은 찬송 시나 영혼의 간절한 열망을 표현한 시는 헌신을 다짐하는 메시지에 인용하면 좋은 효과가 나타난다. 시련 가운데 위로를 다룬 시는 고통과 시험에 대한 설교에 사용할 수 있다. 다른 여러 성시들도 다양한 설교 유형에 인용될 수 있다. 세속적인 시도 적절하게 인용만 하면 설교 개요 전개에 큰 유익을 가져다준다. 시를 인용할 때에 설교자는 너무 길게 인용하지 않도록 주의해야 한다. 한두 연 정도 인용하는 것이 좋다. 때로는 두 행을 인용하는 것이 한 연 전체를 인용하는 것보다 더 효과적인 때도 있다. 회중이 그 시를 너무 잘 안다는 사실이 인용의 자료로서 그 가치를 감소시키는 것은 아니다. 사실상 회중이 그 시를 친숙하게 알기 때문에 그 시가 인용될 때에 그들의 관심을 더 불러일으킬 수도 있는 것이다.

그러나 시의 인용은 그 내용이 아무리 감동적이고, 적절하다 하더라도 지나치게 자주 사용해서는 안 된다. 다른 유형의 인용과 마찬가지로 설교자는 시의 인용을 자주 하지 않도록 주의해야 한다.

VII
예화

1. 예화의 정의

예화와 설교의 관계는 창문과 건물과의 관계와도 같다고 흔히 말한다. 창문이 건물 안으로 빛을 끌어들이듯이 좋은 예화는 메시지를 더욱 선명하게 해준다.

예화는 보기를 들어서 설교의 메시지를 이해하는 데 도움을 주는 수단이다.

예화는 설교자가 전하는 진리를 청중들이 이해하기 쉽도록 하기 위해 설교의 내용을 분명하게 할 목적으로 사용하는 한 개인이나 사건의 설명 혹은 장면 묘사를 의미한다.

예화에는 여러 형태가 있다. 비유, 유추, 풍유, 소설(일화나 우화를 포함해서), 개인의 체험, 역사적 사건, 자서전에 나타나는 작은 사건 등이 예화로 사용될 수 있다. 바로 전(前)장에서 언급했듯이 상상력을 동원해서 예화를 창작 혹은 작성할 수도 있다.

2. 예화의 가치

설교에서 가장 중요한 요소는 예화가 아니라 성경 본문의 설명임을 재삼 강조할 필요가 있다. 설교자의 메시지에 권위를 부여하는 본문 해석이야말로 무엇보다도 중요하다. 예화는 아무리 감동적이고 흥미 있는 것이라 하더라도 이차적인 것에 불과하다. 그러나 하나님께서 주신 메시지를 가지고 있고 그 메시지를 회중에게 분명하게 전달하려는 강한 욕구를 가진 설교자는 설교를 재미있고 감화력 있게 해줄 예화를 찾아내어 사용하는 데 전력을 기울일 것이다. 따라서 우리는 좋은 예화의 가치가 무엇인지를 살펴볼 필요가 있다.

가. 예화는 설교를 분명하게 해준다

진리는 때로 너무 심오하고 난해하기 때문에 설교자가 성경 본문을 아무리 애써서 설명한다 하더라도 회중들은 그 의미를 눈에 보이듯이 표현해주기 전에는 깨닫지 못하는 경우가 많다. 이것은 보기를 들어서 그 의미를 분명하게 한다는 예화의 정의와 꼭 들어맞는다. 예수께서도 우리와 자신과의 연합이라는 심오한 진리를 설명하기 위해서 포도나무와 가지의 단순한 유추를 사용하셨다.

나. 예화는 설교를 재미있게 만든다

많은 경우 설교는 그 내용이 너무 교리적이라서 실패하는 것이 아니라, 진리를 너무나 지루하고 딱딱하게 전달하기 때문에 실패한다. 메시지가 너무나 지루하고 딱딱하면 회중들이 흥미를 잃기 십상이다. 설교자들은, 평범한 사람들은 주의 집중 시간이 짧고, 재미있고 도전적인 내용으로 설교를 시작하지 않으면 조만간 흥미를 잃게 될 것이라는 사실을 항상 유념해야 한다. 적절한 예화는 마음을 편하게 하고 흥미를 유발시키며, 메시지를 생기 있게 만들고 회중들로 하여금 계속되는 설교의 내용에 귀를 기울이게 한다.

따라서 설교자는 회중들의 무관심을 일찌감치 몰아낼 수 있는 적절하고 재미있는 예화를 사용해야만 한다. 재미있고 적절한 예화들은 모든 종류의 자료에서 얻을 수가 있다. 따라서 설교자는 설교를 흥미 있게 해주는 예화라면 새로운 것이든 오래 전 것이든 항상 눈여겨 살펴볼 필요가 있다.

19세기에 있었던 아래의 예화도 오늘날 잘 적용될 수 있다.

한 저명한 설교자가 한 때는 전문 직업인이었으나 과음으로 모든 것을 잃어버린 마부의 마차를 타게 되었다. 마차를 타고 가는 도중에 이 마부는 설교자에게 도움을 청했다. 그의 문제를 가지고 한참 동안 대화를 나누던 설교자는 이렇게 질문을 던졌다. "친구여, 만일 당신의 말이 아무리 잡으려 해도 달아난다고 가정해 봅시다. 그 때 만일 당신 옆에 말을 잘 다룰 줄 알고 당신을 그 재난에서 구원해 줄 사람이 있다면 어떻게 하겠소?" 그 때 마부는 "그에게 고삐를 넘기겠소"라고 지체없이 대답했다. 그 때 설교자는 그에게 "만일 당신이 그 고삐를 주님께 넘긴다면 주님께서 당신의 인생을 인도하기를 기뻐하실 것"이라고 말해 주었다.

관심을 집중시킬 수 있는 두 번째 유형의 예화는 아이들에 대한 이야기이다. 왜냐하면 어린아이들의 천진난만하고도 우스꽝스러운 이야기가 때로는 인간의 관심을 사로잡을 수 있기 때문이다. 과테말라의 선교사 부부가 보낸 편지에서 두 어린 자녀의 이야기는 참으로 재미있다.

"어느 날 밤 브렌트는 우리가 외출한 사이에 형과 함께 침실에서 커다란 바퀴벌레를 발견했던 이야기를 우리에게 해주고 있었다. 그 벌레의 크기를 가르쳐 주려는 듯 그는 손가락을 펴서 약 10인치 정도 벌렸다. 그러고는 말했다. '그리고 큰소리를 막 내던대요!'"

우리는 어린아이들의 행동이나 말 속에서 중요한 교훈을 이끌어 낼 수 있고 또 그것들을 설교의 예화로 사용할 수 있는 기회가 얼마든지 있다. 한 교사가 여학생 교실에서 겪은 체험도 이런 예이다.

한 주일 학교 교사가 극적인 효과를 살려서 아브라함이 아들 이삭을 제물로 바치는 순종에 대해 이야기를 하고 있었다. 이야기의 절정에 달하자 그 때의 모습을 얼마나 생생하게 묘사했던지 한 어린아이가 초조하게 사정했다. "아! 제발 그만 좀 하세요. 이야기가 너무 무서워요!" 그러자 그때 그 반대편에 앉아 있던 다른 소녀가 소리를 질렀다. "바보같이 굴지 마, 메리. 이건 하나님의 이야기잖아. 하나님의 이야기는 항상 끝이 좋게 끝난단 말이야."
　이 소녀의 말 속에 포함된 진리는 무엇인가? 하나님께서는 항상 그에게 속한 자에게는 모든 것이 결국에는 선하게 되도록 하시지 않는가? "우리가 알거니와 하나님을 사랑하는 자 곧 그 뜻대로 부르심을 입은 자들에게는 모든 것이 협력하여 선을 이루느니라."(롬 8:28).

재미있는 예화를 만들려면 놀라게 하는 요소를 포함시켜야 한다. 무디 (D. L. Moody)의 일화가 그 보기이다.

무디가 전도 집회를 마쳤을 때 어떤 사람이 그 집회에 대해 질문을 던졌다. 무디는 두 명 반이 그날 밤 회개를 했다고 대답했다. 질문한 사람은 어안이 벙벙했다. 그리고 그것이 무슨 뜻인지를 물었다. 무디는 말했다. "어린아이 둘이 구원을 받았고 어른 한 명도 구원받았습니다. 어린아이 둘은 이제 그리스도께 드릴 완전한 인생을 각기 갖게 되었으나 어른은 이미 인생의 반을 살았으니 주님을 섬길 인생은 반밖에 남지 않았지요."

다. 예화는 진리를 생생하게 보여 준다

어떤 사람들은 설교를 들은 후에 예화만 기억난다고 말한다. 그 이유는 진리가 예화를 통해 생생하게 기억되는 경우가 많기 때문이다. 좋은 예화는 심오한 것을 평범하게 하고 지루하고 추상적인 사실들을 살아 있는 진리로 만듦으로써 회중의 마음속에 강렬한 인상을 심어 준다. 따라서 회중은 다른 방법으로는 완전히 이해할 수 없는 것을 생생한 문장을 통해서 볼 수 있게 되는 것이다. 예를 들어 부정직함의 죄를 설교한다고 하자. 이 때 여호수아 7장의 아간의 이야기를 예화로 든다면 아간의 거짓과 범죄의 무서운 결과에 대한 이야기에 의해 전달하려는 교훈이 생생해질 수 있는 것이다. 아간이란 말은 "괴롭게 하다"라는 뜻을 지니고 있는데 아간은 자신의 이름처럼 은밀한 죄를 지음으로 자신뿐 아니라 자신의 가족과 이스라엘 전체를 괴롭게 하였던 것이다.

성경의 기사를 언급하는 대신에 설교자는 아래와 같은 이야기를 예로 들 수도 있다.

> 한 동방의 군주가 건축가인 친구를 불렀다고 한다. "친구여 나를 위해 집을 한 채 지어주게. 인부든, 돈이든, 건축 자재든, 시간이든, 도구든 자네가 필요한 것은 무엇이든지 청구하게. 그러면 내가 공급해 주겠네. 가서 나를 위해 집을 한 채 짓도록 하게." 이런 좋은 기회가 있을까? 돈이 얼마나 들든, 시간이 얼마나 오래 걸리든 간에 아무런 제한이 없었다. 최고의 건축 자재와 최고의 인부들을 사용할 수도 있었다. 얼마 안 되어 언뜻 보기에는 웅장해 보일 것만 같은 건물이 지어지기 시작했다. 그러나 그 건축가는 값싸고 겉만 그럴 듯한 건축 자재를 사용하였다. 그는 들어가는 비용을 아까워하면서 여기저기에 값싼 저질의 자재를 사용하였다. 그는 왕을 위해 짓고 있는 그 집에 최선을 다하지 않았다. 마침내 건물은 완성되었다. 어찌되었든 손상되고 훼손된 부분은 교묘하게 감추었다. 왕이 화려한 행사를 열어 새집을

자랑하려는 날이 다가왔다. 시찰을 끝낸 후 왕은 그의 친구인 건축가를 돌아보며 말했다. "이 집을 보게. 내가 이것을 자네에게 주겠네. 이제 자네의 소유가 된 이 집의 열쇠를 받게나."

라. 예화는 진리를 강조해 준다

설교자는 회중에게 어떤 진리의 중요성을 보여 줄 필요가 있다고 생각할 때가 많이 있다. 진리는 그 의미를 단순히 언급함으로써 강조할 수도 있으며 강한 용어를 사용함으로써, 또는 이런 저런 방법으로 반복함으로써 그 중요성을 보여 줄 수도 있다. 그러나 좋은 예화를 사용하는 것도 진리를 강조하는 중요한 수단이 된다. 특정한 보기를 듦으로써 예화는 설교자가 가르치려고 하는 교훈의 핵심을 회중에게 전할 수 있다. 사실상 생생한 예화를 적절하게 잘 들면 들수록 강조점은 더욱 강하게 나타나는 것이다.

예를 들어보자. 만일 목회자가 주일 아침뿐 아니라 수일 저녁에도 예배에 참석해야 한다는 점을 회중에게 강조하고 싶다면 아래에 있는 한 소년의 이야기가 많은 권고나 충고의 말보다 더 효력을 발휘할 것이다.

지난 주일 저녁 때 나는 교회에 갈 생각이었다. 그런데 한 친구가 같이 영화를 보러 가자고 했다. 그러나 나는 그래서는 안 된다고 생각하고 교회에 갔다. 교회에서 주일 학교 담임 선생님을 찾아보았으나 보지 못했다. 평소에 존경하던 두 집사님을 만나 볼 수 있으리라 생각했으나 그분들도 보이지 않았다. 나는 언젠가 우리 집에 심방 오셨던 어머니의 주일 학교 담임 선생님을 찾아보았다. 그러나 그분도 만날 수 없었다. 그래서 나는 그분들이 주일 저녁 예배를 별로 중요하게 여기지 않고 있다고 생각했다.

금주에 대한 메시지를 전할 때는 금욕의 죄에 대한 수천 마디의 충고나 경고의 말보다는 아래의 사고 기사가 더 감동적일 것이다.

네 명의 젊은이가 모두 술을 마신 후 교통사고로 목숨을 잃었다. 이 슬픈 소식이 그 사고에서 딸아이를 잃은 아버지에게 전해졌다. 슬픔에 잠긴 아버지는 큰 충격을 받고 소리쳤다. "내 딸에게 술을 판 술집 주인 놈을 죽여 버리고 말겠다." 그리고 술을 마시기 위해 찬장으로 갔을 때 아버지는 딸이 쓴 메모지를 발견했다. "아빠, 우리가 아빠 술을 조금 먹었어요. 화내지 않으실 거죠?"

3. 예화 사용 시 지켜야 할 원리

가. 적절한 예화를 사용해야 한다

예화의 어원에 따르면 예화란 밝혀 주는 것, 분명하게 해주는 것이다. 만일 예화가 논의하고 있는 요점을 더욱 잘 이해하는 데 도움이 되지 못한다면, 또는 예화 자체가 분명치 못한다면 아예 하지 않는 것이 좋다. 적절치 못한 예화는 회중의 관심을 설교의 사상에서 다른 곳으로 쏠리게 할 뿐이다. 그러나 적절한 때에 알맞게 사용한 예화는 본문의 진리를 분명하게 하며 회중의 관심을 유발시키는 효과적인 수단이 된다. 예를 들어보자. 만일 설교자가 죄를 용서하시는 하나님의 크신 은총에 대해 말하고자 한다면 고린도후서 5:20-21과 에베소서 1:7을 인용할 수 있을 것이다. 이 때 아래와 같은 예화를 든다면 큰 효과를 거두게 될 것이다.

한 악명 높은 불신자가 죽음을 맞이하고 있었다. 그때 그는 그 집을 방문한 목사님을 바라보고 비웃으면서 "한 시간의 회개가 죄로 가득 찬 전 생애를 속죄할 수 있을까요?"라고 빈정댔다. 그 때 하나님의 사람은 대답했다. "아니오. 오직 예수 그리스도의 보혈만이 속죄할 수 있소."

나. 분명한 예화를 사용해야 한다

이미 밝힌 대로 "예증하다"라는 단어의 기본적인 의미는 분명하게 만들다, 명백하게 하다라는 뜻이다. 설교 중에 어떠한 진리의 이해를 돕기 위해 인용한 이야기나 사건이, 설명하고 분명히 하는 역할을 못한다면 그 목적을 달성하지 못하는 셈이다. 그런 경우의 예화는 그 자체로는 의미심장하고 흥미로운 것일지 몰라도 전체적인 구성을 위해서는 차라리 생략하는 것이 더 낫다. 그러나 명확하고 잘 선택되어서 진리를 이해하는 데 공헌하는 보기나 예화는 설교의 가치를 크게 높여 준다.

1981년 1월 25일자 신문에는 짧은 기사가 실렸다. 하계 언어학 연구소가 연구소의 콜럼비아 사업소를 2월 19일까지 폐쇄하지 않으면 납치한 선교사 체스터 비터맨을 죽이겠다고 위협한 좌경 콜럼비아 게릴라의 요구를 거절했다는 내용이었다.

이러한 기사가 신문에 실린 직후 위클리프 성경 번역회의 미국 책임자인 버니 메이(Bernie May)는 다음과 같은 글로 기도 요청을 했다.

위클리프는 몸값을 지불하지 않는다는 정책을 갖고 있습니다. 이것은 우리 모두가 감수하는 위험 부담입니다(달리 말하면 이것은 믿음일 것입니다). 우리는 모든 일이 합력하여 선을 이루도록 단지 하나님을 의지합니다.

체스터는 위클리프에 몸담았을 때 이것이 위험한 사역이라는 것을 알고 있었습니다. 그러나 그리스도를 따른다는 것은 우리 모두에게 언제나 그렇습니다. 주님을 온전히 따르는 사람은 언제나 십자가의 그림자 밑에 있습니다. 불가피한 일입니다. 그래서 나는 여러분이 나와 함께 비터맨 가족을 위해 기도하길 요청합니다. 또한 여러분 자신의 그리스도께 대한 헌신도 점검해 보길 요청합니다. 버니 메이가 기독교계에 이러한 호소를 한 몇 주 후, 체스터 비터맨은 납치범들에 의해 총살당했다.

우리가 전달하는 메시지의 목표 중 하나가 그리스도에 대한 교인들의 헌신에 도전을 던지는 것이라면 위와 같은 사건은 분명 주님에 대한 헌신을 분명하게 요청하는 예화가 될 것이다.

다. 믿을 만한 예화를 사용해야 한다

무리한 억지 예화는 목회자의 신용을 떨어뜨리고 설교자가 과장하기 좋아하며 쉽게 아무것이나 잘 믿는 단순한 인간이라는 인상을 회중에게 심어 준다. 비록 어떤 사건이나 이야기가 진리라 하더라도 이런 저런 이유로 사실처럼 들리지 않는다면 설교자는 설교 시에 사용하지 않도록 특별히 유념해야 한다. 설교에 사용할 수 있는 예화는 현실에 맞는 것이어야 한다. 예화는 어디를 보나 사실이어야 하며 실재성이 있어야 한다.

때로는 믿기 어려운 사실들이 예화로 적합할 때도 있다. 특히 그 예화가 과학의 영역이나 자연의 역사에서부터 나온 것으로써 설교자가 자신의 말의 정확성을 입증할 수 있는 적합한 증거를 제시할 수 있을 때에 그렇다.

라. 예화 속의 사실들을 정확하게 진술해야 한다

일단 선택한 예화는 잘 전달해야 한다. 일반적으로 예화는 단순히 읽어 내려가서는 안 된다. 설교와 마찬가지로, 강단에서 그냥 읽는 예화는 그 효과를 상실하기 마련이다. 따라서 예화를 인용할 때 설교자는 회중에게 정확하게 전달할 수 있을 만큼 자세한 것들까지도 이해하고 있는지를 확인해 보아야 한다. 만일 설교자가 중요한 부분을 한두 군데 잊어버리거나 빠뜨린다면 결국 예화를 망치게 되는 것이다.

그러나 예화가 세부적인 사실을 너무 많이 포함하기 때문에 설교작성자가 모든 요점을 다 이야기할 수 없는 그런 경우도 있다.

목회자의 길을 가기 위해 의사로서의 직업을 내려 놓았던 엠 알디한(M. R. Dehoan) 박사가 사용한 예를 주목해 보자.

우리 몸 속에는 얼마나 많은 잠재 능력이 있는지 모른다. 보통 체구를 가진 사람의 경우, 하루 24시간 동안 매일 다음과 같은 기능을 수행하는 것이다. 심장 박동은 103,689회 일어나고, 혈액은 168,000,000마일을 흘러간다. 숨은 23,040회 쉬고, 그때 438평방 피트의 공기를 들이마시게 된다. 3내지 4파운드 무게의 음식을 먹고 수분은 3 쿼트 정도 섭취한다. 피부로는 2파인트의 땀을 분비한다. 몸은 어떤 기후 조건 아래서건 36.5도 정도의 체온을 유지한다. 에너지는 450피트톤 정도 생산하고, 남성의 경우 4800단어 정도를 말하며, 700개가 넘는 근육을 움직이고 사용하며, 7,000,000개의 뇌세포를 쓴다. 또 집안에서 생활하는 여성의 경우 하루에 7마일 정도를 걷는다. 이러한 육체가 하나님께 속한 것이다. 이 모든 활동 중에 과연 얼마 정도가 창조주께 드려지는가? 확실히 이토록 놀랍게 만들어진 우리의 몸은 이 몸을 만드신 놀라운 창조주께 헌신되어야만 하는 것이다. 바로 오늘 이 몸을 하나님께 드리자.

또한 예화를 충실하게 전달하기 위해서는 정확성이 요구된다. 정직은 결코 빼놓을 수 없는 본질이다. 진실하지 못한 진술은 결코 해서는 안 된다. 사실을 왜곡하거나 과정해서는 안된다. 거짓을 말하는 설교자는 얼마 안가서 사역을 망치게 될 것이며 회중은 그를 신임하지 않을 것이 분명하다.

마. 일반적으로 간단한 예화를 사용해야 한다

설교 메시지의 의미를 흐려 놓을 만큼 예화를 눈에 띄게 해서는 안 된다. 예화란 단지 메시지를 분명하게 하는 데 그 주된 목적이 있기 때문이다. 따라서 일반적으로 볼 때 예화가 길어서는 안 된다. 사실상 몇 마디의 생생한 문장이 수백 마디의 자세한 표현보다 훨씬 더 효과적이다. 그러나 만일 설교의 한 부분에서 긴 예화를 들 필요가 있다면 다른 부분에서는 최소한도로 다른 예화들을 줄이는 것이 현명하다.

바. 예화 선택에 신중을 기해야 한다

설교할 때 무분별하게 예화를 사용해서는 안 된다. 기괴한 예화, 조잡한 예화, 괴상한 예화는 결코 사용해서는 안 된다. 설교자가 이런 예화를 사용하면 경솔하다든지, 통속적이라든지, 얄팍하다는 비평을 받기 쉬운데, 이런 결점은 복음을 섬기는 사역자들에게는 결코 있어서는 안 되는 것들이다.

예화의 성격 뿐 아니라 설교 한 편에 사용되는 예화의 수도 신중하게 결정해야 한다. 예화를 너무 많이 사용하는 목회자는 "이야기꾼"이라는 별명을 듣게 될 것이다. 그러나 만일 설교자의 주된 목적이 성경을 설교하는 것이라면, 예화가 성경 본문을 더 분명하게 해주고 회중들에게 진리를 더욱 쉽게 이해시킬 것이라는 확신이 생길 때에만 예화를 사용해야 한다.

설교에서 차지하는 예화의 비율에 대해서는 보통 한 대지에 한 예화 정도면 충분하지 않겠느냐는 것이 중론이다. 때로는 한 대지 아래 하나 이상의 예화를 드는 것이 바람직할 때도 있다. 그러나 예를 들어 서너 대지로 나누어진 설교에서 모든 예화를, 첫째 대지 아래에 다룬다면 이것은 예화 사용의 불균형이 분명하다.

설교자가 예화 선택에 신중을 기울여야 한다면 또한 예화를 다양하게 선택하고 있는지도 확인해 보아야 한다. 전(前)장에서 언급한 바와 같이 단조로움을 피하고 효과 있게 예화를 사용하려면 예화의 형태뿐 아니라 출처도 다양해야 한다.

4. 예화 수집

현명한 목회자는 몇몇 경우를 제외하고는 같은 회중에게 예화를 반복하는 것이 어리석은 것임을 쉽게 안다. 예화의 반복을 피하려면 새로운 예화를 계속해서 찾아내야 한다. 그러나 적절하고 재미있는 예화를 찾아내기가 그리 쉬운 것만은 아니다. 필요한 예화를 갖고 있는 책에서만 찾아내려고 애쓰기보다는 후에 사용할 만한 자료라면 무엇이든지 수집해 놓는 것이 좋다. 예를 들어, 주보 마지막 면에 이러한 이야기가 실렸었다.

어떤 사람이 타국에서 길을 가고 있었는데 목적지는 험한 산길이 끝나야 닿을 수 있었다. 위험한 여행이었기 때문에 그는 안전하게 인도해 줄 확실한 안내자가 필요했다.
한 안내자가 나서서 길을 인도하겠다고 했다. 그 안내자를 택하기 전에 여행자는 물었다. "지금 내가 가려는 마을에 가 보신 적이 있는지요?"
안내자는 대답했다. "아뇨, 하지만 절반 정도는 가 본 적이 있고 나머지 길은 친구들 여러 명이 얘기해 줘서 들었어요."
여행자는 "글쎄요. 당신을 안내자로 택하지는 못하겠군요." 하고 대답했다.
여행자는 다른 안내자를 면접해 보았다. 그리고 같은 것을 물었다. "내가 가려는 마을에 가 본 적이 있나요?"
이번에는 안내자가 "아뇨, 하지만 산 정상에서 그 마을을 봐뒀어요" 라고 대답했다.
"당신도 내 안내자가 되긴 힘들겠어요." 여행자가 말했다.
세 번째로 한 안내자가 나섰다. 여행자는 두 사람에게 했던 것과 같은 질문을 했다.
"여행자 양반, 그 마을은 내 고향이에요." 그의 대답이었다.
예수님께서는 "내가 곧 길이요. 진리요. 생명이니 나로 말미암지 않고는 아버지께로 올 자가 없느니라"고 말씀하셨다.

때로는 특별한 아이디어가 설교자의 마음에 갑자기 떠오르기도 한다. 그 때 메모해 두지 않는다면 영원히 잊어버리게 된다. 목회자들은 매일의 성경 연구뿐 아니라 매일의 독서, 사람들과의 접촉과 심방을 통해 효과적인 예화로 발전시킬 수 있는 많은 아이디어를 얻게 된다. 경험을 쌓다 보면 의미 심장한 아이디어들이 사방에서 툭툭 튀어나오는 것을 발견할 정도로 민감해지게 된다. 이런 모든 자료들을 체계적으로 수집 분류해 놓게 되면 필요할 때는 언제나 찾아볼 수 있는 예화의 보고를 소유하게 될 것이다.

수집한 자료를 쉽게 찾아볼 수 있기 위해서는 간단하면서도 적절한 자료 정리 분류법을 알고 있어야 한다. 실제적이고 효과적인 자료 분류를 위해서는 두 세트의 파일이 필요하다. 한 세트는 본문별 파일로서 성경 각권의 순서에 따라 한 권당 한 파일씩 배열해야 한다. 다른 세트는 주제별 파일로서 한 주제 당 한 파일씩 배열해야 한다. 아래에 설교자들의 파일 분류를 위한 주제들의 목록을 적어 보았다.

가정선교	공산주의
결혼과 결혼식	교육
겸손	교제
고고학	교파
교회-신자들	비교 종교학
교회 관리	사랑
교회사	사춘기
구속	사탄
구원	설교학
그리스도-고난과 죽음	성경-하나님의 말씀
그리스도-동정녀 탄생	성경 지리
그리스도-무흠성	성령
그리스도-부활과 승천	성만찬
그리스도-위격	성탄절

그리스도—이적	성화
그리스도—재림	세례
그리스도—피	세속성
금주(禁酒)	속죄
기도	신년
기독교의 윤리	신정통주의
기독교의 장점	심리학
기독교의 증거	아이들
낙태—안식일	예수 재림
로마 가톨릭	여호와의 증인
모더니즘	연설
몰몬교	예배
믿음 · 신뢰 · 신앙	예언
변증학	위로
복음주의	율법
봉헌	은혜
부활절	이단 종파
부흥	이스라엘과 유대인
장례식	찬송가
젊음	찬양
죄	청지기—십일조
주일	하나님
주일 학교	하늘 나라
죽음	헌신
지옥	확신—영원한 안전 보장
진화	

VIII
도입

1. 들어가는 말

본서 제1부 설교작성법의 준비단계에서 II부 예배와 설교 중 개혁주의 설교의 특징을 살리기 위하여 도입이라는 항목을 사용하려고 한다.

2. 개혁주의 설교의 특징

첫째는 설교는 한 편의 드라마로 생각하고 이 드라마가 하나의 작품이 되기 위하여서는 작가(각본, 대본, 시나리오를 만든 자)와 연출가(감독, 촬영, 연기자, 모든 준비물을 다루는 분들, 기타)가 필요하다. 이와 같이 성경에서도 작가는 하나님이시며, 연출가는 사건 속에 나타나는 여러 인물들과 그 배경들이라 할 수 있다. 그러나 설교에는 작가와 연출가 외에도 해설가(설교자)가 있게 된다. 그런데 아이러니(irony)하게도 오늘 날 해설가는 정직하게 해설만 하는 이가 아니라 작품의 고유한 사상과 작가의 뜻과도 상관없는 자기의 작품을 만들며, 연출자인 주연도 자신이 되어서 자기의 뜻과 생각으로 작품을 도적질하는 모습을 보았다.

또 한 부류는 작가의 사상과 뜻은 아예 무시한 채 작품 속의 연기자에게 집착되어(연기자의 연기를 통하여 작가의 사상과 뜻을 알 수 있지만) 그의 인간적인 몸짓을 강조하면서 베드로가 이렇게, 이렇게 하니 하나님이 이렇게 축복하셨다느니, 바울이 자신의 목숨을 두려워하지 않고 드렸더니 하나님께서 이렇게 그를 높이셨으니… 우리도 이런 신앙을 본받는 성도들이 됩시다. 라고 자기복음을 전하는 해설자도 볼 수 있었다.

개혁주의는 드라마의 연출가들의 몸짓에 지나친 비중을 두지 않고 작가의 사상과 뜻을 찾기에 몰두하며, 연기자들의 몸짓 몸짓을 보면서 작가 되시는 하나님의 메시지(뜻)를 찾기에 열중하여 하나님을 영화롭게 하는 일에 전력을 다하는 자가 개혁주의 해설자임을 늘 명심해야 한다.

둘째는 성경에 기록된 것 외에는 다른 말을 하지 않는다는 것이다. "성경이 가라 하는 곳까지 가고 머물라는 자리에 머물러라." 라는 말씀에 기초하여 주제 설교이든지, 본문 설교이든지, 강해 설교이든지 반듯이 성경을 떠나서는 안 된다는 것이다.

셋째는 우리나라의 많은 목회자들은 영성(靈性)이라는 용어를 잘못 이해하고 있는 것 같다. 영성은 기도로만 오는데 하나님의 신이 내게 임하여 표적과 기적이 나타나고 나의 몸이 뜨끈뜨끈하며, 무엇이 보이고, 나의 지성과 감성과 의지는 무시된 채 어떤 절대적 의지의 포로가 되어서 몽롱한 상태에 있는 것을 영성이 강하다. 라고 표현하는 것을 종종 볼 수 있다. 이와 같은 신앙을 우리는 마르다의 신앙, 곧 내가 주님을 기쁘시게 하며, 인간의 노력으로 깊은 경지에 오르려는 율법주의 적인 신앙이요, 감성위주의 신앙이라고 한다. 이러한 신앙은 통제력을 상실하므로 광신적인 신앙으로 발전할 수 있으며 매일 같이 산에 올라가서 소리소리 지르지 아니하고는 충만을 느낄 수가 없어서 껄껄거리는 신앙, 이러한 신앙은 지속적인 기쁨이 없으며, 감사가 없으며, 만족함이 없는 신앙이 되고 만다. 항상 곤핍하여 충만한 것 같으나 비었고, 모든 것을 가진 것 같으나 아무 것도 없으며, 강한 것 같으나 약한 자신의 모습을 보게 되는 신앙을 말한다. 그러므로 Arminian 적 신앙이 위험하며, 이방 종교들의 한결같은 신앙의 형태가 이러하기 때문에 인본주의적인 신앙은 결코 영성이 있다. 라고 말 할 수 없게 된다. 그러면 진정한 영성은 무엇인가? 말씀 가운데 계시는 여호와를 만나고, 그분의 인격과 나의 인격이 하나가 되어 그분이 내 안에, 내가 그분 안에 있는 신비적인 결합을 통하여 나의 삶이 곧 그분의 삶이요, 그분의 삶이 곧 나의 삶이 되어, 내면 깊은 곳으로부터 주님 안에 있는 지혜와, 능력과, 거룩과, 공의와, 인자와, 진실 됨이 나타나며, 나아가서 위로부터 거저 주시는 은혜와 평강으로 넘칠 때의 상태를 영성이라고 하며, 이의 충만을 영성 충만 이라고 한다. 고로 개혁주의 설교는 바른 영성을 일깨우는데 집중된 설교이어야 하며, 은혜를 깨닫고 감사가 넘치도록 안내하는 설교가 되어야 하는 것이 특징이다.

넷째는 에베소서 2장20-22절에 "너희는 사도들과 선지자들의 터 위에 세우심을 입은 자라 그리스도 예수께서 친히 모퉁이돌이 되셨느니라. 그의 안에서 건물마다 서로 연결하여 주안에서 성전이 되어 가고 너희도 성령 안에서 하나님의 거하실 처소가 되기 위하여 예수 안에서 함께 지어져 가느니라."라는 말씀과 같이 개혁주의 설교는 그리스도를 중심 한 통일성을 잃어버려서는 안 되는 것이다. 어떤 이단이 아닌 교파나, 심지어 이웃 교회 와의 불 일치성을 주장하는 일이나 교회 내에서도 모든 성도가 목사를 닮고, 목사 안에서 일체가 되려고 시도하는 방법론 등은 옳은 일이 아니다. 오직 교회는 고린도전서 1:2절에 "고린도에 있는 하나님의 교회 곧 그리스도 예수 안에서 거룩하여지고 성도라 부르심을 입은 자들과 또 각처에서 우리의 주 곧 저희와 우리의 주 되신 예수 그리스도의 이름을 부르는 모든 자들에게" 라는 말씀과, 고린도전서 3:16절에 "너희가 하나님의 성전인 것과 하나님의 성령이 너희 안에 거하시는 것을 알지 못하느뇨." 라는 말씀과 고린도전서 6:19절에 "너희 몸은 너희가 하나님께로부터 받은바 너희 가운데 계신 성령의 전인 줄을 알지 못하느냐 너희는 너희의 것이 아니라." 라는 말씀과 같이 삼위 하나님의 주권이 지배하는 곳이어야 하며, 나아가 내, 외적으로 그리스도의 형상이 뚜렷이 나타나야 한다. 그러므로 교회는 믿는 자가 보던지, 믿지 않는 자들이 보던지 나타나야 할 것은 목사나 그 건물의 모습이 아니라 성도 개인이든지 교회 공동체이든지 그리스도의 형상만이 나타나야 한다. 이와 같은 목표를 이루기 위한 설교가 개혁주의 설교의 특징이 되어야 한다.

다섯째는 주 예수 그리스도 안에서의 이김 곧 승리가 선포되어야 한다는 것이다. 요16:33절에 "이것을 너희에게 이름은 너희로 내 안에서 평안을 누리게 하려 함이라. 세상에서 너희가 환란을 당하나 담대 하라. **내가 세상을 이기었노라** 하시니라."고 선언하고 계시며, 롬8:1-2절에 "그러므로 이제 그리스도 예수 안에 있는 자에게는 결코 정죄함이 없나니 이는 **그리스도 예수 안에 있는 생명의 성령의 법이 죄와 사망의 법에서 너를 해방하였음이라**." 라는 말씀과 요19:30절에 "예수께서 신 포도주를 받으신 후 가라사대 **다 이루었다**. 하시고 머리를 숙이시니 영혼이 돌아가시니라." 라는 말씀들은 예수 그리스도께서 사망의 아비인 죄를, 죄의 아비인 욕심을, 욕심의 아비인 마귀와 싸워 승리하셨음을 선언하신 말씀들이며, 이 승리는 당신 한 분만의 이김이 아니라 이를 믿는 모든 사람들의 승리임을 성경은 이야기한다. 이를 뒷받침하여 주신 성경의 증거가 요일3:8절에 "죄를 짓는 자는 마귀에게 속하나니 마귀는 처음부터 범죄 함이니라. **하나님의 아들이 나타나신 것은 마귀의 일을 멸하려 하심이라**." 라는 약속과 롬6:23절에 "죄의 삯은 사망이요 하나님의 은사는 그리스도 예수 우리 주 안에 있는 영생이니라." 라는 말씀과 약1:15절에 "욕심이 잉태한 즉 죄를 낳고 죄가 장성한 즉 사망을 낳느니라." 라는 말씀을 이루셨음을 만방에 선언하시는 말씀이다. 이와 같이 예수 그리스도께서 모든 것을 이기시므로 믿는 성도들은 사망으로부터, 죄로부터, 욕심으로부터, 마귀로부터 승리하였음을 선언하는 설교가 개혁주의 설교의 특징이라 하겠다.

3. 설교에 있어서 도입의 목적과 중요성

그런데 막상 본문을 선정하여 본문의 내용을 분해하여 보면 하나님의 뜻보다는 연기자의 연기가 너무나 헌신적이고, 생동감이 있어서 하나님의 마음과 뜻은 뒤로한 채 연기자의 표정과 하나님을 기쁘시게 해 드리려는 그의 노력과 한 동작 한 동작을 강조할 때도 있다. 결론은 우리도 누구, 누구를 본받는 자가 되자. 라는 결론으로 몰아간다. 이러한 설교를 필자는 마르다식 설교라고 말하고 싶다. 엄밀히 말해서 하나님께 잘 보이려는 인간 중심의 설교로서 참된 개혁주의 설교라고 말할 수 없다. 그러므로 필자는 제임스 브레가(James Brega)가 주장하는 도입이라는 항목은 서론과 구분 없이 사용한 항목인데 필자는 도입이라는 항목을 서론이라는 내용과는 달리 하나님의 선하시고 기뻐하시고 온전하신 뜻을 살려 본문에 나타나는 연기자들의 몸동작과 소원들이 하나님께로부터 왔음을 확실히 하므로 (빌2:13 "너희 안에서 행하시는 이는 하나님이시니 자기의 기쁘신 뜻을 위하여 우리로 소원을 두고 행하게 하시느니라.") 인간의 뜻과 노력에 의해서가 아니라 하나님의 은혜이심을 알게 하며, 나아가서 이 소원의 성취 또한 빌1:6 "너희 속에 착한 일을 시작하신 이가 그리스도 예수의 날까지 이루실 줄을 우리가 확신하노라." 라는 말씀과 같이 모든 것이 하나님의 주권이심을 강조하는 항목으로 세웠다.

4. 도입의 위치

   도입이란 서론 다음 본론이 시작되기 전에 넣든지, 그렇지 않으면 대지를 대지되게 하는 소지를 설명할 때에 넣을 수도 있으며, 본론을 마치고 적용란에 넣으므로 모든 설교의 핵심이 하나님의 주권아래 그분의 은혜와 사랑이었음을 나타나도록 하는 것이 좋다.

5. 도입 작성의 원리

가. 본문의 내용과 하나님의 뜻하심이 일치되어야 한다
• 본문을 요한복음 3장3-8절로 정하였을 때에

   "예수께서 대답하여 가라사대 진실로, 진실로 내게 이르노니 사람이 거듭나지 아니하면 하나님 나라를 볼 수 없느니라 니고데모가 가로되 사람이 늙으면 어떻게 날 수 있삽나이까?. 두 번째 모태에 들어갔다가 날수 있삽나이까? 예수께서 대답하시되 진실로, 진실로 네게 이르노니 사람이 물과 성령으로 나지 아니하면 하나님 나라에 들어갈 수 없느니라. 육으로 난 것은 육이요 성령으로 난 것은 영이니 내가 네게 거듭나야 하겠다. 하는 말을 기이히 여기지 말라. 바람이 임의로 불매 네가 그 소리를 들어도 어디서 오며 어디로 가는지 알지 못하나니 성령으로 난 사람은 다 이러하니라."

   상기 본문은 중생에 관한 성경의 가르침임을 알 수 있다. 중생은 영적 죽음에서 영적 생명으로의 전적인 변화이며, 우리 가운데 계신 성령에 의해 역사되며 우리는 전적으로 수동적이다. 이러한 변화는 우리의 본성의 내면적 새로워짐을 말하는데 이는 전적으로 하나님의 주권적 은혜의 열매이며 그리스도와의 연합을 통해서 일어난다.

나. 본문의 내용과 같은 사상을 가진 신학적 내용(조직신학, 역사신학, 성경신학 등등)을 찾아야 한다

- 본문을 골로새서 3장1-4절의 말씀으로 정하였을 때에

"그러므로 너희가 그리스도와 함께 다시 살리심을 받았으면 위엣 것을 찾으라 거기는 그리스도께서 하나님 우편에 앉아 계시느니라. 위엣 것을 생각하고 땅엣 것을 생각지 말라. 이는 너희가 죽었고 너희 생명이 그리스도와 함께 하나님 안에 감추었음이니라. 우리 생명이신 그리스도께서 나타나실 그 때에 너희도 그와 함께 영광 중에 나타나리라."

우리는 상기 본문을 보면서 그 중심이 중생한 자의 삶의 기준과 어떠한 소망 가운데 살아야 하는 지를 발견할 수 있다. 거듭난 자, 곧 중생한 자, 예수 그리스도 안에서 새로운 피조물이 된 자, 허물과 죄로 죽었던 우리가 예수 그리스도를 믿음으로 첫째 부활(영적 부활)에 참예한 자는 본래 고전 15:42-44절 "죽은 자의 부활도 이와 같으니 썩을 것으로 심고 썩지 아니할 것으로 다시 살며, 욕된 것으로 심고 영광스러운 것으로 다시 살며, 약한 것으로 심고 강한 것으로 다시 살며, 육의 몸으로 심고 신령한 몸으로 다시 사나니 육의 몸이 있은 즉 또 신령한 몸이 있느니라." 의 말씀과 같이 거듭난 사람은 이와 같은 생명으로 거듭나야 하는데 아직도 죄를 경험한 육체를 가진 자들은 그 생명(고전15:42-45)이 그리스도와 함께 하나님 안에 감추어져 있다가 주님이 재림하시는 날 주님과 함께 그 생명을 받게 된다. 그러므

로 믿음의 성도들은 이 땅에 살아가면서도 우리의 시민권이 하늘에 있으며, 거듭난 우리의 생명이 하늘에 있는 고로 위엣 것을 바라고 그곳에 소망을 두고 살아야 한다.

다. 주제정신이 우선이 되어야 하며 도입이 길어져서 주객이 전도 되어서는 안 된다

- 본문을 정하여 놓고 본문에는 충실하지 않고 도입부분을 지나치게 강조하다보면 본문의 주제 정신이 파괴될 우려도 있으니 모든 것이 하나님의 주권임을 강조하는 선에서 도입은 구성되어야 한다.

라. 주제 설교를 준비할 때는 도입의 내용에서 대지를 도출할 수도 있다

제목선교에서는 제목에 따라 설교자가 대지를 선정할 수 있으므로 도입부분을 별도로 구성하지 않고 바로 하나님의 선하시고 기뻐하시며 온전하신 뜻이 곧 대지로 사용할 수 있다. 예를 들면 하나님의 은혜로 중생한 자는

대지1 : 거듭난 사람은 옳은 일을 계속하는 사람이다.
- 요일 2:29 "너희가 그의 의로우신 줄을 알면 의를 행하는 자마다 그에게서 난 줄을 알리라."

대지2 : 거듭난 사람들은 계속해서 죄 가운데 거하지 않는다고 한다.
- 요일 3:9 "하나님께로서 난 자마다 죄를 짓지 아니하나니 이는 하나님의 씨가 그의 속에 거함이요 저도 범죄치 못하는 것은 하나님께로서 났음이라."

대지3 : 거듭난 사람들은 자기의 동료 신자들을 사랑한다고 말하고 있다.
- 요일 4:7 "사랑하는 자들아 우리가 서로 사랑하자 사랑은 하나님께 속한 것이니 사랑하는 자는 다 하나님께로 나서 하나님을 알고."

대지4 : 거듭난 사람들은 그들을 가리켜 믿음을 소유한 자라고 말한다.
- 요일 5:1 "예수께서 그리스도이심을 믿는 자마다 하나님께로서 난 자니 또한 내신 이를 사랑하는 자마다 그에게 난 자를 사랑하느니라."

대지5 : 거듭난 사람들은 그리스도의 보호하심을 받기 때문에 결코 믿음에서 떨어져 나가지 않을 것이라고 말한다.
- 요일 5:18 "하나님께로서 난 자마다 범죄치 아니하는 줄을 우리가 아노라 하나님께로서 나신 자가 저를 지키시매 악한 자가 저를 만지지도 못하느니라."

IX
적용

1. 적용의 정의

 적용은 설교의 가장 중요한 요소 중 하나이다. 적용은 회중 개개인들이 메시지에 호의적인 반응을 보이도록 하나님 말씀의 초점을 개개인에게 맞추는 수사적 과정이다. 올바르게 사용되는 경우 적용은, 성경이 한 개인의 일상사와 어떤 관계를 맺고 있는지를 보여 준다. 적용은 기독교 계시의 가르침을 한 개인의 삶에 적절하게 연결시켜 준다. 회중 개개인에게 요구되는 응답은 메시지의 목적에 따라 달라진다. 어떤 경우에는 설교자가 선포하는 진리를 단순히 받아들이는 것이 요구된다.
 가끔 설교학 책에서는 적용을 설교작성자가 회중을 설득시켜 하나님의 계시가 보여 주는 진리를 받아들이도록 하는 과정으로 묘사한다. 이 정의에는 미묘한 위험이 도사리고 있다. 자기 설교의 진리를 전적으로 회중들에게만 적용해야 할 것으로 생각하는 사람은 그 설교가 바로 자신에게도 똑같이 적용되어야 한다는 사실을 망각하고, 자신을 스스로 높여 회중에게 충고하는 어리석음을 범하게 된다. 그러한 태도는 회중에게 설교자가 자신들을 훈계하고 있다는 인상을 주기 쉬우며, 한번 이런 인상을 갖기 시작하면 그것은 설교자에게 불리한 편견으로 남게 된다.

설교자는 자기 메시지의 진리를 회중뿐 아니라 자기 자신에게도 적용해야 한다는 사실을 명심해야 한다. 설교자는 회중뿐 아니라 자신도 충고와 훈계와 권고를 받을 필요가 있다는 사실을 회중이 알도록 해야 한다. 이렇게 되면 회중은 설교자가 자신을 그들과 같은 위치에 놓고 있다는 사실과, 설교자도 영적인 필요뿐 아니라 인간적인 약점과 정욕 등을 가지고 있다는 사실을 깨닫게 될 것이다.

적용은 각 개인들을 설득시키기 위해 진리의 초점을 각개인들에게 직접적으로 맞추는 수사적 과정이다.

즉, 이 정의에는 설교자와 청중이 다 포함된다. 우리는 이사야 1-5장까지는 이사야는 이스라엘 민족의 죄악을 적나라하게 공격하는 것을 볼 수 있다. 즉, 자신은 죄가 없으며 죄는 다만 이스라엘 백성들에게만 있다고 생각한 것 같다. 그런데 이사야 6:1-8절에 그는 하나님을 성소에서 만나는 순간 이 백성들뿐만이 아니라 자기 자신도 죄인임을 알게 된다. 그래서 그는 이사야 6:5절에 그때에 내가 말하되 화로다 나여 망하게 되었도다, 나는 입술이 부정한 사람이요 입술이 부정한 백성 중에 거하면서 만군의 여호와이신 왕을 뵈었음이로다. 라고 이사야는 자신의 죄를 깨닫고 회개할 때에 하나님은 스랍을 시켜서 제단의 숯불을 가져다가 그의 죄악을 깨끗하게 씻어 주시므로 이사야 6:8절을 보니 내가 또 주의 목소리를 들은 즉 이르시되 내가 누구를 보내며 누가 우리를 위하여 갈꼬. 그 때에 내가 가로되 내가 여기 있나이다 나를 보내소서 라고 사명을 깨닫고 자신을 헌신하기 위한 드림을 볼 수 있다. 바로 적용이란 회중뿐만이 아니라 메신저 자신도 자기의 모습 그대로를 주님께 드리는 것을 적용이라고 한다.

2. 적용하기에 알맞은 시간

적용하기에 알맞은 시간은 메시지의 내용에 따라 결정된다.

일반적으로 영적 진리 하나가 논의될 때마다 한번씩 적용이 있어야 한다. 즉 설교의 모든 구성이 호소력 있게 짜여져야 하며, 토론이 진행되면서 진리가 그때마다 적용되어야 한다는 것이다.

그러나 각 소지나 대지의 끝 부분에서 적용을 하는 것이 좋을 때도 있다. 한편 적용이 다른 수사적 과정들, 즉 논증, 인용, 예화보다 앞서는 경우도 있다. 그러나 설명 앞에 오는 경우는 거의 없다.

적용을 설교의 본론에서는 완전히 생략하고 설교의 결론에서 마무리 작업으로 하는 것이 가장 좋은 설교들도 있다. 이것은 특히 설교 전체가 제시되기 전까지는 설교의 각 부분이 불완전한 채로 남아 있는 일련의 지속적인 논증일 경우에는 더욱 그러하다. 이럴 때는 어떤 형태의 적용이든 중간에 삽입하게 되면 논증이 절정에 도달함에 따라 결론의 설득력을 약화시키며 메시지를 손상시키는 결과가 초래된다. 복음 전도적 특성의 설교들이 주로 이 범주에 속한다.

상당한 분량의 강해를 해야만 하는 강해 설교의 경우에 만일 강해한 진리를 설교가 진전됨에 따라 계속 적용하지 아니하면, 평신도가 따라갈 수 없을 만큼 설교는 어려워지고 딱딱해지는 경향이 있다. 주해 설교의 경우에는 설교가 진전됨에 따라 한 요점씩 진리를 적용해 나가는 것이 가장 현명하다.

설교에서 적용이 차지하는 시간의 분량도 잘 고려해야 한다. 이미 언급했듯이 초보자는 자신의 책임이 모든 회중이 이해할 수 있도록 하나님의 말씀을 해석하는 데 있다는 사실을 망각하고 성경에 대한 자기 주장만을 고집하는 데 많은 시간을 할애하려는 유혹을 자주 받는다. 어떤 때는 성경에서 이끌어 낸 교훈이 너무 분명하기 때문에 적용이 전혀 필요없는 경우도 있다. 설교자는 적용을 너무 많이 하거나 너무 적게 하는 두 극단을 버리고 적절하게 안배하려고 애써야 한다. 그러나 실제적 적용이 필요한 부분에서 적용을 생략하는 실수를 범해서는 안된다.

3. 효과적 적용의 필수 조건

본문을 분명하게 설명하고 회중에게 그 의미를 분명히 깨닫도록 해주는 일이 목회자의 임무임에도 불구하고 진리를 회중 개개인에게 적용시킬 필요성을 느끼지 못하는 자들이 더러 있다. 성경을 회중에게 연관시켜 줌으로써 성경의 진리가 회중 자신들에게 적용될 수 있다고 인식하게 만드는 일이 목회자의 임무다. 그러나 만일 설교자가 성경 계시의 진리를 깨닫고 그것을 회중의 필요와 죄의 문제들과 연관시킬 수 있으려면 설교자 자신이 먼저 몇몇 필수 조건을 갖추어야 한다.

효과적 적용의 5가지 필수 조건을 하나씩 생각해 보도록 하자.

가. 제일 중요한 것은 설교자가 하나님께 가까이 나아가는 삶을 사는 사람이어야 한다는 것이다

회중의 마음을 뜨겁게 하고 양심을 뒤흔들어 놓는 설교는 지성주의의 차가운 분위기 속에서 잉태되는 것이 아니라 주님과의 친밀하고도 지속적인 교제 가운데서 싹트는 것이다. 사도 요한과 같이 설교자는 예수님의 위대한 마음의 광채가 자신의 존재를 가득 채우고 자신의 인격을 통해 그 광채를 빛나게 할 때까지 예수님의 마음에 가까워져야 한다.

그러나 목회자들이 수많은 일에 항상 쫓기는 바쁜 시대 속에서 자신의 영혼을 살찌게 하는 시간을 따로 할애하는 것은 아주 어려운 일이다. 따라서 우리는 핸들리 모울(Handley C. G. Moule)이 동역자인 젊은 형제들에게 던진 충고에 귀를 기울일 필요가 있다. "아무리 목회 일로 바쁘더라도, 마치 자신의 영혼이 이 세상에서 가장 고독한 영혼인 것처럼, 자신의 영혼과 삶을 위해 그리스도의 충만하심과 그의 말씀의 보고에서 날마다 양식을 얻어 내야 하는 가장 시급한 필요를 절대로 잊어서는 안된다."

주께서 우리의 성품을 그리스도의 형상을 닮도록 서서히 변화시키면서 빚어 가시는 것은 우리 설교자들이 하나님과 고요한 시간을 가질 때이다. 바울은 "우리가 다 수건을 벗은 얼굴로 거울을 보는 것같이 주의 영광을 보매 저와 같은 형상으로 화하여 영광으로 영광에 이르니 곧 주의 영으로 말미암음이니라"(고후 3:18)고 말했다. 그리스도와 친밀한 교제를 나누다 보면 설교자는 회중을 대할 때 부드럽고 자비로우며 건전한 태도를 갖게 될 것이다. 이런 목회자의 목적은 회중을 짐승처럼 내쫓는 데 있지 아니하고 "다 하나님의 아들을 믿는 것과 아는 일에 하나가 되어 온전한 사람을 이루어 그리스도의 장성한 분량이 충만한 데까지(엡 4:13)" 인도하며 자라게 하는 데 있다.

경건한 삶과 거룩한 인격을 대신할 수 있는 것은 아무 것도 없다. 진리를 전하나 자기 스스로 그런 삶을 살지 못한다면 그 누구에게도 영향을 줄 수 없다. 그러나 다른 이를 향한 사랑의 관심으로 가득 찬 거룩한 삶은 목회자가 할 수 있는 최고의 설교이다. 바울이 디모데에게 "누구든지 네 연소함을 업신여기지 못하게 하고 오직 말과 행실과 사랑과 믿음과 정절에 대하여 믿는 자에게 본이 되라"(딤전 4:12)고 충고한 것은 바로 이 이유 때문이다. 그러한 본이 되는 삶은 그렇게 되기를 원한 결과도 아니요 강한 소망의 산물도 아니며, 일주일이나 한 달이나 일 년 만에 이루어진 것도 아니다. 경건한 삶과 거룩한 인격은 영적 성장의 법칙을 꾸준하게 현실 가운데서 적용하면서 그리스도와의 매일의 교제를 끊임없이 지속해 온 기나긴 과정을 통해 나타난 것이다. 성경을 시대의 요구와 연결시키려는 목회자는 어떤 대가를 치르더라도 스스로 많은 시간을 할애하여 이런 거룩한 삶을 살아가는 훈련을 시행해 나가야 한다. 이렇게 할 때만이 설교자는 주님으로부터, 주님 안에서, 주님을 위하여 말을 할 수 있게 될 것이며, 당대 인간들의 영적 요구를 효과적으로 채워 줄 수 있게 될 것이다.

나. 성경을 현대에 성공적으로 잘 적용시키려면 설교자는 교육을 잘 받아야 한다

목회자는 폭넓은 학문의 수련을 받아서 성경과 인간사에 대해 많은 지식을 소유하고 있어야 한다. 목회자는 확고한 일반 지식의 기초가 있어야 하며 성경과 교리를 철저하게 파악하고 이해해야만 한다. 목회자는 학교에서 철저히 훈련받아야 할 뿐 아니라 시대에 뒤떨어지지 않도록 부단히 노력해야 한다. 또한 많은 양의 독서도 해야 한다. 목회자는 종교 서적뿐 아니라 회중의 삶과 봉사에 영향을 끼치는 여타의 운동들에 대해서도 항상 접촉이 있어야 한다. 더욱이 목회자는 정기 간행물과 신문에 표현되거나 반영되는 평범한 사람들의 사고에 대해 항상 주의를 게을리 해서는 안된다.

설교자가 진리를 회중에게 효과적으로 적용하기 위해서는 하나님의 말씀을 진지하게 연구하는 신학도가 되어야 한다. 자신의 경건 생활 못지않게 진지하고 지속적인 신학도가 되는 일도 목회자에게 중요한 일이다. 목회자가 경건한 신앙, 학적이고 성경적인 건전한 훈련, 설교학 지식만 가진다고 다 되는 것은 아니다. 만일 하나님의 사자가 이런 것들에만 의존한다면 강단에서 적절하고 효과적인 사역을 지속할 수 없을 것이다. 성경의 내용을 회중에게 더 잘 설명할 수 있도록 성경을 더욱 깊이 아는 것은 설교자의 주요 기능 중 하나이다. 이것은 수년의 목회 기간 동안 집중된 노력, 긴 묵상, 철저한 적용을 통해서만 이룰 수 있는 것이다. 옛날 에스라 처럼, 설교자는 하나님의 말씀을 알기로 결심하고 성경 연구 시간을 가장 우선적으로 배치해야 한다.

다. 진리를 효과적으로 잘 적용하기 위해서 설교자가 소유해야 할 세 번째 자질은 인간 본성에 대한 이해이다

　설교자가 회중에게 설교할 때마다, 그는 영적이고 감정적인 문제뿐 아니라 사적인 문제까지도 복합적으로 가지고 있는 일단의 사람들을 마주하고 있는 것이다. 회중은 육체적 지적 성숙도뿐 아니라 영적 정서적 성숙도도 각양 각색이다.

　따라서 설교자가 복잡한 인간 본성에 대한 이해력을 갖는 것은 무엇보다도 중요하다. 설교자가 회중을 성공적으로 설득하려면 회중들이 어떤 방법으로 설득되는지를 알아야 할 뿐 아니라, 그들의 경향, 자세, 이상, 그리고 관심사를 이해하고 있어야 한다. 더욱이 설교자는 기본적인 인간의 충동이 무엇인지를 알아야 하며, 이 충동들이 어떻게 인간의 행위에 반영되어 나타나는지를 깨달아야 한다. 또한 설교자는 인격 성숙의 일반적 특징들을 인식할 줄 알아야 한다. 무엇보다도 설교자 자신이 조화되고 균형 잡힌 성숙한 인격의 소유자이어야 함은 더 말할 나위도 없다.

　목회자는 다양한 연령 계층의 기본 요구—어린이의 요구, 사춘기 청소년의 요구, 청년층의 요구, 독신자들의 요구, 신혼 부부의 요구, 부모들의 요구, 노인층의 요구—등을 민감하게 이해하고 있어야만 한다. 따라서 목회자가 이런 인간 요구들과 다양한 연령 계층의 특이한 행동 유형들을 배우고 지적해 내기 위해서는 심리학을 공부하는 것이 바람직하다.

라. 성경의 진리를 회중의 문제와 상황에 적용시키기 위해서는 목회자가 그들의 상황과 문제를 잘 알고 있어야만 한다

　바울은 빌립보 교인들에게 "너희가 내 마음에 있다"(빌 1:7)고 말할 수 있었으며, 그의 편지에는 이런 태도와 함께 빌립보 교인들을 생각하는 사랑의 마음이 흠뻑 담겨 있다. 하나님의 말씀을 섬기는 하나님의 종은 회중에 대해 이와 같은 관심을 보여야 하며, 회중을 심방함으로써 그들이 직면하고 있는 상황과 형편을 잘 알아 두어야 한다.

회중의 어려움과 마음의 짐을 공감하며 이해할 뿐 아니라 하나님과 긴밀한 교제를 나누는 진지하고 헌신적인 목회자는 그가 돕기 원하는 회중들에게 의미 있는 진리들을 성경에서 찾아낼 수 있게 될 것이다.

회중의 요구와 성경 사이의 이런 긴밀한 관계를 볼 수 있는 능력은 설교자의 인간 본성에 대한 관찰과 지식이 늘어감에 따라 점차 성장하게 될 것이다. 목회자가 기도하면서 현명하게 계획을 세운다면, 심방할 때마다 회중의 기쁨과 슬픔, 소망과 절망, 성공과 실패를 발견할 수 있게 될 것이며, 그들의 특정 상황에 알맞은 메시지나 진리를 가르쳐 주는 성경 구절을 찾아내기가 조금은 쉬워질 것이다.

마. 성경 말씀을 효과적으로 전달하기 원하는 목회자가 갖추어야 할 또 하나의 조건은 말을 자연스럽게 해야 한다는 것이다

설교 전달의 방법을 다루는 것이 이 책의 목적은 아니지만, 설교 내용 못지않게 설교를 하는 방법도 많은 것을 좌우하기 때문에 말로 하는 설교 전달과 관련된 한 가지 특징을 특별히 집고 넘어가야겠다.

설교자는 자신의 의무가 주는 압력과 하나님의 진리를 선포하고자 하는 열의 때문에 일하면서 부지불식간에 스트레스를 받는다. 이런 계속적인 압박감은 때때로 강대상에서 드러나곤 한다. 그래서 최대한 부드럽고 편안하게 말하지 않고 긴장하고 흥분하여 말하게 된다. 이때 설교 방식은 부자연스러워지고 큰소리로 지나치게 감정적으로 말하게 된다.

복음 전달자가 이런 식으로 말할 때는 스스로를 무의식적으로 몹시 혹사시키는 것이다. 동시에 청중들도 메시지에 귀를 기울이기가 어려워진다. 그의 메시지가 아무리 정통성 있고 중요할지라도 청중들은 설교에 집중하는 것이 곤혹스럽다.

찰스 스펄전은 "탁월한 설교는 말하듯 하는 것이다"라고 했다. 즉 가장 효과적인 설교 방법은 다른 사람과 대화를 나누듯이 보통의 회화체로 메시지를 전하는 것이다.

설교자가 부담이나 억지 없이 메시지를 전달할 때, 자신도 편안할 뿐 아니라 듣는 회중도 편안하게 해주게 된다. 그런 식으로 설교를 하면 형식적이거나 인위적인 행동도 하지 않게 된다. 이 점만 기억한다면, 회중은 언제나 자연스러운 자아를 드러내는 사람의 말에 귀기울이기를 좋아할 것이다.

그러나 이것이 목회자의 설교에 생기가 없어야 한다는 의미는 아니다. 오히려 영감 있고 사람들을 고양시키는 하나님의 말씀을 나누는 기쁨은 설교자로 하여금 열정을 가지고 말하도록 자극시킨다. 사실, 설교자가 설교할 때 보여 주는 열정과 진지함, 그리고 얼굴과 눈에 드러나는 표정과 눈빛은 그가 지금 나누고자 하는 진리를 스스로 체험했다는 사실을 보여 준다. 결국, 따뜻한 사랑의 마음에서 흘러 나온 자연스럽고 부드러운 설교보다 더 나은 웅변은 없다고 할 수 있다.

바. 마지막으로, 목회자가 회중에게서 자신의 메시지에 대한 합당한 반응을 얻어내기 위해서는 성령의 사역에 전적으로 의존해야 한다

적용에 관한 논의를 마친 후에라도 결국 회중을 설득시키는 일은 전적으로 성령님의 사역이라는 사실은 거듭 강조되어야 마땅하다. 비록 목회자가 신빙성 있게 하나님의 말씀을 전한다 하더라도, 그리고 큰 호소력으로 엄숙하고 장엄하게 복음을 선포한다 하더라도, 성령께서 메시지에 호흡을 불어넣으시고 회중의 마음을 소생시키지 않으신다면 그 설교는 아무런 성과도 거두지 못할 것이다. 진리의 영만이 양심을 깨우시고, 의지를 발동시키시며, 영혼을 거룩하게 하시고, 마음에 하나님의 율법을 새기시고, 우리의 성품을 하나님의 성품으로 변화시키실 수 있는 것이다. 심지어는 주 예수께서도 "육체로 계실 때에는" 하나님의 영에 의지하셨던 것이 사실이다. 주님은 공생애를 시작하면서 "주의 성령이 내게 임하셨으니 이는 가난한 자에게 복음을 전하게 하시려고 내게 기름을 부으시고 나를 보내사 포로된 자에게 자유를, 눈 먼 자에게 다시 보게 함을 전파하며 눌린 자를 자유케 하고 주의 은혜의 해를 전파하게 하려 하심이라"(눅 4:18-19)고 말씀하셨다. 그렇다면 하물며 목회자들이 강단에서 하나님의 말씀을 선포할 때에 성령의 지배를 받아야 함을 더 말해 무엇하겠는가! 성령께서 말씀마다 역사하셔서 회중의 마음을 변화시켜 달라고 성령께 의지해야 하지 않겠는가!

이 같은 성령 충만한 설교 뒤에는 항상 열렬한 기도가 있기 마련이다. 사도들은 "우리는 기도하는 것과 말씀 전하는 것을 전무하리라"(행 6:4)고 말했으며, 사도행전은 하나님의 영이 이런 기도의 용사들을 통해서 무엇을 하셨는지를 보여 주는 축복의 말씀인 것이다.

1735년 봄 뉴잉글랜드의 대부흥이 일어나기 전에 조나단 에드워즈(Jonathan Edwards)는 삼 일 밤낮을 뜨겁게 기도하였다 그는 자기 방에서 왔다갔다 하면서 계속해서 하나님께 "나에게 뉴잉글랜드를 주소서. 나에게 뉴잉글랜드를 주소서"라고 부르짖었다. 다음 주일 아침 예배 때 그가 "분노한 하나님의 장중에 들어 있는 죄인들"이란 설교를 시작하자 하나님의 영이 강하게 회중 위에 임하기 시작했다. 남녀 노소 할 것 없이 모든 회중은 죄를 깊이 깨닫고 그 자리에서 지옥에 떨어질 것 같은 두려움 때문에 예배당의 의자와 기둥을 꽉 붙잡고 놓지 않았다. 그날 하나님께로 돌아가는 위대한 회개 운동이 일어났고, 그의 교회에서 시작된 부흥 운동은 곧 뉴잉글랜드 전지역을 휩쓸게 되었다.

웨이머스 역(Weymouth translation) 성경을 보면 야고보서 5:16은 "의인의 마음에서 우러나오는 간구는 역사하는 힘이 많으니라"로 되어 있다. 옛 사도들과 같이 인간적인 약점을 가졌으나 또한 그들처럼 기도의 용사인 현대의 사도들을 오늘날 이 시대가 요구하고 있음은 너무나도 분명하다. 은밀한 골방에서 기도로 하나님의 능력을 받아, 하나님의 말씀을 전파할 때에 성령의 능력이 크게 나타나는 하나님의 종을 이 세대는 요구하고 있다.

4. 성경 진리의 적용 원리

가. 설교를 인간의 기본적인 문제와 욕구에 연결시키라

설교자가 진리를 성공적으로 적용시키려면 인간의 본성과 다양한 연령 계층의 행동 유형을 이해하고 있어야 한다는 점은 이미 언급한 바 있다. 하나님의 말씀을 전하는 설교자는 기본적인 인간 욕구와 문제를 민감하게 이해해야 할 뿐 아니라, 오늘을 살아가는 평신도가 부딪치는 유혹과 난처한 일에 성경을 적용시키면서 설교를 해야 한다. 우리는 회중의 상황에 본문이 어떻게 적용될 수 있는지를 발견해야만 한다.

초보자가 성경과 기본적인 인간 욕구 사이의 관계를 발견하려면, 우선 인간의 특성과 행동 유형에 대한 목록을 만들고, 그러고 나서 그것들을 다루고 있는 성경의 본보기와 성경 본문을 찾아내는 순서로 작업을 하는 것이 좋다. 초보자들이 주제별 성경을 참조하면, 죄책감, 좌절감, 고독, 두려움, 분노, 투기와 같은 기본적인 정서의 문제에 대한 하나님의 계시와 관련된 풍부한 자료들을 쉽게 찾아낼 수 있을 것이다. 설교자가 성경과 인간 욕구 사이의 관계를 많이 배우면 배울수록 회중을 더욱 잘 보살펴 줄 수 있을 것이다.

설교작성자는 회중 개개인이 직면하는 매일 매일의 상황을 잘 알고 있어야 하며 그들의 생각을 잘 알고 있어야 한다는 점은 이미 본장 초두에서 언급하였다. 설교가 회중들과 밀접한 연관을 맺으려면, 설교자는 회중이 처한 상황에 특히 적합하기 때문에 회중의 마음에 즉각적인 반응을 일으킬 수 있는 자료를 설교에 포함시켜야 한다.

나. 상상력을 이용하여 성경에 나오는 장면과 인물을 오늘날의 것으로 만들어 보라

먼저 장에서 살펴본 대로, 설교에서 상상력은 중요한 역할을 한다. 청중들에게 진리를 적용하려 할 때는 더욱 그렇다. 그러나 상상력을 이용할 때는 너무 황당한 개념을 도입해서 부적절하거나 불쾌감을 주는 일이 없도록 항상 주의하고 신중하게 해야 한다.

다음에 나오는 성경의 두 인물을 청중들 개인의 문제와 필요에 연관시키기 위해 상상력을 동원해 어떻게 그려냈는지 살펴보라.

창 45:1-15을 본문으로 설교한다고 가정해 보자. 4-8절을 주해한 다음 이제 적용을 하자. 다음과 같이 할 수 있을 것이다.

요셉이 그의 형제들에게 보여 준 이 놀라운 용서의 정신을 보십시오. 그가 겪은 말할 수 없는 정신적, 육체적 고통의 세월을 생각해 보십시오. 모두 형들의 사악함과 미움 때문이었습니다. 그러나 요셉은 단 한 마디의 항의나 가혹한 말도 하지 않았습니다. 그들을 향한 적대감이나 분노의 기색은 조금도 없었습니다. 오히려 그는 자기를 그렇게 해친 형들에 대해 친절과 은혜만을 보여 주었습니다. 생각해 보십시오. 우리 중에 누가 요셉만큼 부당한 대우를 받았다고 말할 수 있습니까? 우리 중에는 요셉이 겪은 것과 비교할 수 있는 어려움을 겪은 사람은 아무도 없습니다. 요셉이 그의 형제를 용서한 것처럼 우리를 용서하신 분이 있습니까? 우리가 그리스도인이라면 우리는 "하나님께서 그리스도 때문에 우리를 용서하셨습니다"라고 진정으로 말할 수 있는 것입니다. 그런데 우리에게 해를 끼친 형제에 대해 우리는 어떤 태도를 취했습니까? 하나님께서 요셉의 생애 가운데 있는 모든 악한 것을 선한 것으로 바꾸어 주신 이유 중의 하나는 분명코 요셉이 자신에게 상처를 준 사람들에 대해 분노나 악의를 품지 않았기 때문일 것입니다. 만일 우리도 요셉처럼 우리에게 상처를 준 사람들에 대해 온유하고 용서하는 자세를 가진다면 주님께서도 다른 이들의 경솔함과 불친절함으로 인해 우리에게 닥친 불행을 좋은 것으로 바꾸어 주실 것이 분명합니다.

두 번째 예의 본문으로 히브리서 11:24-27을 택해 보자.

히 11:24-27 믿음으로 모세는 장성하여 바로의 공주의 아들이라 칭함을 거절하고 도리어 하나님의 백성과 함께 고난받기를 잠시 죄악의 낙을 누리는 것보다 더 좋아하고 그리스도를 위하여 받는 능욕을 애굽의 모든 보화보다 더 큰 재물로 여겼으니 이는 상 주심을 바라봄이라 믿음으로 애굽을 떠나 임금의 노함을 무서워 아니하고 곧 보이지 아니하는 자를 보는 것같이 하여 참았으며

우리는 위의 본문에서 모세가 애굽에서 세 가지 유혹—명예, 재물, 환락—을 받았으나 참된 하나님의 사람이라면 이런 것들에 등을 돌려야 함을 깨달았다는 사실을 발견할 수 있을 것이다. 본문을 강해한 후 모세를 다시 세상으로 끌어들이려는 이런 유혹들이 얼마나 모세를 괴롭혔는지를 설명했다고 가정해 보자. 이제 우리는 아래와 같이 적용할 수 있을 것이다.

생각해 보십시오. 모세에게 주어진 이런 것들은 그 자체로는 결코 악한 것이 아닙니다. 하나님께서는 우리가 이웃들의 존경을 받도록 하셨으며, 우리의 재능을 이 세상에서 최대로 발휘하도록 허락하셨습니다. 그뿐 아니라 오락과 환락을 위해 시간을 쓰는 것을 금하지 않으셨습니다. 그러나 그 자체가 완전히 옳고 합법적인 것이라 하더라도 이들 중의 어느 하나가 하나님께 우리 자신을 전부 드리는 일에 방해가 된다면 그것은 악인 것입니다. 모세는 이 세상의 지나가는 것들을 하늘의 상과 비교해 본 후에 결단을 내렸습니다. 비록 세상이 줄 수 있는 최고의 것일지라도 하나님과의 동행이라

특권과 비교해 볼 때는 아무것도 아니었습니다. 모세는 하나님께서 그에게 원하는 것은 후원이 아니라 교제임을 알았습니다. 하나님을 뒤에서 후원만 하는 신자들이 많이 있습니다. 교회에 내는 헌금으로, 선교 협회와 선교사에게 보내는 기부금으로, 자기 능력껏 하나님의 일에 봉사하는 것으로 하나님을 후원하는 일 말입니다. 하나님께서 원하는 것은 우리의 후원이 아닙니다. 그는 우리의 후원이 없어도 부족함을 느끼지 않으십니다. 그는 우리를 원하십니다. 하나님은 우리의 마음과 생각과 영혼을 원하십니다. 하나님은 우리와의 교제를 원하십니다. 그러나 사도 바울이 말했듯이 그 교제는 "그리스도의 고난을 함께 나누는 교제"이어야만 합니다.

다. 회중들의 일상적 삶에 진리가 적용될 수 있음을 보여 주는 예화를 사용하라

주일 아침, 설교를 듣고 있는 한 사람 한 사람은 매일매일 실제 삶에 직면해 있는 남녀노소 개인들이다. 그들은 압박감, 좌절, 유혹, 문젯거리, 가슴 아픈 일들을 겪고 있으며 성경 본문만이 아니라 어떻게 성경이 자신들의 당면한 문제들에 실제적으로 영향을 미치는 지를 보기 원한다. 그러므로 생활 속에서 유추되어 적절하게 사용되는 예화는 청중들에게 큰 영향을 미칠 수 있다.

캘리포니아 주 로스앤젤레스의 오픈 도어(Open Door) 교회의 목사인 버논 맥기(J. Vernon McGee) 박사의 누가복음 19:1-10 설교에서 사용된 예화를 보자. 맥기 박사는 삭개오가 주님께 나아온 후 즉각적으로 자신이 잘못한 것에 대해 보상하려는 마음의 결심을 했다는 사실에 주목했다. 그 후 맥기 박사는 프랭크 드윗 탈마즈(Frank DeWitt Talmage)가 토레이(R. A. Torrey) 박사에게 1900년 1월 2일자로 보낸, 미발간된 편지―이 편지는 맥기 박사가 한때 토레이 박사의 소유였던 책상 속의 서류를 검사하다가 우연하게 발견한 것이다―를 인용하셨다. 이 편지는 탈마즈 박사가 토레이 박사에게 죄를 고백하는 내용으로 되어 있는데 그 일부분은 다음과 같다.

> 토레이 박사님께
> 오늘 나는 두 가지 슬픔의 그림자 아래 서 있습니다. 첫째는 무디(Moody)의 죽음 때문이고 둘째는 내가 박사님께 큰 잘못을 저질렀다는 사실 때문입니다.
> (잘못을 고백하는 내용이 여기에 계속되지만 사적인 것이므로 맥기 박사가 공개하기를 원하지 않았다).
> 내가 잘못을 고칠 수 있는 길이 있다면 쾌히 그렇게 하고 싶습니다…가버린 그 친구의 따뜻한 영혼이 나로 하여금 사랑의 복음을 더욱더 전파하게 만들기를 기원하면서.
>
> 슬픔으로 가득 찬 친구
> 프랭크 드윗 탈마즈

맥기 박사는 이렇게 적용한다.

> 저는 반 세기 동안 감추어져 있었던 이 편지를 읽을 때에 눈물이 흐르는 것을 억제할 수 없었습니다. 우리가 반 세기 동안 어디까지 왔는지를 알게 되자 그만 놀라지 않을 수 없었습니다. 우리는 근본주의의 전통에 서 있습니다. 그러나 우리가 마지막으로 그러한 따뜻하고 겸손하며 조용한 죄의 고백을 들어 본 적이 언제입니까? 우리 근본주의 노선을 걷고 있는 사람들은, 만일 한 사람이 머리(지성)만 올바로 되어 있다면 그가 원하는 곳은 어디든 발로 갈 수 있으며 또 그렇게 되더라도 계속 하나님의 아들이라고 생각하는 것 같습니다. 사랑하는 성도 여러분, 당신의 머리와 발이 가는 방향이 서로 다르다면 무엇인가 근본적으로 잘못된 것입니다. 삭개오는 자기가 근본주의자라고 말하지 않았습니다. 사실상 그는 그렇게 말할 필요가 없습니다.

왜냐하면 그의 행위가 그것을 증명하기 때문입니다.

라. 모든 시대에 적용할 수 있는 보편적인 원리를 본문에서 찾아내라

해석하는 과정 중에, 연구하고 있는 말씀에서 눈에 띄는 진리들을 만나게 되는 경우가 있다. 그런 진리들이 보일 때마다 설교자는 메모를 해 두어야 한다. 이 모든 원리들을 현재 준비중인 설교에서 다 사용할 수 없을지도 모르지만, 다음에 어떤 경우에 또 유용하게 사용될 수도 있다.

다음은 마태복음 6:25-34의 염려의 문제에 대한 주님의 가르침에서 찰스 스윈돌이 뽑아낸 다섯 가지 원리이다.

> 염려는 우리가 지금 갖고 있는 것을 즐기지 못하게 한다.
> 염려는 우리 자신이 소중하다는 것을 잊게 만든다.
> 염려는 전혀 무익하다-아무 것도 해결하지 못한다.
> 염려는 우리 마음에서 하나님의 약속을 잊혀지게 한다.
> 염려는 그리스도인의 특성이 아니라, 이교도의 특성이다.

이와 같은 근본적인 원리들을 사용함으로써 수세기 전에 씌여진 말씀을 오늘날 사람들에게 연관시킬 수 있는 것을 볼 수 있다. 물론, 설교를 하면서 원리들 하나 하나를 그냥 나열하기만 하면 충분치 못하다. 필요할 때마다 부연하고 각각의 원리들에 대해 자세히 언급해야 한다.

때로는 시간을 들여 확대하고 충분히 논의한 한 두 가지의 진리만을 사용해 전하는 설교가 그 이상 여러 진리를 말하는 설교보다 효과적이다.

초보자들을 위해 시편 23편에서 유추한 여섯 가지 진리를 아래에 보이겠다. 각각은 시편 23편 각 절에서 유추한 것이다.

첫째: 모든 신자는 주님께서 자신의 개인적 인도자가 되시기를 정당하게 요구할 수 있다.

둘째 : 주님은 자신에게 의지하는 이에게 참된 안식을 주신다.
셋째 : 나는 절대적으로 신뢰할 수 있는 하나님의 인도하심을 받는다.
넷째 : 주님은 그의 백성이 그를 가장 필요로 할 때 그들과 함께 하신다.
다섯째 : 주님은 가장 힘든 상황 속에서도 그의 백성에게 충만하게 공급
하신다.
여섯째 : 주님의 약속 때문에 우리는 우리 앞에 놓은 모든 것에 대해 전적
으로 주님을 신뢰할 수 있다.

본문의 각 절에서 원리들을 유추할 수도 있지만 본문 전체에서 불변의 진리를 끌어낼 수도 있다. 다음은 시편 23편 전체에서 뽑아낸 것들이다.

첫째 : 신뢰하는 신자는 자신의 평생의 모든 필요가 채워질 것을 확신한
다.
둘째 : 주님이 개개인 신자들에게 쏟으시는 인격적 관심은 큰 신뢰감을
자아낸다.
셋째 : 신자들 각자에게 향하신 주님의 인격적 관심을 묵상해 보면 복된
확신을 갖게 된다.

마. 모든 적용은 본문의 진리와 조화되어야 한다

성경을 올바르게 적용하려면 본문을 정확하게 해석하는 작업이 있어야 한다. 그래서 본문의 의미를 이해하기 위해 모든 노력을 기울여야 하는 것이다. 해석하는 작업이 더디고 수고스럽더라도, 그것은 우리가 본문의 참된 의미를 확신 있게 말하기 위해 가장 중요한 과정인 것이다. 본문의 올바른 의미를 알아내기 전에는 우리의 적용이 본문의 진리와 조화됨을 확신할 수 없다.

마가복음 16:1-4의 예수께 향품을 바르기 위해 무덤으로 향한 여인들이

야기에 대해 한 주일학교 선생이 학생들에게 다음과 같이 말했다. "향품을 준비해서 무덤에 간 여인들처럼 우리도 그리스도의 뜻과 주되심을 우리 삶 속에 받아들일 준비를 하고 그리스도께 가야 한다."

마가복음의 이 본문을 익히 알고 있는 사람이라면, 그 학생이 본문의 의미를 진정으로 파악하지 못하고 있다는 것을 알아챌 것이다. 여인들이 큰 용기와 사랑의 헌신으로 예수님의 몸에 향품을 바르기 위해 해뜰 무렵 무덤으로 갔다는 사실을 그가 보았다면, 아마도 본문을 적용하는 데 그렇게 헤매지는 않았을 것이다. 그 주일학교 학생은 그리스도의 뜻과 주되심을 우리 삶 속에 받아들일 필요에 대해 말하기보다는 오히려 구주를 향한 진정한 사랑이 있는 곳에는 그에게 희생적으로 헌신하는 행동이 보여 주는 증거가 있다는 사실에 대해 말했어야 했다.

바. 일반적으로 적용은 분명하며 구체적이이야 한다

일반적인 용어를 사용해서 애매하고 모호한 방법으로 적용하게 되면 회중들은 그 적용이 자신들과는 무관하다고 생각하기가 쉽다. 이것은 설교자 자신이 설교에 있어서 분명한 목적이 결여되어 있거나 환상적이라거나 편협적이라는 비판을 받을 것이라는 병적 두려움 때문에 생기는 경우가 대부분이다.

그러나 바울의 태도는 이와는 얼마나 다른가! 그는 에베소 교회의 장로들에게 "이는 내가 꺼리지 않고 하나님의 뜻을 다 너희에게 전하였음이라"(행 20:27)고 말할 수 있었다. 또한 데살로니가 교인들에게는 확신을 가지고 "우리의 권면은 간사에서나 부정에서난 것도 아니요 궤계에 있는 것도 아니라 오직 하나님의 옳게 여기심을 입어 복음 전할 부탁을 받았으니 우리가 이와 같이 말함은 사람을 기쁘게 하려 함이 아니요 오직 우리 마음을 감찰하시는 하나님을 기쁘시게 하려 함이라"(살전 2:3-4)고 주장할 수 있었다. 우리의 본이 된 위대한 사도를 본받아 우리도 담대함과 온유와 사랑의 정신을 가지고 하나님 말씀의 진리가 직접 회중과 무슨 관계가 있는지를 보여 주면서 말씀을 선포하도록 하자.

회중에게 직접 호소하는 가장 좋은 방법 중의 하나는 그들에게 특별히 적용될 수 있는 질문을 던지는 것이다. 질문을 할 때는 부드럽고 공손하게 질문을 던져야 하며, "여러분" 대신 "우리"라는 표현을 사용해서 설교자 자신까지도 포함하는 질문을 가끔 던져야 한다.

구체적 적용을 위한 질문의 예로, 여리고 성을 포위한 후 하나님의 환상을 본 여호수아가 여호수아서 5:13-15절 말씀에서 여호수아는 손에 칼을 빼든 사람을 보자 "너는 우리를 위하느냐 우리의 대적을 위하느냐"라고 물었다. 그러자 그는 "아니라 나는 여호와의 군대장관으로 이제 왔느니라"고 대답했다. 그리고 14절은 말한다. "여호수아가 땅에 엎드려 절하고 가로되 나의 주여 종에게 무슨 말씀을 하려 하시나이까" 우리가 위의 본문을 강해하고 환상이 여호수아에게 미친 영향에 관한 진리를 이제 회중들에게 적용할 때가 되었다고 가정해 보자.

하나님께서 그리스도인들에게 보여질 때는 언제나 꼭 같습니다. 우리가 주님의 환상을 보게 되면 우리는 하나님 앞에서는 티끌과 같은 자신의 위치를 올바로 자각하게 됩니다. "그는 흥하여야 하겠고 나는 쇠하여야 하리라"(요 3:30). 이것이 하나님 나라의 핵심을 드러낸 말입니다. 여호수아, 욥, 이사야, 다니엘, 바울, 그리고 요한이 그러했습니다. 그렇다면 이것이 지금까지의 우리의 체험이었습니까? 그리고 현재 우리의 체험입니까? 우리는 주님을 새롭게 본 적이 있습니까? 이런 체험을 했는지는 하나님 앞에서 우리 영혼의 상태를 보면 분명히 알 수가 있습니다. 여호수아와 같이 우리의 응답은 "주여 종에게 무슨 말씀을 하려 하시나이까"가 되어야 할 것입니다.

1967년 4월 4일자 **크리스천 이코노믹스**(*Christian Economics*)에 실린,

고린도전서 13장을 본문으로 한, "사랑의 행동"이라는 제목의 설교에서, 텍사스 주의 와코(Waco)에 있는 베일러 대학(Baylor University)의 성경 교수인 킬 예이츠(Kyle M. Yates) 교수는, 설교를 시작하는 서두에 일련의 질문을 던지고 있다. 이 질문들이 청중들의 매일의 삶에 성경 진리를 어떻게 적용시키고 있는지를 유심히 살펴보도록 하자.

여러분은 매일의 삶 속에서 어떻게 행동하고 계십니까? 여러분은 담임 목사나 이웃 사람이나 부모나 자녀나 남편으로부터 그리스도인으로 인정받고 있습니까? 만일 이들 중의 누구든지 여러분을 그리스도인으로 인정하지 않는다면 그것은 매우 슬픈 일입니다. 여러분의 솔직한 대답은 무엇입니까? 여러분은 자신의 행위가 그리스도인임을 입증하고 있다고 실제로 믿습니까? 이것은 매우 중요한 문제입니다.
바울이 여러분을 돕고 싶어합니다. 그는 분명하고 구체적인 참그리스도인상(像)을 보여 주고 싶어합니다. 여러분은 고린도전서 13:4-7에서 바울이 그린 참그리스도인의 상을 볼 수 있을 것입니다. 여기서 여러분은 참그리스도인의 본질과 핵심을 파악할 수 있을 것입니다. 한마디로 말해서 참그리스도인의 본질적 요소는 사랑입니다.

뉴욕 시의 갈보리 침례 교회 목사인 스티븐 올포드 목사는 요한복음 15:1-11을 본문으로 "그리스도 안에 거함"이라는 제목의 설교는 1960년 3월자 **갈보리 강단**(*Calvary Pulpit*)에 실었다. "그리스도 안에 거한다는 것의 의미"라는 소제목을 단 첫째 대지 아래에서 올포드 목사는 질문을 적용의 수단으로 사용하고 있음을 볼 수가 있다.

5절을 보십시오. 예수님은 말씀하십니다. "나를 떠나서는 너희가 아무것도 할 수 없음이라." 그리스도인인 내 친구가 "자네는 수년 동안 어떤 일을 하려고 애썼지만 아무 성과도 거두지 못한 경험이 있나?"라고 저에게 질문한 적이 있습니다. 저도 여러분에게 묻겠습니다. 여러분의 삶에 어떤 결실이나, 참된 기쁨이나 보람을 느낄 만한 무엇이 있는 것이 사실입니까? 여러분은 아직도 초조해 하며 안달하고 있습니까? 여러분의 자녀 때문에 성내고 있습니까? 화를 잘 내는 성격 때문에 괴로워하고 있습니까? 홀로 있을 때는 좌절하십니까? 또 한 주일이 지나가건만 기쁨에 찬 목소리로 "하나님 아버지, 나를 사용하셔서 새로운 영혼을 그리스도께로 인도케 하심을 감사드립니다. 내 안에 있는 그리스도의 생명이 성령으로 말미암아 나를 통해 흘러나오게 하시고 예수께서 그를 위해 죽으신 새로운 생명을 죽음에서 깨어나게 하소서"라고 감사하지 못하십니까? 만일 여러분이 위와 같이 말하지 못하고 무력감과 좌절감에 빠져 있다면 여러분은 그리스도 안에 거함의 의미를 알지 못하고 있는 것입니다. 그리스도께서는 선언하셨습니다. "나를 떠나서는 너희가 아무것도 할 수 없음이라."

위의 예를 통해 우리는 어떻게 해야 적용을 구체적으로 할 수 있는 지에 대해서 살펴보았다. 그러나 적용을 항상 직접적인 권면이나 호소를 통해 해야 한다는 규칙은 없음을 주목할 필요가 있다. 때로는 단지 암시적인 말을 통해서도 멋지게 적용을 할 수가 있다. 예를 들면 그 자체가 성경 진리의 적용으로 사용될 수 있는 예화를 사용함으로써, 적용을 성공리에 마칠 수가 있다. 그러나 어떤 방식으로 적용을 하든간에 설교자는 청중들로 하여금 설교자가 하나님의 말씀을 자신들의 삶에 직접적으로 적용시키고 있다는 사실을 깨닫도록 하는 데 인색해서는 안 된다.

또한 회중 가운데의 특정 인물이나 특정 그룹의 사람들이 들으라고 적용하는 것은 결코 온당한 일이 못됨을 명심해야 한다. 이러한 비윤리적인 방법을 사용하는 것은 힘없는 청중들을 희생시키면서까지 거룩한 강단을 자신의 이기적 목적을 위해 이용하는 잘못된 행위이며, 결국은 설교자가 적용 대상으로 삼고 있던 사람들로부터 좋지 못한 반응을 얻게 되기 마련인 것이다. 회중들이 목사의 말을 내가 들으라고 한 말이라는 느낌을 갖게 하지 않고 스스로 알아서 적용할 수 있도록 성경의 진리를 잘 선포한다면, 이때는 매우 유익한 결과를 얻게 될 것이다.

사. 청중들에게 올바른 동기 부여를 하라

청중들에게 진리가 어떻게 직접 적용되는지 느끼도록 설교자가 설교를 곧바로 청중들의 문제와 필요에 연관시킨다면 그때 설교자는 그들의 필요에 대한 해결책을 지적해 주어야 자연스럽다. 그러나 이렇게 하면서 설교자는 청중들에게 충분한 동기 부여를 하고 자극을 주어야 한다. 목회자는 사람들의 보다 고결한 본능에 호소하면서 말씀을 무시하거나 나태할 때 초래되는 결과를 경고함과 동시에 회중이 행동하도록 고무해야 한다. 또 청중들에게 각인 시키고자 하는 진리나 행동에 대한 특별한 예를 들어 청중에게 동기 부여를 할 수도 있다.

아. 시대 감각에 맞게 적용하라

우리 모두는 정치적으로, 사회적으로, 종교적으로, 그리고 도덕적으로 극심한 변화의 세계 속에서 살아가고 있다는 사실을 깊이 자각하고 있다. 과거의 표준과 기준은 전근대적인 것으로 조소의 대상이 되어 버렸고, 사회는 모든 영역에서 법과 질서의 구속으로부터 벗어나려는 경향을 보이고 있다. 보통 사람들은 삶의 모든 영역에서 이런 극심한 혁명적 변화에 심각한 영향을 받으며 살아가고 있다.

몇몇 설교자들은 이 시대의 청중들의 요구와 필요에 대해 포괄적인 성경적 평가를 내리지 못한 채, 그들의 삶과 동떨어진 내용의 설교만을 늘어놓고 있다. 이것은 슬픈 일이 아닐 수 없다. 이들이 다양한 여러 주제에 대해 설교를 하지 않는 것은 아니다. 그러나 대부분이 현실의 삶과는 무관한 것이다. 그러므로 설교자는 성경이 과거에 대해 말을 하건 현재에 대해 말을 하건 간에 현실과 연관되도록 설교를 해야 한다.

만일 하나님의 말씀이 사회의 극심한 변동 가운데 있는 개개인들에게 의미가 있으려면 설교자는 성경의 의미뿐 아니라 그 진리가 오늘의 극심한 변화의 세계 속에서 어떻게 적용될 수 있는지도 보여 주어야 한다. 성경의 진리를 오늘의 상황과 시대 감각에 맞게 선포하는 설교만이 엄밀한 의미에서 해석적 설교(Interpretive preaching)라고 부를 수가 있다. 해석적 설교는 이 시대의 상황과 그 상황이 회중에게 미치는 영향이 밝히 드러나게끔 성경의 진리를 제시하는 설교를 말한다.

하나님의 말씀을 시대 감각에 맞게 적용하는 일이 무엇보다도 중요한 일이기는 하나, 여기에도 설교자가 빠지기 쉬운 함정이 몇몇 있다.

어떤 설교자들은 무질서한 사회 상황 속에서 적용을 시도하다보니 복음의 사역을 사회 봉사와 동일시하는 실수를 범한다. 이들은 하나님의 계시의 말씀을 선포하기보다는 사회 개혁에만 열을 올리는 경우가 있다.

어떤 목회자들은 정치적인 문제에 골몰한 나머지 설교 시간에 정치적이고 경제적인 논쟁이나 사회 문제들에 대해 언급하는 것이 마치 그들의 책임이요 특권이나 되는 듯이 생각한다. 어떤 목회자들은 엘리트 정치가나 경제 학자들도 풀지 못하는 문제들에 대해 자신만이 최종적인 해답을 알고 있기나 한 듯이 이러쿵저러쿵 언급한다. 그러나 이러한 발언은 사회에 대한 그들의 영향력을 강하게 해주기는커녕 오히려 감소시키는 부작용만 낳는다. 우리는 신약성경에서 사도들이 로마 제국 정부의 통치 방법에 대해 언급한 기록이나, 로마 원로원의 결정에 대해 어떤 결의를 표했다는 기사를 결코 읽어본 적이 없다. 목회자는 일개 시민으로서는 자신의 원하는 정당에 들어갈 수 있는 권리가 있다. 그러나 교회의 대표자로서 특히 강단에서 설교할 때는 정치적 논쟁이나 도덕적 논쟁을 구별할 줄 알아야 하며, "가이사에게 속한 일"에 너무 깊이 관련되지 않도록 늘 조심해야 한다.

성경의 조명으로 현재에 일어나고 있는 시대의 사건들을 평가해 보고자 하는 목회자는 현명하고 분별력 있는 인물이어야 한다. 이런 목회자는 정치적 논쟁에 대해서는 초연해야 하며, 진리와 거짓을 분별해 낼 줄 알아야 한다. 또한 신실한 목자로서 설교자는 교회의 순결성과 정통성을 위협하는 교리적 오류와 잘못된 종교 운동들에 대해 회중들에게 경고할 줄도 알아야 한다.

5. 해석적 설교에서 다루어야 할 중요한 주제들

가. 복음

해석적 설교를 하는 설교자가 특별히 늘 관심 있게 보아 두었다가 설교의 내용에 포함시켜야 할 핵심적인 세 가지 주제가 있다.

첫 번째 주제는 인간을 위한 하나님의 좋은 소식인 복음이다. 일간 신문들은 국내외 사건들에 점점 더 큰 비중을 둘지 몰라도 십자가의 전달자는 무질서와 고통의 세계를 살아가는 오늘의 현대인들에게 복된 소식을 전달해 주어야 한다. 복음의 사자는 기회가 있을 때마다 예수께서 인간을 구원하기 위해 이 땅에 오셨다는 영광스러운 소식을 분명하게 선포해야 한다.

나. 복음 전도

두 번째 주제는 복음 전도이다. 목회자는 복음을 선포해야 할 뿐 아니라 회중이 다른 이들과 복된 소식을 함께 나누도록 격려하는 일에 게을러서는 안된다. 전도를 활성화시키는 가장 좋은 방법은 목회자 스스로가 잃은 양들을 찾는데 앞장서는 것이다. 목회자 스스로 불신자들과 접촉하고 그들에게 복음을 전하게 되면 결과적으로 그의 회중들로 하여금 영혼을 얻는 사역에 동참하게끔 행동으로 격려하게 된다.

그러나 복음 전도가 목회자 자신이 속한 공동체내에만 국한되어서는 결코 안 된다. 진정한 복음 전도는 죄로 죽어 가는 세계라면 어디까지라도 확대되어야 한다. 성경 진리를 적용하는 일에 힘쓰는 목회자는 그의 회중들이 너무 늦기 전에 구원의 은총의 복음을 다른 이에게 전하는 일을 서두르도록 격려할 필요가 있다. 복음의 전파는 결코 연기되어서는 안 된다. 왜냐하면 이 세계가 그리스도께 돌아올 때가 찼으므로 우리는 지금 나아가야 하기 때문이다. 그러므로 국내 선교든 국외 선교든 간에 복음 전도는 강단에서 선포되는 설교에서는 결코 빠져서는 안 될 핵심적 위치를 차지하고 있어야만 한다.

다. 예언

해석적 설교에서 다뤄야 할 세 번째 주제는 예언이다. 오늘날에도 성경 독자들이 잘 알고 있는 지명이나 인명이 단 하루도 신문에 언급되지 않는 날이 없을 정도로 흥미 있는 뉴스가 중동에서 계속 흘러나오고 있다. 성경의 땅인 팔레스타인에서 일어나는 사건들은 하나님께서 그의 옛 백성 이스라엘에 하신 약속에 대해 세속 신문들이 관심을 표명할 정도로 사실상 너무나 충격적이다. 설교자는 이런 특별한 사건들을 성경과 연관시킴으로써 회중들로 하여금 시대의 표적을 분별해 낼 수 있게 해주어야 한다. 확실히 시대의 종말에 있을 대심판이 가까이 온 것만은 분명하다. 따라서 하나님의 종은 장차 이 땅에 나타날 일들을 예언한 성경을 잘 풀어서 회중들에게 이해시켜 주어야 할 엄숙한 의무가 있다. 장차 있을 일에 대한 설교는 불경건한 자들로 하여금 그들에게 닥친 위험을 느끼게 하고 교회로 하여금 그 책임을 신실히 수행하게 하고 성도들로 하여금 주 예수 그리스도의 재림에 대한 소망을 더욱 깊게 하는 효과가 있다. "또 우리에게 더 확실한 예언이 있어 어두운 데 비취는 등불과 같으니 날이 새어 샛별이 너희 마음에 떠오르기까지 너희가 이것을 주의하는 것이 가하니라"(벧후 1:19).

X
결론

1. 결론의 정의

모든 설교에는 통일성과 분명한 목적이 필요하다는 사실은 이미 지적하였다. 시작부터 설교자는 하나의 목적을 성취하기 위해 애써야 한다. 그 목적은 항상 분명하고 명확해야 하며, 메시지의 여러 부분이 분명하고 명확한 한 목표를 향해 나아갈 수 있도록 설교자의 모든 설교 내용을 통제하고 조정해야 한다.

결론이란 성경 저자가 설교자를 통하여 성취하려는 목적을 회중에게 강력한 인상을 주어 제시하는 전체 설교의 클라이맥스이다.

결론이란 설교의 주요 부분에 딸린 부속물이거나 메시지와는 전연 관련이 없는 진부한 이야기가 아니라 설교의 필수 불가결한 요소임을 분명히 할 필요가 있다. 결론이란 회중에게 강한 인상을 심어 주기 위해 이미 언급된 내용을 최대로 압축 요약하는 설교의 마지막 부분이다.

따라서 결론에는 어떤 새로운 사상이나 논쟁점이 나타나서는 안 된다.

결론의 목적은 설교의 주요 핵심을 회중에게 다시 부각시키기 위해 설교에서 이미 언급한 내용을 단순히 강조하고, 확인하고, 마무리 짓는데 있다.

결론은 전체 설교에서 가장 설득력 있는 요소임에 틀림이 없다. 만일 결론을 빈약하게 작성한다면 지금까지 한 설교의 효과를 감소시키거나 심지어는 무효화시킬 위험도 있다. 그러나 어떤 설교자들은 결론의 중요성을 잊어버린 나머지 설교의 다른 부분은 세밀하고 철저하게 작성하면서도 결정적인 순간에 효과를 내지 못하는 결과를 빚고 만다. 메시지의 내용을 하나의 초점에 응축시키지 못한 채 마지막에 진부한 이야기나 희미한 어투로 사고의 흐름을 분산시키는 설교자가 의외로 많다.

한편, 좋은 결론은 설교의 다른 부분의 약점을 어느 정도 보완해 주기도 하며 설교에서 이미 받은 인상을 더욱 확고히 해주기도 한다. 이런 결론의 중요성 때문에 목회자는 마지막 순간에 회중에게 강력하고 결정적인 인상을 심어 주기 위해서 준비에 세심한 배려를 기울여야 하며 가능한 한 모든 수단을 다 동원해야 한다.

2. 결론의 유형

결론의 유형에는 크게 세 가지가 있다. 결론의 유형은 청중의 사정이나 상태뿐 아니라 설교의 종류와 그 내용에 따라 설교마다 다를 수 있다는 사실에 유념하면서 논의해 보도록 하자. 한편 두 가지 유형의 결론을 하나로 결합시켜서 하나의 결론을 만드는 것이 좋을 때도 있다.

가. 요약

이런 유형의 결론은 설교의 내용이 일련의 논쟁이나 사상을 중심으로 엮어진 경우, 회중들이 설교자의 사고의 흐름을 추적해 나가는, 특별히 주의를 기울여야 할 필요가 있을 때 흔히 사용한다. 설교의 주요 사상을 결론에서 다시 반복하게 되면 회중들은 지금까지 논의되었던 메시지의 내용을 다시 기억할 수 있게 될 뿐 아니라 메시지의 마지막 요지를 들을 수 있는 준비를 하게 된다. 이와 같이 요약은 대지를 불필요하게 반복하거나 중복하는 것이 아니다. 요약은 설교의 주요 진리를 크게 부각시키기 위해 메시지에서 얻은 인상을 재강조하는 것이다. 현명한 설교자는 일반적으로 대지를 그대로 반복 요약하지 않는다. 각 대지를 간단하게 표현해 주는 간단 명료한 다른 어구를 사용한다.

나. 예화

적절하고 좋은 예화를 사용함으로써 설교의 사상이나 진리를 매우 효과적으로 회중의 뇌리에 남게 할 수 있다. 특별히 예화 자체가 메시지의 주요 진리를 요약한 것일 경우에 그렇다. 예화를 통해서 설교의 위대한 영적 교훈이 회중에게 생생하게 전달될 수가 있다. 설교자가 이런 유형의 예화를 사용하게 되면 결론에 다른 말을 덧붙일 필요가 없다. 강력하고 의미 있는 예화는 일반적으로 그 자체가 좋은 결론이기 때문이다.

어떤 목회자가 이스라엘 백성이 광야에서 불뱀에 물린 기사를 기록한 민수기 21:4-9을 본문으로 설교를 한 적이 있었다. 불뱀에 물린 백성이 모세가 장대 위에 달아놓은 놋뱀을 바라보고 어떻게 고침을 받았는지를 설명한 후에 그 설교자는 찰스 스펄전의 아래와 같은 유명한 회개의 이야기로 설교의 결론을 마무리했다.

> 스펄전은 청년이었을 때 극심한 영혼의 고통을 느낀 나머지 어떻게 해야 자신의 죄를 용서받을 수 있는지를 알기 위해 자기 마을에서 예배를 드리는 곳이라면 어디든지 찾아다니고 있었습니다. 어느 주일 아침 교회를 향해 발걸음을 옮기고 있었으나 눈보라로 갈 수가 없었습니다. 그는 가던 길을 멈

추고 좁은 골목길로 들어서서 작은 예배당으로 들어갔습니다. 그 예배당에는 12명에서 15명 가량의 사람들이 모여 있었고 목사님은 눈보라로 오시지 못했습니다. 평신도 한 사람이 강단에 올라가더니 설교하기 시작했습니다. 그는 이사야 45:22을 설교 본문으로 택하는 것이었습니다. "땅 끝의 모든 백성아 나를 앙망하라 그리하면 구원을 얻으리라 나는 하나님이라 다른 이가 없음이니라." 그 사람은 성경에 무지하기 때문인지 이렇게 저렇게 성경 본문만을 반복할 따름이었습니다. 성경 본문에 대해 할 말을 다한 것처럼 보였을 때 그는 교인석에 앉아 있는 젊은 스펄전을 쳐다보았습니다. 그는 뚫어지게 스펄전을 쳐다보더니 "젊은이, 그대는 불행해 보이는군요. 만일 당신이 이 본문의 말씀대로 행하지 않는다면 사나 죽으나 결코 불행을 벗어날 수는 없을 것이오. 그러나 그대가 예수님을 바라보기만 한다면 구원을 얻을 것이오"라고 말했습니다. 그러고 나서는 큰소리로 외쳤습니다. "젊은이, 예수님을 바라보시오" 그 순간 스펄전은 자신의 죄와 자신만을 바라보던 눈길을 멈추고 그리스도를 자신의 유일한 구세주로 신뢰하기 시작했습니다. 구원의 기쁨이 그의 영혼에 흘러넘치기 시작했습니다. 이제 그는 자신의 죄가 모두 용서받았음을 알았습니다.

새 생활을 시작한다거나 선한 행위를 한다거나 해서가 아니라 예수님을 단순히 바라보고 그만을 구세주로 신뢰함으로써 자신의 죄를 용서받았음을 알게 된 것입니다.

다. 적용 혹은 호소

메시지를 마무리 지을 즈음에는, 회중들 개개인이 이 진리가 자신과 어떤 관련이 있는지, 가정과 교회와 일터에서 갖는 인간관계에는 어떤 관련이 있으며 매일의 삶과 행동에는 어떤 관련이 있는 지를 자문해 보도록 만들어야 한다. 이런 이유 때문에 설교자는 전달한 메시지에 깃든 진리에 반응하게 하는 직접적인 적용이나 호소를 하면서 설교를 마무리짓는 것이다.

때로는 주제나 중심 사상을 반복함으로써 설교의 요지를 요약하는 것이 가장 효과적인 적용이 되기도 한다. 어떤 경우에는 설교자가 설교를 결론짓기 위해 본문에서 두세 가지 원리를 끌어내 이용하기도 한다. 이 불변의 원리들은 언제나 삶에 적용되는 것으로서 부연 설명이 필요 없다. 각각의 원리들과 관련하여 짧은 언급만 해도 대개는 충분하다.

라. 동기 부여

결론에서는 청중들에게 의무를 부과해야 할 뿐 아니라 도전한 바에 개인적으로 반응하도록 동기를 부여해 주어야 한다. 이러한 자극은 여러 가지 형태를 띨 수 있다. 어떤 때에는 설교자가 범죄와 악한 생각을 미워하시는 하나님에 대한 두려움을 심어 주어야 하지만, 또 어떤 때에는 하나님과 사람에 대한 사랑, 용기, 인내, 성실, 순결함, 고상함, 자존심에 호소해야 한다. 어떠한 접근 방법이든, 설교자는 사람들이 하나님의 요구에 긍정적으로 반응하도록 설득하는 것을 목표로 삼아야 한다.

설교의 목적이 무엇이든 간에 설교자는 회중에게서 인격적 응답을 얻어내기 위해 설교의 모든 주요 사상을 결론에 압축해서 전달할 필요가 있다. 설교를 하는 목적은 바로 여기에 있다. 즉, 설교는 회중들이 태도나 행위로서 적절한 인격적 응답을 나타낼 것을 요구하고 있는 것이다. 따라서 설교자는 결론에 세심한 배려를 기울임으로써 결정적인 결단의 순간에 가능한 한 직접적이고 강력한 효과를 나타낼 수 있도록 해야 한다.

그러나 결론을 내릴 때에 설교자가 흥분이나 격정적인 감정에 휘말리면서까지 감정이나 정서에 호소해야 할 필요가 있다고 생각하는 것은 잘못이다. 오히려 자연스럽고, 간단하며, 조용한 끝맺음이 일반적으로는 더 인상 깊고 효과적인 것이다. 한편 책망의 어조가 아니라 사랑의 어조로 한다는 전제하에서는 질책이나 엄숙한 경고도 회중에게 깊은 인상을 남긴다는 사실을 주목할 필요가 있다.

3. 결론 준비의 원리

가. 결론은 일반적으로 짧아야 한다

결론이 철저히 세심하게 준비해야 할 설교의 주요 핵심 부분의 하나인 것은 사실이지만 그렇다고 꼭 길게 해야 할 필요는 없다. 결론은 일반적으로 짧은 편이 좋다. 결론에 꼭 어느 정도의 시간을 할애해야 한다는 법은 없다. 그러나 설교자는 설교의 주요 부분에 비례하게 결론의 길이를 정해야 한다는 사실과 결론에 메시지의 사상을 요약해서 핵심적으로 표현할 수 있을 만큼의 시간적 여유는 있어야 한다는 사실을 유념해 두어야 한다.

어떤 설교자는 즉시 결론으로 들어가지 않고 10분이나 15분 정도 질질 끌면서도 "결론적으로", "마지막으로" 등의 용어를 사용하면서 이제 설교를 끝낼 것이라는 암시를 회중에게 하는 습관을 가지고 있다. 회중은 적절한 시간 안에 설교가 끝나기를 기대하고 있다. 그러므로 설교자는 회중의 권리를 존중해야 할 의무가 있다. 그러므로 설교자는 메시지가 결론에 도달했다고 생각되면 그 자리에서 설교를 끝마쳐야 한다.

나. 결론은 단순해야 한다

설교자는 결론을 수사학적으로 아름답게 꾸밀 생각을 해서는 안된다. 힘있고 날카로우면서도, 단순하고, 명료하며, 단호한 어투의 말은 미사 여구보다 훨씬 효과적이다. 결론에서 중요한 점은 설교의 목적이 회중에게 틀림없이 전달되도록 명료하게 말하는 것이다.

다. 결론의 마지막 말은 세심하고 철저하게 선택해야 한다

결론의 마지막 말은 회중에게 설교의 전체 주제를 한 눈에 들어오도록 해주는 말이나, 메시지의 중요성이나 긴급성을 느낄 수 있는 말을 선택해서 사용해야 한다. 이런 목적을 성취하기 위해서는 결론의 마지막 말은 아래 특징 중의 한 특징을 나타내는 말들로 구성되어야 한다.

1) 설교의 주요 사상을 강력하고 생생하게 재현

예를 들어 설교자가 요한복음 15:1-8을 중심으로 "열매 맺는 그리스도인"이라는 설교를 했다고 가정해 보자. 결론의 마지막 말은 다음과 같이 하는 것이 좋을 것이다. "우리 모두 '나는 열매 맺는 그리스도인인가?' 라고 자문해 보지 않으시렵니까? 예수께서는 '저가 내 안에, 내가 저 안에 있으면 이 사람은 과실을 많이 맺나니' 라고 말씀하셨습니다. '가지는 뿌리에서 모든 것을 받아 그것을 모두 열매로 만든다' 는 말이 있지 않습니까?"

2) 설교 본문 자체 인용

만일 설교자가 요한복음 15:4을 설교 본문으로 선택했다면 성경 본문을 있는 그대로 인용함으로써 결론을 대신할 수가 있다. "내 안에 거하라 나도 너희 안에 거하리라 가지가 포도나무에 붙어 있지 아니하면 절로 과실을 맺을 수 없음같이 너희도 내 안에 있지 아니하면 그러하리라."

3) 설교 내용에 적합한 다른 성경 구절 인용

요한복음 15:4을 설교 본문으로 선택했다고 다시 가정했을 때 갈라디아서 5:22-23 같은 성경 구절을 인용함으로 마지막 결론을 내릴 수가 있다. "오직 성령의 열매는 사랑과 희락과 화평과 오래 참음과 자비와 양선과 충성과 온유와 절제니 이같은 것을 금지할 법이 없느니라."

4) 시나 찬송가 가사 한두 행 인용

우리가 앞에서 이미 언급했듯이 찬송가나 시의 인용은 일반적으로 한두 행 정도로 간략하게 하는 것이 좋다. 마태복음 11:28-29을 본문으로 하는 설교는 아래와 같은 시로 결론을 짓는 것이 적합하다.

"털끝만큼도 염려하지 말라

적은 근심도 그대에게는 힘겨운 일.

그 일은 나의 일 바로 나의 일.

내 안에서 쉼을 얻으라."

5) 강력한 도전이나 호소

"갈보리 언덕에서 죽은 세 사람"이라는 제목으로 복음 전도적인 설교를 한다면 다음과 같은 결론의 마지막을 장식하는 것이 좋을 것이다. "모든 인간은 남녀 노소를 불문하고 이 두 강도 중 한 강도의 위치에 서 있습니다. 회개하느냐 회개하지 않느냐, 용서함을 받느냐 받지 못하느냐, 구원함을 받느냐 받지 못하느냐 둘 중 하나입니다. 당신은 어느 편입니까?"

라. 설교 개요를 작성할 때 결론은 간단한 문장이나 몇 마디 구로 표현해야 한다

설교 개요의 다른 부분들처럼 결론은 가능한 한 짧게 표현해야 한다. 그리고 다른 사상이나 내용이 전개될 때에는 행을 바꾸어서 써야 한다.

결론의 마지막을 잘 장식하는 또 다른 방법은 오리건 주 포틀랜드의 중앙 성서 교회(Central Bible Church)의 원로 목사요, 멀트노마 성경 학교의 창시자 중 한 분이신 존 미첼(John G. Mitchell) 박사의 일화와 같은 것을 예화로 드는 것이다.

미첼 박사가 미시간 주의 그랜드 래피즈(Grand Rapids)에서 목회를 하고 있을 때, 중국 선교를 위해 미국을 떠나는 그 교회의 젊은이 한 사람으로부터 전보를 받았습니다. 이 젊은이는 배를 타기 전에 샌프란시스코에서 미첼 박사에게 전보를 보내 선교사를 향해 출항하기 전에 마지막 충고를 듣고싶다고 했습니다. 미첼 박사는 즉시 답신을 보냈습니다. "먼저 예수님의 발 앞에 앉게. 그리고 나서 중국인들에게 자네가 본 것을 이야기하게."

미첼 박사가 이 젊은이에게 한 충고는 외국 선교사뿐 아니라, "측량할 수 없는 그리스도의 풍요"를 선포하는 말할 수 없는 특권과 영광을 받은 예수 그리스도의 모든 종들에게 적용될 수 있다.

그리스도를 위한 봉사자가 되려면 먼저 예수님의 발 앞에 앉음으로써 우리의 마음과 인격이 그리스도를 닮도록 변화되어야 한다.

"우리가 다 수건을 벗은 얼굴로 거울을 보는 것같이 주의 영광을 보매 저와 같은 형상으로 화하여 영광으로 영광에 이르니 곧 주의 영으로 말미암음이니라 이러하므로 우리가 이 직분을 받아 긍휼하심을 입은 대로 낙심하지 아니하고" (고후 3:18-4:1).

설교작성의 골격 세우기

지금까지 우리는 설교 개요 작성의 각종 구조와 그 내용들의 작성 원칙들을 살펴보았다. 이제는 구조와 내용을 배열하여 골격을 세우는 일(요약 설교문 작성)에 대하여 알아보자. 이 과정은 건축을 할 때에 먼저 기초와 골격을 세워 건물의 형태 및 중심이 어디인지를 인지하게 하고 그 후에 벽과 지붕과 내부를 장식하므로 온전한 집을 세우듯이 설교를 작성하는데 있어서도 미리 골격을 중심으로 한 요약 설교문을 작성하므로 구체적인 설교문 작성에 기여하게 하는데 이와 같은 본문의 기초와 골격을 세워 나가는 일을 요약이라고 말한다. 이 요약 설교를 작성하는데 가장 중심은 본문이 말하는 하나님의 뜻 곧 주제 와 핵심사상을 중심으로 발전해 나가야 한다.

I
요약

설교 개요 작성의 기본 과정

이제까지 살펴본 설교 구조에 대한 규칙들이 다소 다양했기 때문에 성경 메시지를 준비할 때 필요한 기본 과정을 아래의 단계별로 정리해 보았다.

1. 본문 선택

성경의 한 권을 택하여 시리즈로 설교한다면, 강해할 본문을 선택해야 하는 어려움은 사라질 것이다. 그때는 그냥 지난번 설교한 부분에 이어지는 부분을 설교 본문으로 정하면 된다. 이런 경우야 말로, 매주 설교 본문을 선택하는 설교자의 수고를 절약함과 동시에, 한 권의 성경을 철저히 가르칠 수 있도록 해주는 이상적인 경우이다. 한 권의 성경에 관한 시리즈 설교가 지나치게 광범위해지지만 않는다면, 그 책에 관해 균형 잡힌 견해를 제공해줄 수 있을 뿐 아니라 설교자가 의도적으로 시도하지 않더라도 회중들의 삶에 관련된 여러 가지 민감한 주제들을 다룰 수가 있다.

만일 설교할 본문을 선택할 때에도 우리에게 방향을 제시해 주는 다양한 상황에 의존해야 한다.

정기적인 교회 행사뿐 아니라 영적이고 일시적인 회중들의 필요, 회중들이 특별히 들떠 있을 때, 힘들고 스트레스 받을 때, 교회가 어떤 목표나 계획을 가졌을 때, 각종 절기에도 각각의 경우에 부합되는 본문을 선택할 필요가 있다. 그러나 어떤 상황에 따라 주의 백성에게 하나님의 메시지를 전할 때 그 상황이 어떤 것인가에는 관계없이, 우리는 그의 목적을 위해 우리에게 사용하도록 지시하시는 성령의 인도하심을 의지해야 한다. 우리가 그를 기다리면, 그는 분명히 다양한 방법을 사용하셔서 우리로 하여금 합당한 본문을 선택하게 하신다. 그러므로 시들로우 박스터(J. Sidlow Baxter)는 본문이나 주제선택에 있어서 가장 중요한 것은 『내가 본문이나 주제를 선택하기보다는 그들이 나를 선택하기를 더 좋아한다.』이 말은 내가 본문이나 주제를 선택하므로 나의 필요에 따라 성경이 나를 따라오는 것이 아니라, 내가 성경을 끊임없이 읽다 보면은 성경이 나를 지배하고 나의 가슴을 사로잡아 오므로 내가 성경에 이끌리어 본문이나 주제가 결정되는 것을 말한다. 그러므로 설교를 준비하거나 설교를 하는 사람들은 성경을 계속적으로 반복해서 읽는 것이 매우 중요하며 나아가 성령의 역사를 의지해야 한다는 사실을 잊지 말아야 한다.

예를 들어보면 한 목사가 하루는 탕자 이야기를 묵상하다가 갑자기 누가복음 15:17의 "이에 스스로 돌이켜 가로되"라는 구절에 사로잡혔다. 이 구절이 너무도 그의 영혼을 강하게 사로잡았기 때문에 다음 주일 설교 제목을 그는 "영적 건강을 되찾음"으로 정했다. 주일 아침, 다른 마을에 사는 한 여인이 그 교회를 방문했다. 그 여인은 주님을 떠나 방황하고 있었고 죄책감에 짓눌려 있었기 때문에 금방 온전한 정신을 잃고 말 것 같은 상태였다. 예배당에 앉아서, 받아든 주보에 적힌 설교 제목을 읽었을 때 그 여인은 단번에 그 날의 설교가 바로 자신을 위한 것임을 깨달았다. 그 설교는 주님께서 신실한 종에게 주신 것이었고 죄에 빠진 한 여인을 주님께 이끌고 영적으로 건강한 상태로 회복시켰다.

2. 철저한 본문 해석을 위한 연구

설교 개요 작성에 있어서 본문의 논제, 중심사상, 설교사상, 주제를 요약한 것을 명제라고 한다. 그러므로 이 명제를 설교 전체 구조의 기초라고도 하며, 설교가 어떻게 진행될 지를 분명히 제시해 주는 안내자라고 한다. 그러면 이 명제를 바탕으로 설교의 골격을 세워나가야 하는데 이 골격 또한 성령의 도우심이 없이는 불가능한 일이다. 그러므로 어떤 때는 하나님의 영께서 우리가 선하기를 원하시는 본문의 특징들과 진리들을 우리 머리 속에 번개처럼 스치도록 해주시기 때문에 그런 특별한 방식으로 몇 분 만에 혹은 한 시간 내로 전체 설교를 준비하게 되기도 한다. 그러나 일반적으로 설교를 준비할 때는 기도하면서 부지런히 연구하는 작업이 필요하다.

3. 본문의 주요 실마리 발견

우리는 제 I 부에서 주제 문장과 보충 문장을 파악하고 어떻게 완벽한 한 문장으로 표현할 수 있는지를 다소 장황하게 논의했다. 이 문장을 본문의 중심 사상이라 할 수 있다.

또한 같은 장에서 해석학적 개념이 주제 즉, 본문의 기본 진리인 설교 사상으로 발전한다는 것도 배웠다. 이때 주제는 모든 시대 어느 누구에게나 적용되는 불변의 원리의 형태를 띤다. 이 진리가 본문의 주요 실마리로서 메시지를 전달하는 내내 청중들의 가슴에 심어 주어야 할 내용이다. 그러나 한 강해 단위는 여러 가지 관점에서 고찰할 수 있다. 그 관점은 성령께서 인도하시는 데 따라야 한다. 이것은 제II부 설교의 유형에서 "여러 가지 접근 방법"을 말하면서 언급했다. 그럼에도 불구하고 우리는 언제나 주된 목적은 앞에 앉아 설교를 듣는 회중의 삶에 말씀을 적용시키는 것임을 명심해야 한다.

4. 설교 개요 작성

설교자가 본문의 해석을 모두 마칠 때 즈음이면, 본문의 구조가 파악되어 자연스럽게 대지와 소지를 나누게 된다. 이러한 자연스런 대지와 소지 구분은 설교 개요에서 절을 구분할 때도 도움이 될 수 있지만 늘 그런 것은 아니다. 대지들을 풀어서 발전시키거나 수제에 표현된 개념을 설명한다. 설교자가 귀납법을 택해 설교를 하려 한다면, 순서에 따라 요점들을 써내려가다가 설교를 마무리할 때 즈음, 절정에서 주제를 언급한다.

우리는 또한 청중들이 단번에 이해할 수 있도록 대지들을 분명하게 언급하여야 한다는 점과, 개요에 작성하는 요점들은 절정에 이르기까지 단계적으로 발전시켜야 한다는 점도 배웠다.

설교 개요를 명확하고 논리적으로 작성해 놓으면, 설교자가 설교를 전할 때 메시지를 일목요연하게 기억하기가 쉽기 때문에 설교 중 잠깐씩 노트를 훑어보면서 설교자 자신과 청중들의 주의가 산만해지는 것을 피할 수 있는 이점이 있다. 동시에 정연한 순서에 따라 전하는 설교는 청중들이 따라가기가 보다 쉽다. 이때 매끄러운 전환부는 하나의 사상에서 다음의 사상으로 옮겨가는 것을 쉽게 만들어 준다.

5. 설교 개요에 내용 채워 넣기

일단 설교의 머리와 몸통을 짜고 나면, 그 다음엔 대지에 표현된 사상을 충분히 청중에게 전달할 수 있는 내용을 개요에 채워 넣어야 한다. 설교가 갖는 주목적 중 하나가 본문의 의미를 설명하는 것인 만큼, 설교자가 설교 개요에 채워 넣는 내용은 우선 성경 본문을 해석하면서 수집된 자료들로 이루어져야 한다. 여기에 덧붙여서, 설교자는 다른 문학의 형태들로부터, 개인적인 자신의 체험으로부터, 다른 사람들의 체험으로까지, 자기 주위에 있는 사물을 관찰한 것으로부터 얻은 사실들을 가지고 그 내용을 채워야 한다. 또한 설교자는 상상력을 동원해서 자신이 제시하는 진리에 생기를 부여하는 이미지를 고안할 수도 있다. 이때 상상력을 신중하게 사용해야 한다.

설교 개요를 확장시켜 나가면서 설교자는 설명, 논증, 인용, 예화, 적용과 같은 수사적 과정을 사용할 필요가 있다. 이미 말했듯이 본문에 대한 설명은 말씀 해석에 그 바탕을 두어야 한다. 그러나 그 외에 다른 수사적 과정을 사용할 때는 설교를 점차 전개해 나가면서 그에 따라 발생하는 상황과 조건에 맞게 다양하게 그 순서가 바뀔 수 있다.

설교 개요를 채우는 내용들을 모으다 보면, 초보자의 경우에는 너무 많은 내용을 포함시키는 누를 범할 수도 있다. 축적된 사상들을 청중에게 다 제시하려다 보면, 청중은 개념들과 사실들의 홍수 속에서 길을 잃고 자신 앞에 놓인 그 많은 양의 정보로 인해 혼란에 빠진다.

이러한 사태를 피하려면, 설교자는 단순함을 추구해야 한다. 전하고 싶은 하나의 중심 진리를 설정하고 거기에서 벗어난 자료들은 조심스럽게, 그러나 가차 없이 삭제해야 한다. 분명한 목표가 있어서 빠르고 꾸준하게 결정을 향해 전개하는 설교가, 말하는 사람과 듣는 사람 모두를 사소한 정보의 늪에 빠지게 하는 설교나 너무 규모가 커서 청중들이 받아들이기 힘겨운 설교보다 일반적으로 훨씬 효과적이고 강력하다.

설교자는 메시지 전체를 생각하면서 각각의 요점을 말할 때 각각 시간을 얼마만큼씩 안배해야 하는지를 계산해야 한다. 어떤 부분은 다른 부분에 비해 보다 높은 관심과 집중이 요구되는데, 이것은 각 부분이 중요성과 청중이 나타내는 반응에 따라 결정된다.

6. 결론, 도입, 제목 준비

설교를 전하면서 전개하는 사상들이 머리 속에 생생하게 있을 때, 설교자는 결론을 준비해야 한다. 일단 결론에서 메시지가 절정에 도달했다면, 설교를 멈추어야 한다. 보통 청중들이 집중할 수 있는 시간은 한정되어 있기 때문에 설교자는 결론을 늘어뜨려서는 안 된다.

도입과 설교 제목은 보통 맨 마지막에 준비하는데, 그것은 중요하지 않아서가 아니라, 대개 설교자가 메시지의 중심부를 형성하고 설교를 어떻게 진행할지를 파악한 후에 라야 어떻게 주제를 소개해야 할지를 분명히 알게 되기 때문이다.

7. 기도하며 성령께 의지

이미 이야기한 내용이지만, 아무리 강조해도 지나치지 않다. 설교를 준비하기 위해 애쓰는 시간 내내, 우리의 사역에는 기도하며 성령께 의지하는 일이 언제나 병행되어야 한다. 오직 성령만이 우리 마음에 올바른 생각을, 우리 입술에 올바른 말을, 우리가 메시지를 전할 때 사랑과 은혜의 영을 채워 주실 수 있으며, 그리하여 그의 진리를 전하는 우리에게 하나님의 복이 임하게 하실 수 있다. 그때에 우리는 곤고한 자들에게 성령의 능력으로 설교하여 지친 영혼들을 세우고 우리 구주 예수 그리스도께 영광이 되게 할 수 있다.

"우리가 우리를 전파하는 것이 아니라 오직 그리스도 예수의 주되신 것과 또 예수를 위하여 우리가 너희의 종된 것을 전파함이라" **(고후 4:5)**.

II
설교 유형별 골격 세우기

1. 제목 설교(주제 설교)

첫째. 제목 혹은 주제를 설정한다

가. 제목 설교(주제 설교)는 설교의 유형이 제목 혹은 주제에 따라서 결정되는 설교로서 설교를 준비함에 있어 최초로 하여야 할 일이 제목 혹은 주제를 정하는 일이다.

나. 예(例)를 들어보면 『겸손』이라든지, 『참된 용기』라든지 이 중에 한 주제 혹은 제목을 설교자의 주관에 의하여 정한다. 이 때에 절기라든지 교회의 특별한 행사에 의해서도 제목을 정하는데 영향을 받을 수도 있다.

둘째. 결정된 제목 혹은 주제에 맞는 성경의 사건이나 구절을 찾아야 한다

가. 만약 제목으로 『참된 용기』가 결정되었다면 다음은 대지를 정하는데 1) 참된 용기는 어떤 용기를 말하는가? 2) 참된 용기는 어떻게 우리에게 주어지게 되는가? 3) 참된 용기를 얻은 자는 어떠한 삶을 살아야

하는가? 라는 대지를 설정하게 된다.

나. 이와 같이 대지가 정하여지면 대지를 대지 되게 하는 소지를 찾아야 한다.

1) 참된 용기는 어떤 용기를 말하는가? 라는 대지를 충족시키기 위한 소지로서 ① 창22장의 100세만에 얻은 아들을 제물로 바치라고 할 때에 주님 앞에 기꺼이 순종하는 아브라함의 용기라든지, ② 삼상 17장의 골리앗 앞에서 담대히 하나님을 모욕하는 자를 대적하는 어린 다윗의 용기, ③ 에스더 4장에서 황후 에스더가 죽으면 죽으리라 하며 민족을 구하기 위하여 임금 앞에 나아가는 에스더의 용기, 이러한 용기를 참된 용기라 한다.

2) 참된 용기는 어떻게 우리에게 주어지게 되는가? 참된 용기는 나의 이성, 나의 노력으로 쉽게 얻어지게 되는 것이 아니다. 여기에는 ① 진정한 신뢰 곧 믿음이 있어야 한다. ② 주님과 나와의 신비적 결합이 이루어 져야한다. ③ 나는 죽고 주님만이 내 안에 살아계실 때에 우리는 참된 용기를 갖게 된다.

3) 참된 용기를 얻은 자는 어떠한 삶을 살아야 하는가?

① 참된 용기 있는 자는 주님을 위한 삶을 살아야 한다.

- **고후 5:15** 저가 모든 사람을 대신하여 죽으심은 산 자들로 하여금 다시는 저희 자신을 위하여 살지 않고 오직 저희를 대신하여 죽었다가 다시 사신 자를 위하여 살게 하려 함이니라.
- **갈 2:20** 내가 그리스도와 함께 십자가에 못 박혔나니 그런즉 이제는 내가 산 것이 아니요 오직 내 안에 그리스도께서 사신 것이라 이제 내가 육체 가운데 사는 것은 나를 사랑하사 나를 위하여 자기 몸을 버리신 하나님의 아들을 믿는 믿음 안에서 사는 것이라.

② 참된 용기 있는 자는 주님의 고난에도 참여하여야 한다.
- **롬 8:17** … 우리가 그와 함께 영광을 받기 위하여 고난도 함께 받아야 될 것이니라
- **벧전 4:13** 오직 너희가 그리스도의 고난에 참예하는 것으로 즐거워하라 이는 그의 영광을 나타내실 때에 너희로 즐거워하고 기뻐하게 하려 함이라

셋째. 서론, 결론을 준비하는데 앞서 제3부에서 언급한 내용을 참조하여 작성하여야 한다

위의 내용을 다시 한번 주제 설교(제목 설교)에 맞게 정리하여 보면 다음과 같다.

제목 : 참된 용기
성경 : 창22:1-12
주제 : 참된 용기는 무엇이며, 어떻게 얻어지며,
　　　어떠한 삶을 살아야 하는가?

서론

본론
　대지1 : 참된 용기란 어떠한 용기를 말하는가?
　　- 소지1 : 창22:1-12 아브라함의 용기
　　- 소지2 : 삼상17:41-54 어린 다윗의 용기
　　- 소지3 : 에4:15-17 에스더의 용기
　대지2 : 참된 용기는 어떻게 우리에게 주어지게 되는가?

• 소지1 : 진정한 신뢰 곧 믿음이 있어야 한다.
• 소지2 : 주님과의 신비적 결합이 이루어져야 한다.
• 소지3 : 나는 죽고 주님만이 내 안에 살아계셔야 한다.
대지3 : 참된 용기를 얻은 자는 어떤 삶을 살아야 하는가?
• 소지1 : 주님을 위한 삶을 살아야 한다.
• 소지2 : 주님의 고난에 참예하는 자가 되어야 한다.

결론

1. _____
2. _____

2. 본문 설교

첫째는 본문2-3개를 정하되 같은 주제를 가진 본문을 선택하는 것이 우선 되어야한다. 같은 주제를 가진 본문이 안되면 설교는 통일성을 잃게 되고 전하는 자나 듣는 자가 헤매게 된다.

둘째는 정해진 2-3개의 본문에서 각각의 절들이 지니고 있는 대지를 뽑아내야 한다.

예(例)를 들면 본문을 고전1:2, 3:16, 고후6:16절로 정하였을 때에 하나님의 교회가 통일된 주제이고 각 절마다 교회라는 주제를 설명하기 위한 대지를 감추고 있다. 본문의 내용은

• **고전 1:2** 고린도에 있는 하나님의 교회 곧 그리스도 예수 안에서 거룩하여지고 성도라 부르심을 입은 자들과 또 각처에서 우리의 주 곧 저희와 우리의 주 되신 예수 그리스도의 이름을 부르는 모든 자들에게

- **고전 3:16** 너희가 하나님의 성전인 것과 하나님의 성령이 너희 안에 거하시는 것을 알지 못하느뇨
- **고후 6:16** 하나님의 성전과 우상이 어찌 일치가 되리요 우리는 살아 계신 하나님의 성전이라 이와 같이 하나님께서 가라사대 내가 저희 가운데 거하며 두루 행하여 나는 저희 하나님이 되고 저희는 나의 백성이 되리라 하셨느니라

상기 본문이 내포하고 있는 대지는 고전1:2절에서 하나님의 교회는 ① 그리스도 예수 안에서 거룩하여, ② 성도라 부르심을 입은 자들, ③ 각 처에서 우리 주 예수 그리스도의 이름을 부르는 자들이 교회임을 밝힌다. 이를 한 마디로 요약하면 대지1은 "그리스도로 말미암아 구속받은 자들이 교회이고," 본문인 고전3:16절의 대지2는 "성령이 거하는 사람이 교회이며." 본문인 고후6:16절의 내시3은 "우상으로부터 구별된 거룩한 자가 교회이다."라는 대지들을 가려낼 수 있다.

셋째는 각각 정해진 대지들을 뒷받침할 수 있는 소지를 정하여야 한다. 이 소지들은 본문 속에서 찾는 것이 이상적이지만 성경 전체에서나 설교자의 경험이나, 기타 자료가 될만한 어떤 것에서 찾아도 무방하다.

그러면 대지1의 소지로서 ① 믿어야 한다. ② 그분과의 신비적 결합을 이루어야 한다. ③ 나는 감추어지고 주님만이 나타나야 한다. 라고 정할 수 있으며, 대지2의 소지로는 ① 성령을 받아야 한다. ② 바울이 고전15:31절의 말씀과 같이 나는 날마다 죽어야 한다. ③ 성령의 충만함을 유지하여야 한다. 라고 생각할 수 있으며, 대지3의 소지로는 ① 우상을 버려야 한다. ② 깨끗하고 빈 마음을 준비하여야 한다. ③ 나의 의지가 하나님의 의지를 앞서지 말아야 한다.

넷째는 제목과 서론과 결론을 기록해야 하는데 본문의 대지와 소지를 더욱 분명하게 할 수 있는 내용들이어야 한다.

위의 내용을 본문 설교에 맞게 다시 한번 정리하면 다음과 같다.

제목 : 하나님의 교회란?
성경 : 고전1:2, 3:16, 고후6:16
주제 : 하나님의 교회가 갖추어야 할 조건

서론

본론
대지 1 : 그리스도로 말미암아 구속받은 자들이 교회이다.
- 소지1 : 믿어야 한다.
- 소지2 : 그분과의 신비적 결합을 이루어야 한다
- 소지3 : 나는 감추어지고 주님만이 나타나야 한다.

대지 2 : 성령이 거하는 사람이 교회이다.
- 소지1 : 성령을 받아야 한다.
- 소지2 : 나는 날마다 죽어야 한다.
- 소지3 : 성령 충만을 유지하여야 한다.

대지 3 : 우상으로부터 구별된 거룩한 자가 교회이다.
- 소지1 : 우상을 버려야 한다.
- 소지2 : 깨끗하고 빈 마음을 준비하여야 한다.
- 소지3 : 나의 의지가 하나님의 의지를 앞서지 말아야 한다.

결론

3. 강해 설교

첫째는 본문을 선택하는 일이다. 우리는 본문을 선택할 때는 시들로우 박스터(J. Sidlow Baxter)의 주장과 같이 본문이나 주제선택에 있어서 가장 중요한 것은 『내가 본문이나 주제를 선택하기보다는 그들이 나를 선택하기를 더 좋아한다.』이 말은 내가 본문이나 주제를 선택하므로 나의 필요에 따라 성경이 나를 따라오는 것이 아니라, 내가 성경을 끊임없이 읽다보면 은 성경이 나를 지배하고 나의 가슴을 사로잡아 오므로 내가 성경에 이끌리어 본문이나 주제가 결정되는 것을 말한다. 그러므로 설교를 준비하거나 설교를 하는 사람들은 성경을 계속적으로 반복해서 읽는 것이 매우 중요하다는 사실을 말한다.

둘째는 본문을 깊이 분석하여 먼저 본문의 단락에서 하나님이 우리에게 말씀하시고자 하시는 메시지가 무엇인지를 도출해 내어야 한다(이것은 강해 범위의 내용을 전체적으로 파악하는 것인데, 이와 같은 작업이 필요한 이유는 본문이 내포하고 있는 핵심 사상 곧 주제를 파악하기 위함이다).

셋째는 본문 속에서 대지와 소지를 가려내는 것으로 본문의 구성이 어떻게 되어 있는지를 살펴보는 단계이다. 이는 본문 속에서 주제는 무엇이며, 대지는 몇 대지로 구성되었으며, 거기에 따른 소지들은 무엇인지 가려내는 작업이다. 또한 결론 부분은 본문 속의 몇 절이 나타내는지를 분류해 내는 작업이기도하다.

넷째는 본론의 골격을 먼저 세우고, 그 다음에 본론의 내용을 더욱 확실하게 설명해 줄 수 있는 서론과 결론을 작성하여야 하는데 통상 강해 설교에서는 결론이 본문 속에서 무엇인지를 나타내고는 경우가 많으므로 그 결론으로 작성되는 것이 바람직 하다.

그러면 강해 설교작성의 예(例)를 통하여 좀더 구체화한 설교의 골격을 세우는 요령을 살펴보도록 하자.

제목 :
성경 : 누가복음 5:1-11
주제 : 베드로를 부르시는 예수님

서론
1. _____
2. _____
3. _____

본론
1. 베드로를 쫓아오신 예수님과 그 때의 베드로의 처지
 가. _____
 나. _____

2. 베드로의 신앙
 가. 말씀에 순종하는 신앙
 나. 부요 뒤에서 역사하시는 주님을 발견하는 신앙
 다. 예수님을 하나님이시자 메시야로 고백하는 신앙
 라. 나를 발견하는 신앙

3. 하나님이 주시는 복과 베드로의 결단
 가. 하나님이 주신 복
 나. 베드로의 결단

결론

1. _____
2. _____
3. _____

이와 같이 성경을 분해하여 설교 개요 작성의 골격을 세우는 일이 1차적으로 이루어지면, 다음은 이 골격을 중심으로 세부내용 즉 벽과 지붕과 내장을 정립하면 다음과 같다.

제목 :

성경 : 누가복음 5:1-11

주제 : 베드로를 부르시는 예수님

서론

본론

1. 베드로를 찾아오신 예수님과 그 때의 베드로의 처지
   가. 베드로의 처지
      1) 밤이 맞도록 수고하였지만 얻은 것이 없는 상태(매우 지쳐있고, 신경이 매우 예민한 상태)
      2) 그물을 씻어놓고 집으로 들어가고자 하는 상태
   나. 베드로를 찾아오신 예수님
      1) 배를 육지에서 조금 띄기를 청하시는 예수님(아주 겸손한 모습으로 간절히 간청하였을 것이다)
      2) 천국 복음을 전파하실 때에 베드로의 마음을 감동시킴
      3) 깊은 데로 가서 그물을 내려 고기를 잡아라. 라고 명령

2. 베드로의 신앙
    가. 하나님의 말씀을 의지하여 순종하는 신앙
        1) 5절 시몬이 대답하여 가로되 선생이여 우리들이 밤이 맞도록 수고를 하였으되 얻은 것이 없지마는 말씀에 의지하여 내가 그물을 내리리다. 하고
        2) 말씀에 의지하는·신앙 : 대단히 복된 신앙이다
            • 예화 : 신명기 28장 축복과 저주의 장
            수 1:7-8 오직 너는 마음을 강하게 하고 극히 담대히 하여 나의 종 모세가 네게 명한 율법을 다 지켜 행하고 좌로나 우로나 치우치지 말라 그리하면 어디로 가든지 형통하리니 이 율법 책을 네 입에서 떠나지 말게 하며 주야로 그것을 묵상하여 그 가운데 기록한대로 다 지켜 행하라 그리하면 네 길이 평탄하게 될 것이라 네가 형통하리라
    나. 부요 뒤에서 역사하시는 주님을 만나는 신앙
        1) 대부분의 사람들은 하나님의 복을 받아 부귀와 영화가 주어지면 하나님을 떠나는데 베드로는 부요 뒤에서 역사하고 계시는 주님을 발견하는 신앙
        2) 예화 : 솔로몬 왕의 타락
            젊은 사업가 이야기
    다. 예수님을 하나님이시자 메시야이심을 고백하는 신앙
        1) **롬 10:9-10** 네가 만일 네 입으로 예수를 주로 시인하며 또 하나님께서 그를 죽은 자 가운데서 살리신 것을 네 마음에 믿으면 구원을 얻으리니 사람이 마음으로 믿어 의에 이르고 입으로 시인하여 구원에 이르느니라.
        2) 예화 : 삼각산에서 문둥병자의 고침
    라. 나를 발견하는 신앙

1) 누가복음 5:8 시몬 베드로가 이를 보고 예수의 무릎 아래 엎드려 가로되 주여 나를 떠나소서 나는 죄인이로소이다 하니
2) 예화 : 모세, 이사야, 바울 등등

3. 하나님이 주시는 복과 베드로의 결단
    가. 하나님이 시몬에게 주신 복
        • 눅 5:10 무서워 말라 이제 후로는 네가 사람을 취하리라.(사람 낚는 어부 = 하나님이 그에게 주신 사명)
    나. 베드로의 결단
        • 눅 5:11 저희가 배들을 육지에 대고 모든 것을 버려두고 예수를 좇으니라.

결론

1. _____
2. _____
3. _____

이상과 같은 설교의 본론이 정립이 되어질 때에 제목, 서론, 결론을 보완하여 문서화하는 작업을 하면 완전한 설교 문이 완성된다.

설교작성 이렇게 하라

2005년 9월 8일 초판 1쇄 인쇄
2005년 9월 9일 초판 1쇄 발행

지은이 : 김종기
펴낸이 : 장대윤

펴낸곳 : 도서출판 대서
서울 서초구 방배동 981-56
Tel 581-0612(Fax 겸용)

등록 제22-2411호
ISBN 89-956285-0-2 03230

Copyright @ 2005 by Kim Jong Ki
책값은 뒤표지에 있습니다.

저작권법에 의하여 무단전재와 복제를 금합니다.
잘못된 책은 바꿔드립니다.